臺灣歷史與文化 研究輯刊

五 編

第 21 冊

七○年代台籍女作家鄉土散文研究
——乳汁滋潤的鄉土

黃 慧 芬 著

花木蘭文化出版社

國家圖書館出版品預行編目資料

七○年代台籍女作家鄉土散文研究——乳汁滋潤的鄉土／黃慧芬 著—初版—新北市：花木蘭文化出版社，2014〔民103〕

目 2+248 面：19×26 公分

（臺灣歷史與文化研究輯刊 五編：第 21 冊）

ISBN：978-986-322-653-6（精裝）

1. 散文　2. 鄉土文學　3. 女性文學　4. 文學評論

733.08　　　　　　　　　　　　　　　103001774

ISBN-978-986-322-653-6

9 789863 226536

臺灣歷史與文化研究輯刊
五 編 第二一冊　　　　　　ISBN：978-986-322-653-6

七○年代台籍女作家鄉土散文研究——乳汁滋潤的鄉土

作　　　者　黃慧芬
總 編 輯　杜潔祥
副總編輯　楊嘉樂
編　　　輯　許郁翎
出　　　版　花木蘭文化出版社
社　　　長　高小娟
聯絡地址　235 新北市中和區中安街七二號十三樓
　　　　　　電話：02-2923-1455 ／傳眞：02-2923-1452
網　　　址　http://www.huamulan.tw 信箱 hml 810518@gmail.com
印　　　刷　普羅文化出版廣告事業
初　　　版　2014 年 3 月
定　　　價　五編 24 冊（精裝）新台幣 48,000 元

七〇年代台籍女作家鄉土散文研究
——乳汁滋潤的鄉土

黃慧芬　著

作者簡介

　　黃慧芬，1973 年生，成長於僻靜、沉寂、無人聞問的沒落礦村——九份山城。

　　九〇年代負笈府城台南，就讀國立成功大學中文系。2007 年，進入國立台北教育大學台文所修習，重新探索台灣文學脈絡，初識台灣女性文學之美。近年曾獲基隆市 98 年度本土語言文學創作比賽——閩南語詩歌組第二名；基隆市 100 年度本土語言海洋文學創作比賽——閩南語詩歌組第三名；基隆市 101 年度「寫給孩子讀」本土語言文學創作比賽，閩南語詩歌組第一名。

提　　要

　　丘秀芷、劉靜娟、謝霜天、季季、白慈飄、心岱等六位台籍女性散文作家，創作始於六、七〇年代間；或風格平實疏淡，或略帶現代主義筆調，但皆根著於深厚土地情感與文化認同，共構出戰後第一代本土女性鄉土散文之獨特風貌。而處於七〇年代「鄉土回歸」的文化場域中，台籍女性散文作家，未刻意趨從「回歸民族」或「回歸現實」，而是透過純粹質樸的生命感受，記述回憶中的家鄉人事、童年生活與台灣風土人情，書寫深刻的母職體驗，表現出同世代台灣女性的生活體驗與情感流動。

　　本論正文，首先概述七〇年代社會和文學場域，以及六位女性作家的文學創作歷程。第三章至第六章，從人文地理學與母職理論角度，探索六位台籍女作家，以家屋為起點，書寫家鄉、童年與台北印象，記錄台灣風土人情，最後返回自我母性認同的「鄉土回歸」路徑。第三章「地方敘事起點」，女作家們從家屋空間出發，在記憶長流中，思索「家」對個人生命歷程的內在意義。第四章「記憶原鄉與第二故鄉」，分析七〇年代本土女作家離開家鄉後，徘迴於中南部原鄉與第二故鄉台北，走筆於童年回憶、家鄉與城市之間，詮釋出七〇年代的台灣城鄉印象。第五章「台灣人文風土記事」，探討作品中所呈現之閩客風俗、族群母語、台灣地理風情，以及市井小民群相。第六章「回歸生命初始處」，運用「母職研究理論」，分析女性作家，如何透過母職、育兒等經驗，建構自我母性認同，並轉而成為鄉土散文創作之重要源頭與動力，完成女人特有獨享的「歸鄉之途」。

　　相較於遷台第二代女性散文家，猶心繫幽邈的中國故土，以他者視角遠距離觀看台灣；七〇年代台籍女性鄉土散文，乃淬練自土生土長的台灣母土，書寫本土女性在地生活、語言文化與情感記憶，文字間流露真切的土地認同，成為台灣戰後當代女性散文史上，本土女性鄉土書寫的第一個世代。

目次

第一章 緒 論

第一節 研究動機與目的

　　戰後台灣女性散文，由遷台第一代女作家蘇雪林、謝冰瑩、琦君、張秀亞、鍾梅音、徐鐘珮等人，承接五四新文學的美文傳統，開啓台灣當代女性散文書寫第一階段；五〇年代女性散文，以「抒情、懷舊、閨秀」爲主流，但已出現在地化書寫，較同時期男性作家，更早開始「書寫台灣」〔註1〕。張瑞芬論述戰後第一代來台女作家認爲，林海音〔註2〕、艾雯等人在 1949 年作品中，已呈現遷台女作家抵台後的第一印象，以及剛到台灣時的文化不適應現象；進入五〇年代，她們更將「在地化」表現在台灣鄉村景致、「居家、女傭、菜市和鄰居」等題材，亦論及台灣養女制度。張瑞芬將上述這些書寫，視爲「外省籍女作家最早的在地化寫作」，並特別提出，艾雯的〈漁港書簡〉正是典型的「在地化」題材〔註3〕。

　　但正如楊照所言，張秀亞、徐鐘珮、琦君等遷台第一代女作家的散文，

〔註1〕 在男性主導反共文藝風潮中，張瑞芬認爲，五〇年代女作家「書寫台灣」的態勢，已經比男作家明顯。詳參張瑞芬，《臺灣當代女性散文史論》（台北：麥田出版社，2007 年），頁 123～132。

〔註2〕 林海音本籍台灣，1918 年出生於日本大阪，三歲（1921 年）隨父母移居中國北京，1948 年才回到父母原鄉「台灣」，形成跨省籍的特殊經歷；身處北京二十多年期間，歷經成長、求學等重要階段，早期散文作品，亦多書寫對北京生活的回憶與眷戀。因此，張瑞芬在當代台灣女性散文系譜中，將其與蘇雪林、琦君、艾雯等人，同樣視爲戰後遷台第一代女性散文作家。

〔註3〕 張瑞芬，《臺灣當代女性散文史論》，頁 132。

所刻劃者，多集中於都會外省人圈，只是台灣社會的一小角〔註4〕。對於父祖故國的懷想與孺慕，仍是遷台第一代人的主要基調；加上缺乏在台灣長期浸濡的生活體驗，當她們進行散文書寫的藝術再現時，面對無法真正理解的台灣社會，以及在地生活文化，便採取對「他者」的凝視視角（the gaze of the Other）〔註5〕，以「他者化」來建構對台灣鄉土的刻板虛擬印象。

接續第一代女性散文的抒情美文傳統，出生於三○年代的遷台第二代女性散文作家，如趙雲、張菱舲、李藍、張曉風等人，六○年代後，寫作技巧臻於成熟，且受現代主義思潮影響，形成台灣女性散文的「現代主義轉折」〔註6〕。於此之際，劉靜娟、丘秀芷、謝霜天、季季與心岱等，四○年代出生的台籍女性散文作家，也分別以散文或小說，崛起文壇，並感受到六○年代的現代主義氛圍〔註7〕。其中，季季與心岱七○年代的散文創作，不僅展露了女性意識的現代思維，更將現代主義〔註8〕技法巧妙融入「在地化」題材，而與

〔註4〕 楊照，〈文學的神話、神話的文學——論五○、六○年代的台灣文學〉，《文學、社會與歷史想像：戰後文史散論》（台北：聯合文學，1995年），頁121。

〔註5〕 對於種族、性別、階級、地理與文化上的異己他者，尤其是無法真正理解的對象，由權力中心發展出對「他者」的「凝視」（他者被放入主體的視野領域，折射出被看待的眼光），再透過藝術再現等方式，加深對「他者」想像的刻板印象，而大部份人，會將這些刻板印象化、被邊緣化後的虛構幻象，視為真實存在。參考廖炳惠，《關鍵詞200：文學與批評研究的通用詞彙編》（台北：麥田，2003年），頁185～187。

〔註6〕 詳見陳芳明，〈「台灣新文學史」第十七章「女性詩人與散文家的現代轉折」〉，《聯合文學》（第220期2003年2月），頁151～164；以及張瑞芬，〈趙雲、張菱舲、李藍的現代主義轉折〉，《臺灣當代女性散文史論》第五章，頁257～314。

〔註7〕 詳見陳芳明，〈「台灣新文學史」第十七章「女性詩人與散文家的現代轉折」〉，《聯合文學》，頁160。此外，余崇生早在1997年發表的〈從鄉愁到現實——略論臺灣現代散文風格的變遷〉文中，發現七○年代開始，臺灣現代散文受到歐美現代思潮影響，寫作題材和內容產生改遷，當時年輕散文作家如王尚義、許達然、劉靜娟、張菱舲……等人，作品已脫離故鄉懷舊、淡去鄉愁，轉向自我省察，或注重現實主義精神，或歌詠大自然，或特寫鄉村閒情。余崇生，〈從鄉愁到現實——略論臺灣現代散文風格的變遷〉，《中國現代文學理論》（第7期，1997年9月），頁372～382。

〔註8〕 六○年代的現代主義思潮，是文藝界各方面，亟欲突破傳統、政治與文藝政策束縛，尋求新思維、新刺激的「現代化」革新運動。而本文中所指的「現代主義」，主要針對文學形式與技巧而言，包括文學語言和散文形式的突破、創新與實驗性，以及注重內心獨白、意識流動與心理活動的描寫等，在主題思想方面，則是追求個體解放、思索人的存在困境、記錄心靈的漂泊。

張曉風等人，共同開創六〇年代以降，「『現代化』和『在地化』」〔註9〕的女性散文新貌。

　　上述兩位台籍女作家，雖身處現代主義思維瀰漫的台北文壇，但生根於斯土斯文的成長背景與鄉土經驗，相對於遷台一、二代作家，因文化隔閡、土地認同和離散經驗，所形成的「無根與放逐」（「疏離」、「漂泊」、「焦慮」、「虛無」、「自我放逐」等），她們的文學作品，由現代主義所強調的「自我內視」出發，從台灣本土女性的視角，寫出七〇年代台籍女性的生活體驗與情感寄託，也觀照了變遷時代中，台灣人在城鄉、傳統與現代之間的輾轉適應。

　　張瑞芬在〈台灣女性散文家五論〉中，首次列出了戰後第一代本省籍女性散文作家，她們出生於終戰前夕的四〇年代，分別是丘秀芷、劉靜娟、馮菊枝、謝霜天、白慈飄、洪素麗與蔡碧航等人〔註10〕。在《臺灣當代女性散文史論》第六章〈「古典派」與「鄉土派」〉，更明確提出丘秀芷、劉靜娟、謝霜天、季季、白慈飄、蔡碧航、心岱等本省籍女性作家，在七〇年代，共構出台灣戰後第一代本土女性鄉土散文的文學風貌，呼應了當時鄉土寫實的文學思潮〔註11〕。上述七位台籍女性散文作家，分別自六〇年代末期與七〇年代開始散文創作，並出版散文集，或風格平實疏淡，或略帶現代主義筆調，皆紮根於深厚的土地情感與文化認同，形成七〇年代女性散文中，獨特的台灣本土色彩。

　　但目前關於七〇年代本土女性鄉土書寫的研究觀察，仍多以小說創作為主；如翁繪棻在《台灣當代女作家鄉土書寫研究》〔註12〕中，以季季與曾心儀的小說作品，為七〇年代女性鄉土書寫代表。上述兩位本省籍女性作家的小說創作，從女性觀點出發，以溫婉的母性筆調，關懷人們在社會急速變遷中所面臨的種種困境，也批判了農工轉型所造成的價值觀扭曲與生態破壞。

〔註9〕陳芳明認為，台灣女性散文家的「在地化」與「現代化」重振了白話文的新生命。詳見陳芳明，〈「台灣新文學史」第十七章「女性詩人與散文家的現代轉折」〉，《聯合文學》，頁150～164。筆者按，陳芳明所指的「現代化」，即台灣女性散文受現代主義思維影響，產生語言的改造和技巧的創新，且更深一層挖掘潛意識，營造獨一無二的內心世界。

〔註10〕張瑞芬，〈臺灣女性散文家五論〉，《文學臺灣》（第57期，2006年1月），頁276～277。

〔註11〕張瑞芬，《臺灣當代女性散文史論》，頁350～351。

〔註12〕翁繪棻，《台灣當代女作家鄉土書寫研究》，（國立臺北教育大學台灣文學研究所碩士論文，2006年）。

相較於小說創作，散文形式自由、流動不居，以及更多主體參與的文體特性，更能貼近女性書寫特質。七〇年代台籍女性散文作家，皆兼具母親身份〔註13〕，生活中的母職體驗，形塑這代本土女性鄉土散文的母性書寫特質。她們由土生土長的家鄉土地出發，透過散文，以女兒、母親、妻子與女作家等多重角色，仔細凝視生活點滴，專注刻畫種種細節，行筆間，展現女性意識覺醒的自信，雖難免顯露母職與女性創作間，矛盾且複雜的關係，仍不掩其得自母職角色所獲得的滿足與喜悅。陳芳明認為，五〇年代女性作家作品中所塑造的母性，在父權社會的大環境影響下，一定程度的配合了男性美學要求〔註14〕；相對於此，七〇年代台籍女作家，在鄉土散文作品中，所呈現的母職書寫，乃是創作者本身母親角色之主體性再現，也是戰後第一代台籍新女性對母職的重新詮釋。據此，本文將從鄉土成長經驗、台灣閩客語言文化，與母職體驗等不同書寫面向，分析七〇年代台籍女作家的鄉土散文特色，以期在台灣女性散文史中，重新賦予這群戰後第一代台籍女性散文作家，較為清楚可視的文學定位。

第二節　研究成果回顧

關於台灣當代女性散文發展研究，在過去較少重視現代文學研究的中文系學術領域中，一向處於邊緣地位。張瑞芬在 2002 年 11 月的《文訊》雜誌上〔註15〕，曾為文批評當時中文學界，將台灣當代女性散文研究邊緣化，她認為台灣整個文學研究對文類的研究傾向，深受西方文學批評以小說評論為主影響，也缺少女性議題研究的聲音和視野，因此，提出了「台灣」、「當代」、「女性」和「散文」四重邊緣處境。但隨著 2000 年後，「台灣文學」系所在

〔註13〕 游素玲在〈書寫／母職——以艾莉絲·沃克為例〉一文中，引述艾莉絲·沃克的話：「母親身份對於一個女性藝術創作者的好處在於：母親身份使她接觸到立即且無可避免的生命經驗：死亡、美好、成長與墮落。」非裔美國女作家艾莉絲·沃克，正是一位女作家尋求母職身份認同的代表。詳見游素玲，〈書寫／母職——以艾莉絲·沃克為例〉，收入於氏編，《母職研究再思維——跨領域的視野》（台北：麥田出版社，2008 年），頁 6。

〔註14〕 陳芳明，〈「台灣新文學史」第十七章「女性詩人與散文家的現代轉折」〉，《聯合文學》，頁 150。

〔註15〕 張瑞芬，〈被邊緣化的台灣當代女性散文研究〉（《文訊》，第 205 期，2002 年 11 月），頁 55～56。

各大學成立，台灣當代女性散文研究這塊處女地，開始吸引較多的學術人力投入，相關研究成果，亦逐步累積，逐漸爲台灣當代女性散文發展，勾勒出更清晰的史觀與發展脈絡。

　　台灣女性散文書寫之相關論述，最早可以鄭明娳的〈台灣現代散文女作家筆下之父親形象〉〔註16〕爲代表。鄭明娳認爲，民國三十年之前出生的前輩女作家，敘述父親形象時，囿於保護父親的傳統社會形象，書寫上顯得單調與僵硬，但台灣新世代女作家，已擁有較寬廣的心理空間，也擁有批判和超越父親的權利〔註17〕。此文也分析了早期女性散文中，浮光略影的父親形象，尤其最常以「功業、家庭角色、性情、教育、愛心」等面向，凸現男性尊嚴；前輩女作家，多數承受並接納傳統嚴父的角色，在父權無形的宰制下，這些前輩女作家在散文中，總不免以美化父親形象的方式，隱飾了父親的眞實面貌；但新一代的女作家散文，開始對父權社會提出抗議和反叛，也對父親的角色有所需求，較能由原始親情的角度，陳述父親的性格，掌握其生命特質，並展現新世代的父女關係。鄭明娳認爲，在簡媜、三毛和朱天文等幾位新世代女作家筆下，女性散文中的父親形象，已經由表象回歸到人性本質。

　　何寄澎則在〈當代台灣散文中的女性形象〉〔註18〕一文中，探討了台灣當代散文「女性形象」的種種樣貌。他將這些女性形象，概分爲「家族內女性」（母親、祖母、妻子、女兒、姊妹），以及「家族外女性」（村婦、寡婦、妓女、遊藝者、單身女郎、女尼、女作家等）。於其觀察中，「母親」是當代散文作家關注的焦點，關於母親角色的篇幅，遠遠超過其他女性形象；而「擔負者、奉獻者、庇蔭者」等姿態，則是台灣當代散文作家筆下，「母親」的共相；何寄澎認爲，當代散文對於家族內女性的描寫，過於耽溺概念化的美好，缺乏較深廣的視角。而針對「家族外女性」的描寫，他也提出，「欠缺系統性」，以及「未能敏銳捕捉時代人物面相」等缺失。本文觀點，隱約批評了當代散文作家筆下的女性，欠缺「眞實感」，卻未能提出現實的女性形象應爲何；另一方面，文中所舉的作品例證豐富，男女作家比例相當，但僅抽繹出預設的「共相」，而忽略了男女作家在書寫女性形象上的殊異。

〔註16〕鄭明娳，《當代散文現象論》（台北：大安出版社，1992年），頁117～133。
〔註17〕同上，頁118。
〔註18〕何寄澎，〈當代台灣散文中的女性形象〉，收入鄭明娳主編，《當代台灣女性文學論》（台北：時報文化出版公司，1993年），頁279～305。

隨著二十一世紀女性書寫議題受到矚目，石曉楓於 2000 年發表的學術論文〈解嚴後台灣女作家散文中的性別書寫〉〔註 19〕，觀察到解嚴後女性作家對於性別角色、婚姻觀念和母職實踐的思考，已逐漸擺脫父權文化影響的敘述模式。她分別從「扭曲的處境」、「婚姻的盟誓」和「母職的面對」三項議題，論述解嚴後女性散文在「性別書寫」上的覺醒意識。關於性別處境的省思，解嚴後的女作家，開始對定型化的性別偏見提出質疑、控訴，以及種種顛覆性想法；石曉楓於文中分析道，八〇年代女性散文作家，如簡媜等人，聞及前輩女作家宛如夢魘的婚姻生活，不免在作品中對婚姻制度提出懷疑，並表現出當代女作家追求精神自由的困境——她們置身婚姻生活中，卻嚮往心靈自由，掙扎於個人理想與婚姻之間；而關於母職實踐，石曉楓特別注意到，新世代女作家創作之「育嬰散文」，已產生變異姿態，由外在親密的親子互動，內視到女性生命本質的流動，並反映出社會體制對婦幼缺乏重視——女作家們必須面對育嬰階段，母愛本性與創作理想難以平衡的內在衝突；但她也發現，這些女作家母職經驗的種種徬徨、掙扎，並無礙其作為母親的喜悅與驚奇，且從中領略，妊娠到育嬰過程的創造性能量、以及獨特的女性生命經驗。在石曉楓的論述中，可看出解嚴後的台灣女性散文作家，已展現重新定義妻子、母親等性別角色的主體性。

2006 年，陳芳明與張瑞芬合編《五十年來臺灣女性散文·選文篇》上下篇、張瑞芬撰述《五十年來臺灣女性散文·評論篇》，以及隔年完成的《臺灣當代女性散文史論》，此三部專論，大略勾勒出，五十年來臺灣女性散文之發展輪廓，為台灣當代女性散文史研究奠定基礎。

《五十年來臺灣女性散文·選文篇》和《五十年來臺灣女性散文·評論篇》，以時代性、藝術性、作家個人特色等為標準，選錄五十一位台灣當代女性散文作家，及其代表作品，加以詳論。張瑞芬也針對這些女作家，逐一評述其創作歷程、寫作風格與藝術價值，及其在台灣當代女性散文史上的代表性定位。陳芳明在《五十年來臺灣女性散文·選文篇》序文中〔註 20〕，概略

〔註19〕石曉楓，〈解嚴後台灣女作家散文中的性別書寫〉，收入師大國文系編，《解嚴以來台灣文學國際學術研討會論文集》（台北：萬卷樓圖書，2000 年），頁 45～77。

〔註20〕陳芳明，〈在母性與女性之間——五〇年代以降台灣女性散文的流變〉，原發表於《聯合文學》，即〈「台灣新文學史」第十七章「女性詩人與散文家的現代轉折」〉，略作修改後，收入陳芳明、張瑞芬主編，《五十年來臺灣女性散文·選文篇（上）（下）》（台北：麥田出版社，2006 年），頁 11～30。

回顧戰後台灣女性散文發展與沿革；提出自五〇年代琦君、張秀亞等人，在男性文化下展現的溫柔母性書寫，到六〇年代以後，受現代主義思潮影響，女性散文開始展現具主體性的女性書寫特質，乃至八〇年代之後，簡媜等人所開創的女性散文新局面；概略簡述了前後縱貫五十年間，台灣女性散文在母性與女性書寫之間的位移。

張瑞芬編寫之《臺灣當代女性散文史論》，或可視爲第一部有系統之台灣當代女性散文史論。作者以「臺灣」、「散文」、「女性」爲中心議題出發，耙梳臺灣近半世紀（1949～2005）女性散文的發展與流變，從現代散文的義界、臺灣現代散文史的範疇劃定，到五十餘年來，臺灣重要女性散文作家與作品的重新評估。同時也反思傳統文學史敘述的盲點，從近年女性散文書寫之發展，到五〇年代女性散文的背景與價值、六〇年代現代主義對散文創作的衝擊，以及七〇年代鄉土派與古典派散文的分流，乃至「張愛玲旋風」在八〇年代產生的散文支流，梳理出臺灣女性散文史研究之基本脈絡。

於第六章「『古典派』與『鄉土派』」論述之始，張瑞芬便提出，所謂「女性主義鄉土書寫」，不應只重視女性小說，而闕漏心岱、季季、邱秀芷、謝霜天等人，七〇年代以降的散文作品；張瑞芬於本章中，特別強調這群女作家，在七〇年代以本土女性身份，所書寫之鄉土題材散文，正可與當時林文月、張曉風等人的中國古典派散文，形成對比意義。

張瑞芬在第六章第三節，從寫作風格角度，將台灣本土女性戰後第一代散文作家，分爲「素樸成文」與「兼具中文系國學背景和鄉土本色」兩組典型，前者包括丘秀芷、劉靜娟、季季、白慈飄、心岱，後者則爲謝霜天和蔡碧航。此節逐一概述這些女作家創作背景，並評述其散文作品風格，惜未能進一步歸納出「女性鄉土散文」之書寫特色，亦無法顯現七〇年代以降，本土女性鄉土散文之清晰脈絡；此外，將戰後第一代本土女性散文作家，粗淺分爲上述兩組典型，一方面，忽略以小說爲主要創作文類的季季和心岱，已將現代小說筆法帶入鄉土題材的散文作品中，明顯不同於丘秀芷等人之平實文風；另一方面，丘秀芷、謝霜天兩人之散文敘事筆調風格雖互異，但其共同之客家文化背景，亦應並列比較與討論。

近十年來，與台灣女性散文相關研究之學位論文日益增加，但研究議題與研究對象仍過於集中。根據許珮馨的觀察〔註21〕，相關研究範疇的學位論

〔註21〕許珮馨，〈台灣現代散文學位論文的研究現象分析〉，收入國立臺北大學中國

文，已逐漸由個別作家研究，延伸至相同創作傾向作家社群的研究，研究視角亦擴大深入到文學社會的結構層面問題，從國家文藝政策、文學獎機制與報刊出版業等文學生態場域出發，探究文學環境對散文創作之影響。她認為，此乃整體學位論文研究在研究視野上，由「點」，延伸到「線」以至到「面」之一大進展，但目前仍侷限於某些研究議題與熱門作家。

如台灣女性散文史之斷代研究，尚以國府遷台後第一階段——「五〇年代」為主，包括：王鈺婷《抒情之承繼，傳統之演繹——五〇年代女性散文家美學風格及其策略運用》（2009）、許珮馨《五〇年代的遷台女作家散文研究》（2006）兩篇博士論文，以及李姝嫻的碩士論文《五〇年代女性懷舊散文研究》（2008）。然而，六〇年代以降女性散文之各階段發展脈絡，仍待研究者進一步探究與建構。

王鈺婷《抒情之承繼，傳統之演繹——五〇年代女性散文家美學風格及其策略運用》，以「抒情傳統」為詮釋框架，析究五〇年代女性文學最大宗的抒情散文現象，由文化體制、生產建制網絡、現代性等三方面，探討女性抒情散文，在五〇年代文學場域中之獨特地位；她認為，戰後初期，唯美的女性散文美學基調，是在官方擁戴傳統文化與塑造「中國性」下，移植承自中國文化「抒情傳統的創發」，偏向追尋古典與傳統文化之特質，揭露抒情傳統現象背後的文化體制操控。五〇年代女性散文之發表媒介，主要為報紙文藝副刊，王鈺婷透過對戰後初期主要婦女版面《中央日報・婦女與家庭週刊》之考察，並就「書寫臺灣」、「書寫中國」兩大主題，分析五〇年代女性散文之內容表現，歸納出「政治駕馭」與「市場主導」之主流文化生態，乃造就抒情散文重要地位之關鍵因素〔註22〕。該論文第四章，王鈺婷更以「再現台灣與想像中國——抒情美文中的女性『鄉土想像』」為題，分析五〇年代遷台女作家散文作品中的「鄉土想像」；「鄉土想像」概念，對遷台女作家而言，包含懷想中國與「書寫台灣」，王鈺婷認為，她們在書寫台灣時，多以特殊化

語文學系編，《第四屆文學與資訊學術研討會會前論文集》（台北：國立臺北大學中國語文學系，2008年10月）。

〔註22〕作者所謂「政治駕馭」意指：符合反共利益、實踐國家權力與社會道德合一之文藝品味、「國語本位」的文學生態和官方認可語言政策；而「市場主導」則包括：消費市場之興起、副刊文學生態、讀者以抒情為主體的審美意識。詳參王鈺婷，《抒情之承繼，傳統之演繹——五〇年代女性散文家美學風格及其策略運用》（國立成功大學台灣文學系博士論文，2009年），頁88～100。

的「他者」，甚至異國情調來「再現」台灣。

　　許珮馨博士論文《五○年代的遷台女作家散文研究》﹝註23﹞，也是以五○年代遷台女作家群為研究對象，首先分析遷台女作家散文創作與五四美文傳統間的傳承脈絡，並探究在戰後初期的文壇與社會背景下，其作品中如何集體呈現「閨秀文學」特色，以及這些創作在戰後台灣女性散文史上的價值與歷史意義。依研究者分析，五○年代遷台女作家散文的創作主題與寫作範圍，多以懷鄉思親和書寫家庭為主。在第四章中，除了懷鄉散文，許珮馨也探討女性喜好書寫家居空間的特質，並從作品中，觀察女作家們與台籍女傭之互動、剖析她們來台後「他鄉作故鄉」的心路歷程，發掘戰後初期省籍族群互動的變化過程。母職書寫乃女性散文之特點，此研究由相夫教子、經營婚姻和育兒技巧等面向，分析五○年代遷台女作家在母職書寫表現。此外，「新台灣紀行」一節，展現這群女作家遷台以來所見之台灣鄉土采風，研究者將之與海外見聞同樣歸納為「遊記」寫作，台灣對五○年代外省籍女作家而言，台灣畢竟仍只是「異鄉」，是「遊歷」尚非落腳紮根。

　　由主題學研究角度切入，也是近年較熱門之研究類型，如陳伯軒碩士論文《台灣當代散文的空間意識及其書寫型態》（2008）、邱珮萱的博士論文《戰後臺灣散文中的原鄉書寫》（2003），以及牛珮安《九零年代女性散文中的戀物書寫》（2008）、呂怡娜《散文與房間的相互生產：當代台灣案例》（2002）、鄭恒惠《家庭‧城市‧旅行──台灣新世代女性散文主題研究》（2000）等碩士論文；其中，以邱珮萱《戰後臺灣散文中的原鄉書寫》，與本論研究取材最為接近﹝註24﹞，她以戰後台灣散文的「原鄉」主題為研究重點，探索半世紀以來，歷經「懷鄉、鄉土、本土認同」三個書寫階段的演繹與轉化。「懷鄉」階段，她以中國（大陸）來台作家：琦君、余光中、王鼎鈞三人為代表，分析他們的懷鄉情結，雖有不同面向之記憶與書寫，但皆共同指向其出生成長，令他們遙忘懷思的中國大地；「回歸鄉土」階段的七○年代，則以吳晟、阿盛和陳冠學等，台籍男性作家為代表，或回歸擁抱鄉土，刻畫農村生活，或居身都市懷想鄉野舊夢，或遁居鄉野田園，歌頌田園之美；「本土臺灣」階段，八○年代散

﹝註23﹞　許珮馨，《五○年代的遷台女作家散文研究》（國立台灣師範大學國文系博士論文，2006 年）。

﹝註24﹞　邱珮瑄，《戰後臺灣散文中的原鄉書寫》（國立高雄師範大學中國文學系博士論文，2003 年）。

文題材走向多元化，陳列承繼陳冠學的自然寫作素材，劉克襄收納了報導文學的創作精神，關懷台灣土地與生態保育，夏曼‧藍波安在海洋散文中，展現蘭嶼達悟族人的母體文化探索歷程。但綜觀邱珮萱研究中所列舉與解析之作家作品，除琦君外，皆為男性作家，所呈現者，自然是男性的原鄉觀點與思想情感，忽略當代台灣散文中，女性作家對原鄉、本土的敘寫與關懷。

以個別女性散文作家為研究對象的學位論文，目前累積最多者，仍多集中遷台一、二代之女性作家，如林海音、琦君、張秀亞、鍾梅音、艾雯、徐鐘珮、張曉風等人；近期則以八〇年代以降者，如簡媜、林文月、陳幸蕙、劉俠、三毛、周芬伶、鍾文音等人最為熱門。

至今，有關戰後第一代台籍女性散文家之個論研究，僅陳美芳《劉靜娟散文研究》（2008）、楊士賢《劉靜娟散文在語文教學上的應用》（2009）、《季季散文研究》等四篇碩士論文〔註25〕。作家作品之質與量，決定其是否具學術研究價值，2011 年前，僅劉靜娟與季季在學位論文研究中較受青睞，謝霜天作品則開始在客家文學之學術研討會中受到重視〔註26〕。相對於外省籍女作家之倍受重視，戰後第一代台籍女性散文作家，於七〇年代間，所共塑不同於男性與外省籍女作家之心靈視野和文學台灣，仍值得深入探討，並賦予適當之文學定位。

第三節　研究方法與研究範圍

一、研究方法

人文地理學家段義孚（Yi-Fu Tuan）認為，人文主義地理學探究「人類和自然的關係，人類的地理行為，以及他們對空間和地方的感受和想法」〔註

〔註25〕筆者按，此資料統計為 2011 年前，即本碩論撰寫階段之數據，近兩年已陸續有較多關於季季、心岱等人之散文作品研究。

〔註26〕隨著客家文學漸受重視，謝霜天的文學作品也開始引起學界和評論界注意。詳見陳美雪，〈謝霜天散文所表現的情思〉（《第三屆苗栗縣文學‧靈山秀水‧研討會論文集》，苗栗：苗栗縣政府，2005 年，頁74～84）；劉維瑛，〈凝止的瞭望——論謝霜天散文中的空間語境〉（如上，頁 31～43）；吳聲淼，〈把愛還諸大地——談謝霜天作品中的「土地倫理」〉（《第四屆苗栗縣文學故鄉與他鄉研討會論文集》，苗栗：苗栗縣政府，2006 年，頁 15～35）。

〔註27〕引自 Richard Peet 著，國立編譯館主譯，王志宏等合譯，《現代地理思想》（台北：群學，2005 年），頁 52～53。

27〕；而 Mike Crang 更清楚說明，人文地理學和文學作品存在微妙關係，「如果地方的意義超越了明白可見的事物，進入情緒與感覺的領域，那麼解答的可能之一就是轉而求諸文學或藝術」〔註 28〕。人文地理學，將地方視為充滿記憶、經驗和意涵的區位，適於解讀文學作品中，人與鄉土的豐富情感與藝術詮釋。但女性作家對於鄉土、空間的書寫，則更瑣碎、更細膩、更生活化，多數來自主觀經驗與感受；因此，女性主義地理學，乃著重分析女性對想像空間的感知，並認為，必須以多元角度，思考空間和地方的統合；對女性而言，除了家園和地方的群體認同，還有女性自己的「性別認同」。本文即以人文地理學、女性主義地理學為理論基礎，就七○年代台籍女作家鄉土散文作品，進行細讀與深究。

第六章則兼採母職研究理論，從另一視角解析、論述文本中相關議題。「母職」是女性主義論述之重要議題，1970 年代中期至 1980 年代的女性主義者，如 Adrienne Rich、Nancy Chodorow 等人，開始正面看待母職意義，她們肯定母職經驗對女性認同的重要性，認為母職是女性認同的宣言，也相信母性特質賦予女性權力和生命力，試圖發展出融合母性特質與女性主義的理論。但其前題是，「母職」不應阻礙女性尋求自我發展，女人也可以是主體，可以重新定義她作為母親的角色，也可以創造她自己的自我〔註 29〕。Adrienne Rich 便認為，對女人而言，沒有父權社會體制介入下，母職會是獨特、強有力的經驗〔註 30〕。

關於「母職」的定義，Adrienne Rich 在著作《女人所生》中，將母職概念區分為「為母經驗」（experience of mothering）和「母職體制」（institution of motherhood）〔註 31〕，並進一步闡述，女性擔任母親角色的經驗——「是一個女人強烈地體驗她的身體和感情。在母親角色中，我們經歷生理的改變和個性的變化。透過痛苦的自我要求和自我實現，我們學到一般認為是女人與生俱來的『本能』，如耐心、犧牲、重覆訓練小孩等。〔註 32〕」依據 Rich 觀點，

〔註 28〕 Mike Crang 著，王志弘等譯，《文化地理學》（台北：巨流，2005 年），頁 135。
〔註 29〕 蔡素琴，〈女性主義母職理論的發展與演變〉，《諮商與輔導》，第 284 期（2009 年 8 月），頁 25。
〔註 30〕 轉引自俞彥娟，〈女性主義對母親角色研究的影響——以美國婦女史為例〉。《女學學誌》，第 20 期（2005 年 12 月），頁 9。
〔註 31〕 轉引自蔡素琴，〈女性主義母職理論的發展與演變〉，《諮商與輔導》，第 284 期，頁 26。
〔註 32〕 轉引自俞彥娟，〈女性主義對母親角色研究的影響——以美國婦女史為例〉，《女學學誌》，第 20 期，頁 9。

如何照顧小孩和所謂母性特質，都是女性在對孩子的長期照顧和關懷中，逐漸學習得來；女性所要擺脫的，是父權社會建制的「母職體制」束縛，而非賦予女性獨特生命力的「為母經驗」。

　　而關於「母性」與「母職」之間的關係，Nancy J. Chodorow 認為，「母性」是「母親們對自己為人母，及其和小孩子之間的連繫，所感受到的意識與無意識經驗。〔註33〕」；同樣肯定母職經驗的 Sara Ruddick，在其 1980 年出版的〈母性思考〉一文中，特別強調母職實踐中所產生的「母性思考」，她認為，女性經由從事母職工作，發展出一種獨特的「思考能力，價值觀和形上學態度」，經過女性自覺改造後的「母性思考」，加上「隨時注意的愛」，結合成「密集、純潔、無私、感激的、慷慨的」愛〔註34〕。由以上幾位學者的論點顯示，「母性」是女性在母職經驗中逐漸發展、學習而來的。女性溫慈、包容的特質，在母職具體實踐過程中，被激發與強化，形成多數女性的共同經驗，成為建構「母性認同」的基石。本研究於第六章，運用上述母職論點，乃為探究七○年代台籍女作家，如何經由為母經驗的洗鍊，建構自我的母性認同，重回人類生命原鄉懷抱，完成有別於男性鄉土書寫的女性回歸路徑。

二、研究範圍

　　除探究戰後台籍第一代女性散文作家，有別於遷台第一、二代女性散文作家的鄉土寫作特色；更期待抽繹出台籍女性散文作家，如何以女性特質與母性關懷，在男性主導的七○年代鄉土文學風潮中，展現迥異於同時期本土男性鄉土散文之母性書寫風格。本研究，乃將作品文本選擇範圍訂為：於 1971 至 1980 年間出版之台籍〔註35〕女性作家作品散文集，且寫作與首次發表時間為七○年代。例外者，包括丘秀芷八○年代出版的《悲歡歲月》（1982），有 10 篇作品首次發表於 1970 年代；又如謝霜天的《霜天小品》（1982）、《熒熒燈火中》（1986），亦收錄多篇首度發表於七○年代中晚期的作品，乃將上述

〔註33〕 Nancy J. Chodorow，〈英文第二版序言〉，於氏著，張君玫譯，《母職的再生產——心理分析與性別社會學》（台北：群學，2003 年），頁 x。

〔註34〕 轉引自俞彥娟，〈女性主義對母親角色研究的影響——以美國婦女史為例〉，《女學學誌》，第 20 期，頁 10。

〔註35〕 本文所謂「台籍」之族群身份，包含閩南籍與客家籍，前者如劉靜娟、白慈飄、季季、心岱，後者為丘秀芷與謝霜天。其作品也各自呈現該族群特有之習俗文化與母語俗諺。

四本八○年代出版之散文集同列入研究範圍；而季季的第二本散文集《攝氏20～25度》，雖出版於 1987 年，但寫作時間多為七○年代，且創作主題與藝術風格，展現現代主義鄉土散文之獨特筆法，亦為該世代台籍女性鄉土散文之重要文本。而同樣出生於四○年代的台籍第一代女作家馮菊枝，因七○年代所出版之著作，皆為短篇及長篇小說，直到九○年代，方出版個人散文集，故不列為本文之研究對象。以下為本文研究對象之作家散文集列表：（順序依作者姓氏筆劃）

表 1－1：研究範圍內選定之散文集列表

作　者	書　　名	出版年	作　者	書　　名	出版年
心岱	《萱草集》	1974	季季	《夜歌》	1976
	《春天來時》	1975		《攝氏 20～25 度》	1987
	《天下父母心》	1976	劉靜娟	《心底有根絃》	1975
	《致伊書簡》	1978		《歲月就像一個球》	1975
丘秀芷	《綠野寂寥》	1975		《眼眸深處》	1980
	《月光光》	1977	謝霜天	《綠樹》	1973
	《驀然回首》	1978		《心畫》	1974
	《亮麗人生》	1980		《抹不去的蒼翠》	1976
	《悲歡歲月》	1982		《無聲之聲》	1980
白慈飄	《乘著樂聲的翅膀》	1975		《霜天小品》	1982
	《慈心集》	1976		《熒熒燈火中》	1986

在散文集內容取捨方面，則以「鄉土散文」為主。因此，同為戰後第一代台籍女作家蔡碧航，七○年代出版第一本散文集《我是沙崙的水僊花》，其美文風格與題材選擇，較接近張秀亞一系的古典派散文；其中，〈我的父親是農人〉與〈故鄉的青空〉，雖細膩描寫了台南麻豆鄉間的童年生活，但相較於丘秀芷、謝霜天與劉靜娟等人，七○年代起，開始大量以台灣本土生活為背景的散文創作，便顯得缺乏代表性。另一位台籍女作家洪素麗，1981 年出版第一本個人散文集，集中收錄作品雖多作於七○年代，但以旅美期間生活見聞、隨想，以及藝術評論為主，僅兩篇為思鄉懷舊之作，雖頗具台灣鄉土色彩，但篇幅過少，較難與同時期女性鄉土散文進行不同面向之比較與對照。

綜合上述，本文乃以丘秀芷、劉靜娟、謝霜天、季季、白慈飄、心岱等人，於七○年代寫作或發表，且已收錄於個人散文集之散文作品為研究對象。上述六位台籍女性作家之生年次序與籍貫，列表如下：

表1－2：六位台籍女性散文作家本籍與居住地

筆名 （本名）	出生年月日	本　籍	居住地
劉靜娟	1940.7.2	彰化員林 （閩籍）	出生南投水里，三歲隨父親搬回彰化員林小鎮，高商畢業後，北上擔任新生報副刊助理編輯，婚後定居台北。
丘秀芷 （邱淑女）	1940.9.22	桃園中壢 （客籍）	祖籍台中大坑，出生桃園中壢，五歲與兄姐隨擔任公職的父親北上旅居台北，小學五年級全家又遷居台中過農家田園生活。高中畢業北上求職、四度重考。世新畢業後，回台中豐原任教。婚後四年帶著兒女到台北與夫團聚，從此定居台北。
謝霜天 （謝文玖）	1943.10.19	苗栗銅鑼 （客籍）	自幼成長於苗栗銅鑼客家莊，就讀大學才離開家鄉來到台北，婚後定居台北，任教於台北啓聰學校直到退休。
季季 （李瑞月）	1944.12.16	雲林二崙 （閩籍）	虎尾女中畢業前，生長於雲林二崙鄉間，畢業後拒絕聯考，獨自北上，在台北展開寫作生涯。
白慈飄 （白恣票）	1945.9.20	南投埔里 （閩籍）	除高職階段在台中住校，以及在報社擔任編輯期間客居台北，多數時間鄉居埔里。
心岱 （李碧慧）	1949.12.15	彰化鹿港 （閩籍）	十七歲離開鹿港，到繁華的台北都會，追尋愛情與文學夢，在此展開創作生涯及編輯採訪工作。

第四節　研究概念界說

一、七○年代的「鄉土」概念

「鄉土」在七○年代鄉土文學論戰角力中，被賦予不同意識型態之解讀。「鄉土」對王拓而言，泛指整體台灣的各個階層；而陳映眞的「鄉土」指的是，受資本主義壓迫的農村處境與殖民狀態；葉石濤的「鄉土」，則是以「台

灣」為中心，表現台灣弱小民族抵禦外來政權的力量。其實，每個人或每個地方，都可能衍生出其特有的鄉土精神，並據此產生獨特的鄉土藝術。但往往要到了社會結構由農業轉向工業化，或承受來自西方資本主義社會的現代化衝擊，與大都會迅速膨脹，城鄉之間開始產生矛盾，所謂的「鄉土」意涵方得以凸顯。

　　從具體地理空間視之，「鄉土」不僅僅是「城市」的對立面，「它」也是「國家」體系下的「地方」；同時，「鄉土」作為物質的實體空間，卻也可能指涉抽象的情感空間，是任何足以提供人們安全感、歸屬感的一個圍繞環境。德國學者波雅與保海曼，在詮釋德國的「鄉土」定義時，認為：「『鄉土』透過對於一個『指涉空間的隱喻』的認同過程，將自我連結於較大的範疇。〔註36〕」由「自我」出發，延伸、擴展並指向一個群體共同的「指涉空間」，「鄉土」便成為自我和「指涉空間」的互動與認同過程，是對於家族、地方、民族、種族、同胞、母語的認同感。是以，「鄉土」的情感意涵，「鄉土」不只是一個有界的實質地理空間，也包括了生長於共同「指涉空間」的人們與其居處的社會環境，或人們之間溝通分享的「語言」，以及關乎族群生命延續的「文化傳承」。因此，「鄉土」是「人民」的集體情感來源，也是一種蘊含國民情感與歸屬意識〔註37〕的概念。

　　是以，「鄉土」一詞在七○年代的「鄉土回歸運動」中，與「民族意識」有密不可分的關連性。1967 年《笠》詩刊一場談論鄉土藝術的座談會中，本土詩人林錫嘉便提出「『鄉土藝術』也有它的時代性，『鄉土』不是指『鄉村』更不是指『古老』的意思，它是表現民族意識的藝術。現在我們也應該創作現時代的鄉土藝術。〔註38〕」與之對談的林煥彰也認為，發展「民族意識」

〔註36〕轉引自林巾力，《「鄉土」的尋索：台灣文學場域中的「鄉土論述研究」》（國立成功大學台灣文學系博士論文，2008 年），頁 12。

〔註37〕歸屬意識就是人類試圖界定自我，並創造出有界線（且常是排外）的範圍領域，由此來界定「自己人」和外人與「土地」的關係。身為個人和社區成員，置身且歸屬於某個地方（家園、家鄉、區域），對地方有深刻且完整的認同，這是地方概念的根基。一種獨特的地方感，讓人群有歸屬感。歸屬感對人類極為重要，人藉由地方感來界定自我。地方成為人群與社區之間長期共同經驗的重要支柱，地方的過去和未來，連結了地方內的人們。整理歸納自 Mike Crang 著，王志弘等譯，《文化地理學》，頁 136～148、Richard Peet 著，國立編譯館主譯，王志宏等合譯，《現代地理思想》，頁 80～81。

〔註38〕詳見〈二林對談——談談鄉土藝術〉（《笠》，20 期，1976 年 8 月號），頁 24。

或「鄉土藝術」，不應只是表面摹寫諸如廟會、迎神賽事這些外在民俗活動的事象，而應該是往民族的精神底層挖掘、探求。藝術家們開始察覺創作中「集體自我」的失落，必須「創作現時代的鄉土藝術」以尋回失落的「民族意識」〔註39〕。這種向內探求「集體自我」的表現，正代表經過現代主義洗禮的「鄉土」概念，形成新的特質和不同以往看待自我與世界的方式，也預示了接續的七〇年代「鄉土回歸運動」。

在七〇年代，「鄉土」既是國家體制下的地方概念，也是這群居住在台灣的人民的共同「母土」，與個人生命經驗息息相關；但若放諸國際空間，卻又是相對於強勢「他者」，而處於邊緣地位的「自我」。身處於內政禁錮、外交困頓的七〇年代台灣，學者詹曜齊形容，當時的思想界帶著一股「現代化趨勢下的民族主義鄉愁」〔註40〕。文壇也開始以「自我」所安身立命的「地方」——「台灣」為起點，思索文學創作的走向。「鄉土」的提出，是對「現代性」發展的反思與檢討，但在整個台灣文學發展過程中，「鄉土」與「現代」是一次次協商與對話的過程，而非簡單的批判與對立。「鄉土」與「現代」常處於相生與互斥的複雜關係。

「鄉土」與「現代」的糾葛，源於人們對故鄉與土地的特殊情感，正如「鄉土」作為「都市」的對立面，「鄉土」也隱含著對「現代」的批判與質疑，卻又與「現代」同樣站在「古典」的相對位置。「現代」代表的是時間概念，「鄉土」所指涉的則是一個「隱喻空間」。林巾力認為，「鄉土」論述是對抗「現代」這個「時間」概念的集體焦慮。他也引述 Jusdanis 對時間與土地的說法〔註41〕，來分析「鄉土」與「現代」的關係：在「現代」的競逐中，「時間」對文化構成生死存亡的威脅，但相對的，「土地」（territory〔註42〕）永遠在人們腳下，給人永恆不變的信心，讓人們得以毫不懼畏的面對「現代」與未來。

「鄉土」是與時俱進的動態觀念，有其可再詮釋性，可被不斷詮釋、延展。陳蕙齡依據前述德國學者的定義，歸納出「鄉土」的四種意指：植基於

〔註39〕〈二林對談——談談鄉土藝術〉，《笠》，頁 24。

〔註40〕詹曜齊，〈七十年代的「現代」來路：幾張素描〉，收錄於《台灣的七十年代》，台北：台北聯經出版，2007 年，頁 116。

〔註41〕林巾力，《「鄉土」的尋索：台灣文學場域中的「鄉土論述研究」》，頁 17。

〔註42〕林巾力翻譯 territory 這個詞彙時，認爲這個字詞含有「領土」、「版圖」的意義，所以譯爲「土地」，參見林巾力，《「鄉土」的尋索：台灣文學場域中的「鄉土論述研究」》，頁 17。

地方的經驗或想像、地理空間意象與區域地誌、具本土或鄉野元素的題材（方言、俚語、民間信仰與習俗等）、載記族群歷史文物〔註43〕。翁繪棻也在鄉土書寫研究中，衍釋出六個「鄉土」意涵〔註44〕：一個區域或某一個地方的風情特色；具本土性和地方性；中下階層勞動人民的現實生活；是一個純淨、未被污染的烏托邦；不一定是經歷過的，也可是想像或記憶；是生長的故土，也是長居生活之地。

綜合以上多元意指，可歸納出七〇年代「鄉土」概念的幾項重要內涵：

（一）「鄉土」是「人」與其生活時空之間，互動、往返、回歸的認同過程。

（二）「鄉土」也蘊含著歸屬意識和國民情感，作爲提供安全感、歸屬感的社會環境，是「人民」集體情感來源，也是對家族、地方、民族、種族、同胞、母語的認同感。在七〇年代的具體呈現便是「鄉土回歸運動」。

（三）「鄉土」並非狹義的指涉「鄉村」或「傳統」；而是承載著七〇年代混雜「中國／台灣」〔註45〕的民族意識，更是這個時代向內探尋集體意識的「民族回歸」過程。

（四）「鄉土」是農業社會過渡到「現代化」工商社會的「鄉愁」，必須立諸腳下熟悉的土地，才能對抗「現代」這個「時間」概念的集體焦慮。

（五）「鄉土」根植「台灣」，包括整個社會環境與生活其中的人們，是居住在「台灣」這群人共同的生存境遇與生命體驗，聯繫著過去的共同記憶，也投射著這群人對未來的想像和期待。

（六）作爲「鄉土文學」內涵的「鄉土」，曾代表三〇年代在地文學的啓蒙運動，到了七〇年代則以「現實主義」文學面貌呈現。就文學實踐而言，七〇年代的「鄉土」，是立足台灣現實生活環境，以淳樸寫實筆法，融入本土

〔註43〕詳見陳蕙齡，《鄉土性 本土化 在地感：台灣新鄉土小說書寫風貌》（台北：萬卷樓，2010 年），頁 54。

〔註44〕參自翁繪棻，《台灣當代女作家鄉土書寫研究》（國立臺北教育大學台灣文學研究所碩士班，2006 年），頁 7。

〔註45〕回顧台灣七〇年代的鄉土回歸風潮，楊照分析：「對台灣這一『土地』（及人民）的感情，不僅具有『中國——台灣』這種雙層性的民族主義的意義，同時也涵有志向關懷一般社會大眾的那一面。因此，具有這種意涵的『土地與人民』的意識，後來就結合到『鄉土』的詞意中去了。」詳見楊照，〈發現『中國』——台灣的七〇年代〉，收入楊澤編，《七〇年代理想繼續燃燒》（台北：時報文化公司，1994 年），頁 138。

語言，既懷舊亦寫實，寫出農業社會的轉型困境，也批判都市文明產生的人性異化與生態破壞。

二、「鄉土散文」的定義

　　1978 年鄉土文學論戰後的八月份，中央日報刊載一篇筆名「曉暉」的讀者言論〈鄉土散文〉，作者以普通讀者身份提出看法：「『鄉土』者，就是故鄉的土地，『鄉土文學』就是寫故鄉一切事物的作品，當時社會雖已逐漸步入工業化，但多數人民仍生長於農村，「鄉土散文」便是作家透過筆端，以散文作品記錄下鄉村生活值得留戀的事物。〔註 46〕」文中更以本省籍女作家丘秀芷的散文作品爲例，認爲她寫出了台灣農村田野的芬芳、鄉鎮生活的素樸、鄉村人們的淳樸善良，以及眞摯的鄉土感情。藉由本篇短文的論述可知，在七○年代的讀者認定中，「鄉土散文」便是以描繪台灣農村爲背景，鄉村生活爲題材的散文作品。

　　然而，至今台灣當代散文研究者或散文評論家，尚未就「鄉土散文」立下明確定義。鄭明娳認爲，台灣七、八○年代的「鄉土散文」，充滿本土色彩，帶有一種「舊臺灣情結」，這類作家大抵生長在台灣鄉村，成年後到都市就業，「普遍對都市文明不滿，對童年的鄉村念念不忘」，有濃厚的懷鄉情結，追求素樸的自然主義，重質不重文〔註 47〕。吳明益回顧台灣當代散文發展時，以「鄉土散文」，概述戰後台籍作家，技巧質樸、取材台灣鄉土人民生活經驗的散文作品，並歸納台灣鄉土散文的幾項特色：說故事方式的敘事主軸、平淡自然的文體、突顯鄉土語言或鄉土生活趣味、善於擷取無須加工的動人生活片段、傷逝不再回復的時代〔註 48〕。

　　在中國大陸的現代散文史研究領域中，「鄉土散文」卻是三○年代以降之重要流派。中國學者顏水生，分析中國新世代鄉土散文時認爲〔註 49〕，「鄉土散文」除了表達對故土家園的思念、表現故鄉風土人情與歷史文化，也反映都市化和現代化進程中，城市與鄉村的對立，以及人們所受的文化衝擊。學

〔註 46〕曉暉，〈鄉土散文〉，《中央日報》（1978 年 8 月 18 日，第 11 版）。

〔註 47〕詳見鄭明娳，《現代散文現象論》（台北：大安出版社，1992 年），頁 49、84。

〔註 48〕吳明益，〈書寫沈默的島——當代台灣散文〉，收入須文蔚編，《文學台灣》（台南：國立台灣文學館，2008 年），頁 266～267。

〔註 49〕顏水生，〈新時期鄉土散文史論〉，《名作欣賞》（2009 第 10 期，總號 286 期，2009 年 5 月），頁 72～75。

者嚴峻便綜合中國學界為「鄉土散文」所下之各種定義，將「鄉土散文」闡釋為「以地域鄉土作為臨界線，反應原鄉生活，表現出作家內心對於現代與傳統的衝籍與調適，以及面臨『都市』與『鄉村』兩種不同生活與文化形態所產生的情感困惑。〔註50〕」女性學者李曉虹則注意到，出走動因和觀察視角的變化，是當代鄉土散文的重要特質〔註51〕。

　　對照台灣七○年代鄉土散文的發展，邱珮瑄認為，此階段的散文，皆透露出，作家根基於台灣社會真實生活的「鄉土」情愫，從萌生於土地之愛的鄉土意識出發，省思當時台灣傳統農村價值面臨崩解，與現代文明衝擊下的社會變遷〔註52〕。鄉土文學運動，促使台灣現代散文走出純然的個人情懷，落實於腳下土地，感受時代共同情感。七○年代的鄉土散文創作，也展現個人在「城／鄉」空間變異、「現代／傳統」文化衝擊中，尋求精神與情感回歸的探訪歷程。曾於七○年代出版鄉土散文集《土》的許達然，在1977年寫下的一段話，正可作為七○年代台灣鄉土散文基本精神的註腳：

> 如果我們要肯定現代意識標榜現代散文，就落實本土，落實人間；感到、趕到、敢到。少戀情境多寫現象，合唱大家的歌。……許多人的「丟丟銅」比知識分子瘁而不撈的疏離充實多了。散文就在生活裡，用大家的語言抒發大家的情思，以社會意識擁抱時代……〔註53〕。

三、台籍女作家的「鄉土」回歸路徑

　　女性創作文本，總以「飛翔」的女性語言，散發女性包容無私、不斷付出的情感特質，散文流動不拘的書寫型態，更能發揮女性書寫的「液態」特質〔註54〕。而女性散文對「鄉土」的詮釋，讓一個地方的空間意義超越了地理、物質或感官性質，融入女人對土地的豐沛情感和體悟。「鄉土」的自然力，涵養

〔註50〕嚴峻，〈試論現代鄉土散文的文化審美價值〉，《井岡山師範學院學報》（2003年第1期，總卷第24卷增刊，2003年12月），頁5～6。

〔註51〕李曉虹，〈二十世紀鄉土散文的嬗變〉，《廣播電視大學學報(哲學社會科學版)》（第134期，2005年3月），頁1～7。

〔註52〕邱珮瑄，《戰後臺灣散文中的原鄉書寫》，頁9。

〔註53〕許達然，〈感到‧趕到‧敢到──散談我們的散文〉，發表於《中外文學》，6卷1期（1977年6月），頁190～191。收入於氏著，《吐》（台北：林白出版社，1984年），頁144～145。

〔註54〕法國女性主義學者伊希嘉荷，以「液態」來形容女性書寫的多元性特質。詳見顧燕翎主編，《女性主義理論與流派》（台北：女書文化，1996年），頁324。

了族群文化,「女性」的生殖力,則孕育了人類新生命,兩者具有相同的「母性」特質。據此,置諸本土男性作家主導的七○年代鄉土文學風潮,本土女性鄉土散文作品,更能表現出,「鄉土」地母般的充沛生命力與特有之母性關懷。

　　然而,整個七○年代「鄉土回歸」大趨勢中,罕見女性身影;在鄉土文學論戰的角力場上,女性創作者更顯得異常沈默,或被刻意漠視,如熱切亟欲「回歸鄉土」的李昂,以「鄉土」(鹿港)為背景與素材,運用現代主義的心理分析技巧,創作了《人間世》和《鹿城故事》,展現女性特有的美學觀點,男性主宰的鄉土文學場域,卻從未將其作品列入七○年代鄉土小說代表之林。而在此時期,第一代台籍女性散文作家亦陸續登場,以最質樸、最純粹的生命感受,去書寫童年記憶裡的農村社會、家鄉人事、台灣風土習俗,紀錄那個世代台灣女人的生活體驗與情感流動。她們的散文作品,是與腳下這片土地真摯互動,所自然流露的汁液,輕柔吐露著在地台籍女性作家眼中的「鄉土」。

　　「鄉土」提供人們安全感與歸屬感,而「回歸」則是人尋找「安放自我」(或群我)之處的過程;因此,每個人都可能有其回歸鄉土的需求或必要性。人與地,連繫著緊密的情感互動,在不同生命階段,個體與家庭、鄉土間,都深深糾結著人對地方的依戀。隨著人在生命歷程中的成長變化,除了人與人豐富的情感關係,還包括與某些重要或源於物質環境之間的密切情感連結。人也在「自我」與「空間」的互動探索中,尋找自我與集體認同,並得以觸及生活與生命的整體性意義。而專注於生活經驗、人與環境細密情感互動的女性作家,在探索人與家園、鄉土的空間認同與文化認同之外,也在女性特有的為母經驗中,完成屬於女性的母性認同,回歸到母體最初的懷抱。

　　這條台籍女作家的鄉土回歸路徑,以人類降世第一個居處空間——「家屋」為起點。本論第三章「地方敘事的起點」,女作家們從落地以來的最初生活空間出發,在記憶長流中,思索「家」對個人生命歷程的內在意義。進入第四章「記憶原鄉與第二故鄉」,這群女作家逐漸遠離童年與家鄉後,記憶在現實生活和童年往事間遊移迴盪,書寫也在中南部原鄉與第二故鄉城市台北間徘迴相望,在遊移徘徊間,重現了七○年代前後的台灣城鄉印象。

　　從實質空間意義的家屋、城鄉,到對族群文化的歸屬感,這群閩、客籍的戰後第一代本土女作家,在成長過程中潛移默化的吸收族群文化內涵,其鄉土散文中,有習俗儀禮的描寫,有台灣閩客母語之入文,自然流露獨特的

閩客族群文化色彩。第五章「台灣人文風土記事」，便歸納出其鄉土散文中，所呈現的閩客風俗、族群母語、台灣地理風情與市井小民群相。

　　最後，女人歷經妊娠、孕育新生與母職體驗的「母性認同」過程，在「母親」的身份中，回歸到屬於女性真實存在的棲居之所、生命肇始之最初存在與安居的原鄉──「子宮〔註55〕」。女性一進入婚姻生活，便是母職體驗的開始。從男性社會賦予的家務勞動，到充滿期待與欣喜的孕育新生命，女人獨特的創生力量，讓這群戰後出生的第一代台籍女作家，以其理想中的育兒方式，陪伴子女成長，逐漸體會母親角色的創造潛力與育兒快樂。第六章「回歸生命本源」，乃運用「母職研究理論」，分析七〇年代的台籍女性作家，如何透過母職、育兒等經驗，建構出自我的母性認同，並轉而成為文學創作的重要源頭與動力；並經由母性認同過程，「回歸」到生命最初始的「地方〔註56〕」，完成女人特有獨享的「歸鄉之途」──而獨佔「鄉土」詮釋權的男性，卻只能繼續難返「原始家園」的綿綿鄉愁。

〔註55〕 Iris Maion Young 認為，女人是鄉愁的家園，因為我們每個人都被逐出母體那黑暗卻舒適之處，在失去棲居之處而誕生，被拋擲到沒有牆的世界，找不到安置我們脆弱而未知的存在。因此，男人試圖經由女人的身體重返失去的子宮之家。歸納整理自 Iris Maion Young 著，何定照譯，《像女孩那樣丟球：論女性身體經驗》（台北：商週出版社，2007 年），頁 222～24。

〔註56〕 女性主義地理學家 Linda McDowell 認為，「身體」是個地方，是個人的地方，一個身體和一個身體之間，不能滲透的界線。她引述另一位地理學家 Neil Smith 的話：「身體的地方標誌自我和他者之間的邊界……除了找字面界定的生理空間外，還涉及『個人空間』的建構。根據朱蒂絲‧巴特勒所言，身體也是一種『性別意義的文化所在』……。」參見 Linda McDowell 著，《性別、認同與地方》，徐苔玲、王志弘譯（台北：群學，2006 年），頁 48～56。

第二章　鄉土風潮下的台籍女性散文家

　　「時代——作品——作家」三者間，依存著相互對照的關係，欲探求作者書寫意義之明朗化，必須將其置回創作當時的時代背景和環境中考察。而思維結構，是作家創作作品的主體，同一世代作家的共同思維，建構出整個時代的文學思潮；時代思潮也反過來，程度不同的影響該時代的作家與作品。因此，在本論啟始，先從七〇年代社會背景、文化環境，概括出創作者所處的文學場域，以及她們與所有同時代作家所浸潤的「鄉土回歸」風潮。而六位台籍女作家，三種不同的族群或成長背景，互異的個人情感記憶、生活體驗，在共通的時代思維下，成就不同型態的散文創作途徑。

　　二十世紀重要女性文學家吳爾芙（Virginia Woolf，1882～1941），在 1929年所完成的《自己的房間》中主張，女人必須擁有可供自己獨立思考的空間，並能以寫作賺錢，精神獨立和經濟自主，乃女性從事文學創作不可或缺的重要條件〔註1〕。戰後第一代台籍女性散文作家，於六〇年代中晚期開始投稿報刊，或擔任教職或從事編輯，或擔任母職專事寫作，在經濟自主的前題下，皆秉持對文學創作的熱情，於自由馳騁的心靈空間，透過白紙黑字，一字一句，耕耘出台籍女作家的鄉土散文世界。且正如吳爾芙《自己的房間》論述主軸之一：「女性完成的文學傳統，是不斷補充新血的綿延不絕生命體〔註2〕」，這一世代的台籍女性散文作家，取材台灣鄉土與在地生活，萌發身份認同意識，輕聲敲開了下一世代甚至九〇年代，台灣女性散文如簡媜、周芬伶等人，融合古典鄉土、中西交揉的多元性樣貌。

〔註 1〕整理、歸納自 Virginia Woolf 著，陳惠華譯，《自己的房間》（台北：志文出版社，2006 年）。

〔註 2〕同上。

第一節　七○年代社會與文學場域

　　五○年代以來，黨國統治機制視台灣爲踏板，追求經濟成長，以便「反共復國、收復大陸河山」，長期忽視台灣文化社會的發展脈絡。而當時的知識界與文化界人士，也因此慣於「向上」思考，甚少「往下」思考，將台灣當作中國傳統社會的翻版或移植個案〔註3〕，無法對台灣產生認同意識。

　　隨著六○年代政府開始積極引入外資，採取對外開放政策，台灣經濟高度成長，社會也開始步入「現代化」轉型期〔註4〕，社會思潮自然隨之轉變，以大陸來台青年爲主的自由主義知識分子，倡導「西化」、「現代」、「進步」，來抗衡國民政府的「傳統」、「保守」、「落後」。在整個「現代化」過程中，這群知識分子以此作爲自我認同方向，既無法擁抱現實，更難扎根本土，只好片橫斷的吸取西方「現代主義」思潮，六○年代乃成爲台灣文學思潮中的「現代主義」時代。對他們而言，「現代」的意義，除了是對黨國意識形態的厭棄，更重要的是：他們爲「失根」的一群，對岸是回不去的故土；台灣僅是落難的避所，雙重失落的「鄉愁」，只好藉由「現代」、「疏離」、「西化」來填充失落的情緒。

　　因此，第一代戰後來台的作家，普遍存在過客心態，較忽略對台灣本土的省視。即便余光中在一九六一年提出「新古典主義」，鼓吹文藝復興，也是「縱的繼承」古典中國文學傳統，從中國古典中尋找養分與現代結合。心態上仍是獨尊中國古典傳統的貴族精英意識，並未改變對台灣鄉土意識所存有的漠視與偏見，更未正視六○年代以來台灣社會結構轉型的眞實情境。

　　在經濟急速發展過程中，大量從農村吸收廉價勞工，以成就飛速工業化，導致農村凋蔽，青壯人口嚴重外流。1960 至 1980 年間，國民生產毛額成長近三十倍；1960 年到 1973 年之間，出口總額增加十倍，經濟平均成長率達 10

〔註 3〕 詳見王若萍，《一個反支配論述的形成：七○年代台灣鄉土文學的論述與形構》（台灣師範大學歷史學系碩士班，1996 年），頁 119～122。

〔註 4〕 許達然也認爲，1960 到 1979 年間，台灣社會大抵上從傳統轉向現代。自 1960 年代起，隨著經濟的發展，台灣原本習俗化的傳統「民間社會」，也開始轉變。人類學家 Robert Redfield 所謂「民間社會」，就是維持「小傳統」的民間傳統社會，而「民間社會」的生活方式是習俗化的，行爲是傳統的，自發、不批判且私人的，沒有法定化或試驗的習性。參自許達然，〈六○～七○年代台灣社會和文學〉，收入東海大學中國文學系編，《苦悶與蛻變：六○、七○年代台灣文學與社會》（台北：文津出版社，2007 年），頁 13。

％。而從城鄉人口相對變化來看，都市人口在六○年代約佔總人口數的四成，
到了七○年代中期以後，增加到六成；相對的，農村人口從六○年代的三成
比例，到了八○年代初期，已降爲兩成〔註5〕。在工業化快速淹沒農村社會的
進程，長久以來傳統農業社會裡，人與土地的情感維繫受到極大衝擊。

　　除了經濟體制與社會結構的重大變遷，台灣國際關係也在七○年代遭受
巨大衝擊。王拓在鄉土文學論戰中便提及，1970 年至 1972 年間，歷經「釣魚
台事件」、「退出聯合國」到「尼克森訪中」、「台日斷交」等重大外交事件接
連發生，使台灣社會的民族意識普遍提升與高漲〔註6〕。於此之際，知識份子
在社會政治方面，開始關懷台灣本土社會，要求政治改革；表現在文學實踐
上，則是基於民族主義意識，創作關懷社會、表現本土文化特色的文學作品。
七○年代，台灣開啓一波廣泛的鄉土回歸運動，混雜、糾結著「國族」、「鄉
土」、「現實」等概念，「本土」意涵與「國家認同」亦未釐清〔註7〕。但回歸
「現實」、「民族」、「鄉土」的要求，仍是七○年代社會、文化改革運動的重
要的方向。然而，此波鄉土回歸運動，應追溯至六○年代中期，許常惠和史
惟亮合作的兩次大規模民謠採集研究。

　　在五六○年代，「鄉土」尚未成爲文學領域受矚目課題之際，音樂已經以
「鄉土民謠」形式，承載台灣人的情感與鄉土風情，並深植民心。早在 1964
年，留日音樂家許石，首先採集三百多首，包括閩南、客家和原住民族等民
謠。次年，許常惠和史惟亮攜手，展開兩次（1965、1967）民謠採集運動，
並發掘許多如陳達儒、廖瓊枝等民間藝者。在許常惠採集日記的文字記錄中〔註
8〕，道出了存在當時人們心中的某種鄉愁：「我知道我終於找到它了，多年來
尋找的中國民族音樂的靈魂！〔註9〕」，經過「別人的東西」覆蓋之後，音樂
家們重新發現「自己的東西」，體悟到儘管「自己的東西」樸拙、未經雕琢，
卻是人們在這塊土地上成長、生活的共同記憶，也就是許常惠心中所謂「中
國民族的靈魂」。在「台灣」找到的「中國」，其實僅止於政治地理上的「自

〔註5〕　許達然，〈六○～七○年代台灣社會和文學〉，收入（東海大學中國文學系編，
　　　　《苦悶與蛻變：六○、七○年代台灣文學與社會》，頁24。
〔註6〕　參見王拓，〈是「現實主義」文學，不是「鄉土文學」〉，收錄於尉天驄主編，
　　　　《鄉土文學討論集》（台北：遠景出版社，1978 年），頁101～108。
〔註7〕　參見阮美慧，《台灣精神的回歸：六、七○年代台灣現代詩風的轉折》（國立成
　　　　功大學中國文學系博士論文，2002 年），頁 167。
〔註8〕　詳見許常惠，〈民間採集日記〉，《文學季刊》（第 5 輯，1967 年 11 月），頁 138。
〔註9〕　許常惠，〈民間採集日記〉，《文學季刊》，頁 139。

由中國」——「台灣」，「台灣民間歌謠」成了「中國民族的靈魂」的代表。

而七○年代一開始，新生代青年詩人，也思索著如何回歸民族、回歸鄉土。由陳芳明擔任主編的「龍族」詩社，於 1971 年創立，以「敲我們自己的鑼，打我們自己的鼓，舞我們自己的龍」為創作宣言〔註 10〕，主張寫出具中國風格的作品，並誠實的把當代社會風貌展現出來，走出六○年代現代主義的西化文學風潮。同年七月，由南部青年詩人組成《主流》詩社，該社詩刊以「我們否定／我們以前／所擁有的」為題，與前代詩人的西化立場劃清界限〔註 11〕。1972 年九月，由一群大學青年所創辦的《大地》詩刊，也提出重新正視中國傳統文化與現實生活的訴求。綜合這些青年詩刊蔚起的現象，向陽認為，七○年代初期的三大新世代詩社，已開始邁向他們理想中的「民族性」、「社會性」、「本土性」、「開放性」和「世俗性」〔註 12〕。而在一九七七年鄉土文學論戰之前，1972 至 1973 年間，詩界更掀起現代詩論戰，在長期受西方現代主義影響後，重新省察：文學是否為大眾而作？文學能為社會進步與國家發展有何貢獻？

這場論戰肇始於 1972 年二月，關傑明先後於《中國時報》發表了〈中國現代詩的困境〉、〈中國現代詩的幻境〉，首先對現代主義文學提出反省與批判。而真正攪動文壇波瀾的，則是「唐文標事件」〔註 13〕；唐文標先後在《龍族》《文季》和《中外文學》上，發表〈什麼時代什麼地方什麼人〉、〈詩的沒落—香港台灣新詩的歷史批判〉及〈僵斃的現代詩〉三篇徹底抨擊現代詩的論述，三篇文章的共同觀點，乃強調文學應該表現人生、反應社會現實，呼籲知識份子要正視傳統，重新建立現實的、關懷的、民間的與鄉土的現代詩；而基於排斥西方文化殖民的民族主義心態，他主張回歸以《詩經》、《楚辭》為主，有歷史感、祖國愛的中國民間文學傳統。唐文標此時所回歸的「傳統」，雖已不同於六○年代初，余光中等人精英意識的古典貴族傳統，開始站在當

〔註 10〕陳芳明，〈『龍族』命名緣起〉，收入於氏著《詩和現實》（台北：洪範書店，1977 年），頁 200。

〔註 11〕王若萍，《一個反支配論述的形成：七○年代台灣鄉土文學的論述與形構》（台灣師範大學歷史學系碩士班，1996 年），頁 109。

〔註 12〕詳見林淇瀁，〈文學傳播與社會變遷之關連性研究——以七○年代台灣報紙副刊的媒介運作為例〉（中國文化大學新聞學系碩士班，1993 年），頁 136～137。

〔註 13〕顏元叔在〈唐文標事件〉一文中，除斥責唐文標的文學見解，具明顯的「排斥性」，並將唐文標三文所引起的文壇效應為〈唐文標事件〉，該文原載於 1973 年 10 月號的《中外文學》，頁 121。

下腳踏的土地上思考，但當下所立足的台灣鄉土傳統，也僅是繼承大中國鄉土經驗之翻版。論戰發展到最後，文化傳播媒體一面倒呼籲「回歸民族，反映時代〔註14〕」，在外交挫敗、亟待重拾民族自信的七〇年代，「回歸」與「民族認同」自然成為主流趨勢，雖回歸「中國」視野下的「台灣」，但遠景指向「中國」，認同「大中國」為主導的民族意識。

緊接著，1973年高信疆接任《中國時報》「人間副刊」主編，大力倡導「報導文學」，成為回歸鄉土與回歸現實的重要開端。林淇瀁歸納高氏編輯「人間副刊」之三個原則與理想──「擁抱台灣」、「熱愛中國」、「胸懷天下」〔註15〕。基於上述理念，「人間副刊」開闢以關懷台灣本土社會為主的報導文學專欄──「現實的邊緣」，並刊登如黃春明、王拓、王禎和楊青矗等人之鄉土文學作品，發掘出洪通與朱銘等優秀民間藝者。相對過去傳統副刊的「疏離社會」、「忽視台灣」，「人間副刊」透過報導文學「介入社會」，省視台灣社會城鄉變遷問題；以「關照台灣」切入台灣既有生活情境〔註16〕，讓知識份子開始將關懷焦點，從「想像中國」轉移到「真實台灣」。在文學上，開啟鄉土文學創作風潮；在藝文界，掀起對台灣歷史文化的回溯與尋根運動，凝聚此一時代之民族意識與社會意識。

七〇年代被提出來討論的「鄉土文學」作品，於六〇年代中期便已嶄露頭角。六〇年代以來迅速膨脹的經濟勢力，讓台灣社會結構面臨巨大變遷，也讓鄉土文學作家們覺醒。他們除了注意「怎麼寫」，更重視「寫什麼」；在觀照個人心象之外，開始對應於外在社會變遷，將個人置於社會脈絡中省視，從腳下的「鄉土」探求靈感。因此，作家們汲取意識流等現代主義的美學表現技巧，但將重心轉移到傳統與現代時空壓縮下，逐漸碎片化的時空感受，以「鄉土」為素材和關注對象，刻畫社會轉型下人事物的真實生活情境。六〇年代中期至鄉土文學論戰前，鄉土文學與現代文學之間，依存著並行不悖的平衡關係。直到論戰將鄉土文學強制定位為「現實主義」文學，現代主義也被視為西方帝國對第三世界國家文化殖民的產物，二者被推向台灣文學光譜的兩端。

《仙人掌》雜誌於1977年四月特闢專刊中，刊載王拓的〈是『現實主義』，

〔註14〕 陳芳明，〈檢討民國六十二年的詩評〉，收入於氏著《詩和現實》，台北：洪範書店，1977年，頁70。

〔註15〕 林淇瀁，《文學傳播與社會變遷之關連性研究──以七〇年代台灣報紙副刊的媒介運作為例》，頁145。

〔註16〕 同上。

不是「鄉土文學」)、銀正雄的〈墳地裏哪來的鐘聲？〉，以及朱西甯的〈回歸何處？如何回歸？〉等幾篇討論鄉土文學，但立場不同的文章，引爆台灣文學史上重要的鄉土文學論戰。王拓意圖將「鄉土文學」改為「現實主義」文學，擴大「鄉土文學」的題材與意涵；銀正雄則反駁王拓的現實主義文學，後來又加入以中國為正統論的官方觀點。最先，由彭歌在 1977 年 8 月 17 日至 19 日於《聯合報》發表〈不談人性，何有文學〉〔註17〕，文中針對王拓、陳映眞、尉天驄三人提出嚴厲批判。繼彭歌之後，余光中於《聯合報》發表〈狼來了〉一文，指陳台灣有人公開提倡工農兵文學，並暗示這些人是共產黨的爪牙〔註18〕，引來後繼更大的爭論風波；「鄉土文學」被指為工農兵文學、具有文學統戰陰謀、是三十年代普羅文學的再現等，甚至帶出與鄉土文學本質無關的論題。最後，胡秋原、任卓宣、徐復觀等人，以「民族主義」大敘述論點，涵括「鄉土文學」與「現實文學」，消減將鄉土派視為分離文學、地域文學的指責，也讓論戰逐漸冷卻。

在鄉土文學論戰場域之外，以「台灣」為主體，本土意識濃厚的鄉土文學作品，也愈發受到重視。由當時兩大報的得獎作品觀之，1977 年《聯合報》第二屆吳念眞〈看戲去囉〉、洪醒夫〈黑面慶仔〉分別獲得三獎及佳作，二篇都是極具鄉土氣息的作品，1978 年洪醒夫更以〈散戲〉、〈吾土〉分別榮獲《聯合報》小說二獎及第一屆時報文學獎優等獎，宋澤萊則以〈打牛湳村〉獲得時報小說推薦獎。而 1977 年三月起，由鍾肇政接辦《的台灣文藝》，推出革新號，頁數增加並由季刊改為雙月刊，擴大鄉土文學的生存空間。

至於被視為女性文類的「散文」，延續著六○年代的變革，融入現代主義技巧、擴大書寫題材、融合報導文學寫作等，與傳統散文形成明顯差異。到了七○年代，散文作家們開始以不同的心靈態度，正視台灣土地上的人群。除了書寫自然與台灣的山林生態，描繪傳統的鄉間田園生活，即使農村漸漸式微，吳晟、林雙不、吳敏而仍深情寫出熟悉的辛苦農家生活；當農村被都市擠壓，散文作家紀錄著台灣都市的變遷，反思擠壓青翠農村的都市膨脹現象。許達然在〈散文台灣，台灣散文〉〔註19〕一文中並提及，七○年代論述

〔註17〕彭歌，〈不談人性，何有文學〉，收入彭品光主編，《當前文學問題總批判》（台北：中華民國青溪新文藝學會，1977 年），頁 3。

〔註18〕余光中，〈狼來了〉，收入《鄉土文學討論集》，頁 264～267。

〔註19〕許達然編，《臺灣當代散文精選，1945～1988》（台北：新地文學出版社，1988 年），頁 7～17。

性雜文大增，擴充了散文書寫的內容主題，觸及社會各種層面，探討社會變遷，「描寫有景無情，有色無情，有戀無愛的島〔註20〕」，他在 1977 年的文章中並認為，「散文精神正是有話就寫，用寫就不懼情勢，不拒嘗試，不拘形式。散文作者已展太多『我』了，活在人間寫人間，寫出『我們』與『他們』當更切實〔註21〕」。關於七〇年代台灣散文語言的另一項特色，則是注入「俗得可親」、「雅得可愛」的台灣話〔註22〕，讓散文語言活潑起來。

此外，1975 年高信疆在「人間」副刊帶起的報導文學風潮，也成為七〇年代台灣現代文學的重要文類。報導文學的創作形式，是以報導為書寫架構，進行題材和內容之改造，題材框架確定的書寫形式，所需專業超出傳統散文創作者知識領域範圍，卻為不同領域的知識份子，提供適合反映環保問題、關懷邊緣族群與自然生態等議題的表現形式，往往既報導又批判且具啟發意義。

至於七〇年代時期的台灣女性散文，除延續以描寫個人與家庭瑣事為主的「閨秀散文」傳統；根據張瑞芬分析，進入七〇年代，女性散文之書寫形式與內容，已趨向多元，除張曉風等人居於主流地位的傳統抒情美文〔註23〕，「專欄雜文有曹又方、丹扉，鄉土書寫有季季等，旅遊散文有呂大明、程明琤，鍾玲跨詩藝於散文。甚至在通俗與嚴肅文學的中線上，三毛、席慕蓉承繼瓊瑤模式，延燒到八〇年代，亦蔚為一時風潮。〔註24〕」張瑞芬也將七〇年代女性散文分為「古典」和「鄉土」兩條主要脈絡，張曉風、林文月和陳幸惠等人，為中文系出身的傳統古典派代表，她們回歸古典傳統，承繼抒情美文傳統，循著其內心直覺以及對外在事物的敏銳感受，追求藝術性突破，表現女性獨特的細膩筆觸，並成為女性散文主要研對象。

而隱隱呼應著鄉土寫實文學思潮的「鄉土派」女性散文，主要作者皆為戰後第一代台籍女性作家，她們多數沒有中文系的深厚古典文學根基，亦非崛起於文協、婦協、耕莘文教寫作、復興文藝營等文藝團體；在七〇年代一

〔註20〕許達然編，《臺灣當代散文精選，1945～1988》（台北：新地文學出版社，1988年），頁 9。

〔註21〕許達然，〈感到·趕到·敢到——散談我們的散文〉，《中外文學》，頁 190。

〔註22〕許達然編，《臺灣當代散文精選，1945～1988》。

〔註23〕張瑞芬認為，揉合「文人傳統」、「中國想像」和「女性特質」的抒情美文，才是七〇年代女性散文的真正主流。詳見《五十年來臺灣女性散文·選文篇（上）（下）》（台北：麥田出版社，2006年），頁 11～30。

〔註24〕張瑞芬，《臺灣當代女性散文史論》（台北：麥田出版社，2007年），頁 317。

片「鄉土」風潮下，文化生產體制與文藝政策，開始重視「本土化」，她們方得以投稿報刊、擔任編輯，或得到官方文藝獎項鼓勵等方式，逐漸在台灣文壇嶄露頭角；透過散文書寫，她們努力真切地勾勒出，台灣女人所觀察與體驗的七〇年代生活樣貌。以下乃就本論研究對象——六位戰後第一代台籍女作家，依其族群身分、文壇經歷與創作風格，分三組對照、析論各自獨特的文學創作脈絡。

第二節　客家阿妹中原情——丘秀芷與謝霜天

丘秀芷，1940 年出生於桃園中壢，本名邱淑女，第一代祖先落腳苗栗銅鑼，在清治時期曾是台中大坑的客家望族，叔祖丘逢甲曾被塑造為「抗日民族英雄」。1943 年出生的謝霜天，則自小生長於苗栗銅鑼山上的一個客家小農莊，本名謝文玖。丘秀芷和謝霜天，皆為七〇年代文壇少見之女性客籍作家。前者父親日治時期畢業於台北國語學校，曾以開授漢文為業；後者的父親，則是飽讀中國古籍詩書的傳統漢詩社詩人；因此，二人雖非家學淵源，但皆自小接受漢學與古典詩文的薰陶，並承襲了客家族群的「中原意識」和「原鄉意識」〔註25〕。此外，兩人也都曾為國民黨黨史會撰寫抗日先賢傳記〔註26〕，夫婿皆為外省籍文學工作者（符兆祥與周錦），共同在文學道路上互勉互勵。謝霜天於淡江學院中文系畢業後，任教啟聰學校，從事業餘寫作；四度參加大專聯考的丘秀芷，世新畢業後，也曾擔任中學國文教師，遷居台北後，專心母職與文學創作，八〇年代開始任職新聞局。

年少浸潤於客家族群文化生活中，讓她們細膩地如實表現出戰後第一代台灣客家女子的成長經驗。張典婉形容丘秀芷的散文，如同客家「粢粑」：「軟

〔註25〕客籍學者湯錦台認為，客家意識是維繫客家人的精神樞紐，而在二十世紀前半期，客家意識的核心正是「中原意識」，自認是「正統漢人」；而和「中原意識」同樣重要的，則是「原鄉意識」，產生於身為日本統治者子民的無奈，以及對原鄉的憧憬與迷惘。他更認為，二次大戰結束前，對於客家知識份子而言，「中原意識」結合「原鄉意識」，曾是早期客家人客家意識的主體，確立並強化客家集體認同。詳見湯錦台著，《千年客家》（台北：如果出版社，2010 年），頁 295～296。然而，戰後經歷二二八事件以及對國民黨政權的不滿，部分客家人如鍾肇政、李喬等人，卻已將客家意識轉化為「台灣人意識」，但仍堅守客家人一貫的「硬頸精神」。

〔註26〕丘秀芷寫《剖雲行日——丘逢甲傳》、《忠藎垂型——丘念台傳》和《民族正氣——蔣渭水傳》；謝霜天寫《耿耿此心在——翁俊明》、《虎門遺恨——朱執信》。

香甜糯、白嫩可口〔註27〕」，可謂六、七〇年代呈現客家生活之美的美味甜點。謝霜天以獨特客家文化生活經驗和鄉土情懷，創作出富涵族群經驗的客家文家創作，七〇年代中期的散文化長篇小說《梅村心曲三部》，透過客家農村女性堅毅的一生，記錄了台灣客家農村戰後近三十年的變遷，張瑞芬形容這是「一部四十年來台灣客家田園史詩〔註28〕」，乃七〇年代鄉土文學中，少數寫出客家山村生活之長篇創作。

一、丘秀芷

丘秀芷雖未刻意強調客家族群背景，但童年的客家記憶，讓她行文間，自然加入客家生活用語，並捕捉了戰後台灣客家莊生活環境之變遷樣態，她曾說：「許多人說讀我的散文，讀不出客家味，這是他們看不懂〔註29〕」。其作品中，愛拉琴唱戲、教子女背唐詩和三字經的父親、戰時到南洋當軍伕戰後回台務農的大哥、在師範學校空地種蘿蔔的二哥、早年出嫁依客家習俗「以衣代人」回娘家的二姊、生活中不停勞動刻苦的姑姑和姪女……個個形像鮮明的人物，交織出七〇年代客家族群平實的生活面貌。她立足客家女性觀點，樸實委婉輕訴著——客家家族經濟的困頓、不同世代客家女性的命運，以及時代變遷下社會價值之轉變與影響。

同世代台籍女作家劉靜娟，曾於 1966 年，為文介紹本名丘淑女的丘秀芷。文中提及，文友們常戲稱丘淑女為「鄉土文學家」，其作品筆下流洩著濃郁的鄉土氣息〔註30〕。1978 年中央日報副刊的一篇書評，則以「青菜豆腐的滋味」，描述丘秀芷平淡樸實卻雋永的散文風格〔註31〕。丘秀芷的散文，有物質貧乏卻充滿溫馨天倫樂的童年悲歡歲月、有青翠的山村田園生活、有徜徉大自然的情趣、有愛憐小動物的赤子心，也能獵取現代人處境，寫出身處都市水泥叢林的無奈與悲哀，同時也常見親子爬山、一起聽蟲鳴鳥叫的育兒樂趣。

〔註27〕參見張典婉，《台灣客家女性》（台北：玉山社，2004 年），頁 155。
〔註28〕張瑞芬，《五十年來臺灣女性散文‧評論篇》（台北：麥田出版社，2006 年），頁 11～30。
〔註29〕同上，頁 157。
〔註30〕劉靜娟，〈喜愛鄉野的丘淑女〉，收入梅遜編，《作家群像》（台北：中國一週雜誌社，1968 年），頁 449。
〔註31〕孫旗，〈平淡樸實的散文集‧丘秀芷著「驀然回首」〉，《中央日報》，1978 年 8 月 23 日，第 11 版。

　　早年家中物質生活困扼，難免有苦痛經驗，但不少文壇友人都認爲，丘秀芷的散文是「沒有仇恨的鄉土」〔註32〕，其筆調清新明朗，只擷取人情與大地最豐美的精華，張秀亞便評道：「鄉郊田間芳香鮮潔的空氣，她也憑那支妙筆帶到讀者心中來了。……她的慧心是如此長於捕捉生活中的神髓，及一切事物的內在精神……她都能攝取其可愛之處，且將之表現出來。〔註33〕」

　　但身爲丘逢甲後代，父祖輩的愛國情操與愼終追遠的祖訓，仍不時出現於作品中；幾篇回憶日治時期生活，夾帶仇日字眼的作品，以及「我在大陸二十年」讀後感中的反共色彩，切合中國近代史的「仇日意識」，亦呼應了五○年代以來的反共愛國文藝政策。如《悲歡歲月》〈兩老〉中寫道，「祖父自從抗日失敗後，就立下規矩：我們家子弟兒女即使在四腳仔日本統治下，也要學漢文〔註34〕」；另一篇〈萬年皮鞋與貂皮大衣〉則述及：「光復初期，百業依舊凋敝，各樣物質都極爲缺乏，布料更是昂貴。有的只是：日本人回去他們本土，把身邊物便宜賣出，人人云之『剝狗皮』—日據時期，臺民稱日本人爲四腳狗。〔註35〕」；〈父親的奶娘〉也提到，一身拳腳刀棍功夫的祖父，「有一次日倭要抓他，他就能一跳跳過高牆逃逸出去〔註36〕」。從「四腳仔」、「四腳狗」和「日倭」等仇日用詞視之，丘秀芷除表現家族在日治時期，堅持後輩學習漢文、熟讀四書五經，傳承中華文化之「中原意識」；另一方面，也以仇日意識，強化「愛國」精神，正符合「愛國文藝」政策。或許正因這幾篇「政治正確」的「反共愛國」文章，讓散文集《悲歡歲月》得以榮獲國家文藝獎。

　　在悼念二祖叔丘逢甲的〈記先二叔祖逢甲先生〉一文中，以丘逢甲和丘念台（三伯）的民族意識引以爲豪，頌揚丘逢甲庇護革命黨人協助武昌起義，稱許丘念台赴日「勸化」「台獨份子」，使其「迷途知返」，回到「自由祖國」；在《驀然回首》的〈三伯父〉中，透過三伯父丘念台對掃墓祭祖的愼重態度，以及訓示家族子弟要牢記「我們客家人是眞正的中原人」、「我們是從河南到廣東，再由廣東來到台灣，不要忘了祖宗留下的語言。在家一定要講客家話

〔註32〕丘秀芷在《驀然回首》的〈後記〉中，提及，「好友靜娟和幾位年長的文友都說我：『你的作品很鄉土，沒有仇恨的鄉土。』」。詳見丘秀芷，〈後記〉，收入《驀然回首》（台北：大地出版社，1978年），頁209。

〔註33〕吳月蕙著，《筆耕心耘見良田——女作家群像》，頁35。

〔註34〕丘秀芷，〈兩老〉，原載於「中央副刊」，1980年7月9日，收入丘秀芷著，《悲歡歲月》，頁220。

〔註35〕丘秀芷，〈萬年皮鞋與貂皮大衣〉，《悲歡歲月》，頁166。

〔註36〕丘秀芷，〈父親的奶娘〉，《悲歡歲月》，頁211。

呀！」〔註37〕道出世代相承的中原意識，也透露著丘秀芷家族對祖國原鄉的孺慕與文化鄉愁。

二、謝霜天

　　謝霜天從七〇年代出版第一本散文集《綠樹》，到 2002 年出版《清泉淌過我心田》、《火籠懷舊情綿綿》、《重回牛背山畔》、《謝霜天散文集》——空間視線時而環顧故鄉苗栗，時而影現母親世代的客家鄉野山林記憶——客家莊的鄉野人物與生活趣味，不斷散發撲鼻的鄉土氣息。正如謝霜天對散文創作之偏好與追求目標——「步調悠閒、溫和而自然」，「情感則醇厚、優美而善良」〔註38〕，且帶有詩之氣韻和真淳，情感求真求善，筆法兼具象徵與寫實。陳鼎環分析謝霜天散文結構與特色，認為「真淳樸茂佔百分之五十，瀟爽清逸佔百分之二十，清靈婉約與溫柔敦厚各佔百分十五〔註39〕」，並將她的田園散文，與藍蔭鼎的鄉村水彩，並比為在七〇年代呈現台灣田園情調的兩面文學藝術之鏡〔註40〕。文字清麗，筆觸洗鍊，質樸不堆砌辭藻，真摯如一彎彎清泉溪流，正是謝霜天鄉土散文最大的特色。

　　親情書寫是女性散文，也是謝霜天散文作品之重要主題。她以平實的客家生活經驗，描寫自己與父母、大嫂、姊姊等親密家人的互動情感。〈父親與燈〉〔註41〕在煤氣燈的清輝下，憶起父親生前燈下吟詩閱讀的身影，帶出對父親的思念與孺慕之情；〈母親的碎布藍〉、〈一串念珠〉、〈大嫂〉、〈我的二姐〉、〈啞姐〉等文〔註42〕，刻畫母女姐妹深情，也藉由母親和大嫂的田事勞動，描寫客家農村婦女刻苦持撿、知足樸毅的性格基調。其散文筆下，「母親」、「大

〔註37〕丘秀芷，〈三伯父〉，原載於「中央副刊」，1977 年 1 月 23 日，收入丘秀芷著，《驀然回首》（台北：大地出版社，1978 年），頁 91～94。

〔註38〕謝霜天在專訪中，自言：「大致說來，我比較偏愛散文。散文的步調悠閒、溫和和自然，表現的感情比較醇厚、優美而善良。好的散文，必定帶有詩的靈性、氣韻和真淳……」詳見程榕寧專訪謝霜天，〈謝霜天為真實人物寫小說〉，原載於《大華晚報》，1979 年 3 月 4 日，收入莫渝主編，《認識謝霜天》，頁165。

〔註39〕陳鼎環，〈不爭脂粉淡粧台——評謝霜天的「綠樹」〉，收入《綠樹》第三版代序，（台北：智燕出版社，1974 年），頁 15。

〔註40〕同上，頁 5。

〔註41〕收入謝霜天，《綠樹》（台北：智燕出版社，1973 年），頁 147～156。

〔註42〕皆收入謝霜天，《綠樹》。

嫂」甘之如飴地擔負起「家頭教尾」、「田頭地尾」、「灶頭鍋尾」和「針頭線尾」等細瑣家務——在藍衫笠帽下，零碎的瑣事與家務中，謝霜天巧心捕捉客家婦女的溫柔婉約，以及面對生活處境的堅忍意志。

取材周遭熟悉人物事象，誠摯天真的表現人世間真、善、美，透過沈澱省思，心靈醞釀和筆尖流露，自然化作篇篇短章，此乃謝霜天經營散文之基本理念〔註43〕。除了親情抒寫、回憶家鄉，謝霜天在七〇年代散文作品中，也記錄了在中文系的求學過程與師生情誼，並留意社會小人物在各行各業之群生眾相——〈大鬍子〉描寫水果販的耿直、〈關燈的人〉和〈快樂的人〉讚揚校工的敬業樂業、〈高潔的心靈〉寫西藥店老闆娘的高貴涵養，還有〈老木匠〉、〈老鞋匠〉和〈女司機〉等，這些在生活中擦身而過的現實人物，都成為作者鮮活的寫作對象與素材。

生長在客家農莊的謝霜天，作品中自然融入客家習俗之描寫與詳述。〈難忘遺命奠孤魂〉和〈海濱掛紙〉以詩意般文字，細寫農曆正月十六，客家人掃墓奠祭之古樸習俗。〈難忘遺命奠孤魂〉思念父親生前帶領一家人掃墓祭祖的身影；〈海濱掛紙〉描述苗栗謝氏各房子孫來到海邊白沙墩，共同參與氏族祭祖大典，第一炷香緬懷開台先祖，第二炷香向皇天及西方故土遙拜，作者暗自祈求：「總說一句：我們是來自大陸的中國人！皇天照鑒，我們總有回去的一天……〔註44〕」

五、六〇年代的文藝政策和黨國教化，豎立反共復國旗幟，台灣幾乎被國族神話所催眠，近乎全面中國化；謝霜天和丘秀芷，身為中原原鄉意識深厚之客家兒女，對於從未親臨的「唐山」、「神州」，充滿想像與憧憬，懷抱著尋根追源之莫名歸屬感。謝霜天就在〈青山碧水間〉寫道：

> 我們不曾踏過祖先來自的那片廣土……在這生根二百年的寶島上，
> 我們唯願以自身作為傳遞不已的一根薪火……「王師北定中原日」
> 時，再和外子回到他的家鄉去，讓孩子們有一個真正名符其實的「籍
> 貫」。〔註45〕

文句中雖承認世族已生根台灣兩百年，但受心繫祖國的父親耳濡目染，

〔註43〕謝霜天，〈自序〉，收入《霜天小品》，（台北：文開出版社，1982年），頁1。

〔註44〕謝霜天，〈海濱掛紙〉，原載於「中央副刊」，1979年4月22日，收入《熒熒燈火中》（台北：智燕出版社，1986年），頁51～62。

〔註45〕謝霜天，〈青山碧水間〉，《無聲之聲》（台北：成文出版社，1980年），頁111。

且沈浸於中國古典文學之薰陶，又與來台第一代的外省籍丈夫朝夕相伴，更加深其對於文化中國之綿綿鄉愁，也強化了自以爲「炎黃子孫」的遙遠認同感。在七○年代民族回歸與尋根熱潮中，謝霜天一如電影《根》的主角，懷著「歸根意識」，試圖探尋自己家族根源；因此，她在〈青山碧水間〉文末，想像有朝一日全家回到夫籍老家，替孩子尋找真正的「籍貫」；她也在〈詩心宛在硯猶濕〉、〈愛澤永存〉中，記敘了父親編修族譜的辛苦過程，乃至編修完畢父親辭世後，翻閱族譜時的深沈哀傷與找到根源的悸動：

> 我翻開族譜手稿，一字字往下讀著，不禁驚愕半晌，好像奔流幾千
> 年的時光之河倏然倒轉過來，我站著的地方，正是河流的源頭，從
> 那裏開始，我再一步步沿著河域往下探尋。……
>
> 依憑著這本族譜，我找到自己的根源，確確實實地明瞭這一脈血胤傳
> 自中原。……誰能用「本省」與「外省」的劃分，將數千年延綿不以
> 的一根血臍，自兩百年前來台祖渡海墾荒之日起便截然剪斷？〔註46〕

在「回歸探源」的七○年代，謝霜天便藉由遙祭先祖、翻閱「鎮平〔註47〕謝氏族譜」，表達對中國祖籍和故土原鄉之思慕，以及那段緊緊連接精神祖國的血緣臍帶。她與丘秀芷同樣謹記著客家祖訓，不斷在鄉土創作中，提醒自己「絕不能忘記自己的根」，這是客家族群最親近文化中國的途徑，也回應了該時代鄉土回歸精神。

第三節　閩南少婦媽媽經——劉靜娟與白慈飄

劉靜娟和白慈飄（本名白悐票），皆出生於南投縣。1940 年劉靜娟出生於南投水里，三歲隨父親返回彰化員林祖居，活潑的赤腳童年，在單純樸實的員林小鎮快樂成長，身邊的親友、玩伴和鄰居，盡是充滿人情味的市井小民，日後紛紛成爲作者筆下，順手寫來的鮮活人物與素材。白慈飄 1945 年出生於南投埔里，就讀台中高商時，離鄉住校，畢業後，雖曾在外工作一段時日，但不久便返回南投家鄉，於山區學校代課，婚後至今一直在南投避世鄉居，親自教養三個孩子，南投是她生活與創作的源頭與歸向。

〔註46〕謝霜天，〈愛澤永存〉，收入《熒熒燈火中》，頁 76～77。
〔註47〕謝氏自清乾隆年間，陸續從廣東嘉應洲鎮平縣（今廣東省梅洲市蕉嶺縣）來
　　　　台開墾。

　　這兩位自小赤足穿梭於中部鄉間市井的閩南女孩，步入婚姻後，也都欣然享受母職的喜悅，並引爲創作泉源。劉靜娟將一篇篇陪伴兩個男孩成長、童眼看世界、童心玩生活、充滿童趣且溫馨的短文，輯結成《歲月就像一個球》──她以自己所保有的童心，細心觀察、誠摯投入，張拓蕪曾評述：「只是她自己爲人母的愛、誠摯、投注、參與等等的流動……只是訴說一個小母親的愛，毫無保留的投注，全心全意的關切和參與。〔註48〕」白慈飄則以《慈心集》，記錄長女妞妞滿兩周歲前的成長點滴，寫出初爲人母，擁抱新生命的幸福，她充滿喜悅而急切的透過書寫，和懵懂的幼小生命，一起分享生活所見所聞與所感，瑣碎平易卻眞情可感。

一、劉靜娟

　　劉靜娟在員林鄉間，擁有活潑而立體的童年，但平面的文學讀物並不多，且因父親接受日本教育，雖也愛涉獵新知，家中藏書仍以日文爲主，新生報附贈的《兒童週刊》是其主要讀物；不識字卻擅長說故事的母親，才是劉靜娟最早的文學啓蒙者。劉靜娟形容母親「天生有一份『文學的心靈』〔註49〕」，她曾說，母親心思細密，人情世故細密周全，「她最大的本領就是記性好，又能讓她腦海中的映象很有條理地從口中娓娓道出。她看來的歌仔戲，她們姐妹的童稚、少女時代，她與父親走過來的路，她觀察思索的複雜的人性……由她說出，都充滿了趣味。〔註50〕」劉靜娟回憶，在平常得空時候，媽媽就會跟她們兄弟姐妹一起躺在塌塌米上，把她聽來的歌仔戲或從歌仔戲看來的故事，一一說給孩子們聽，像「憨女婿」、「蛇郎君」、「薛平貴與王寶釧」等，有時也會說說她自己的故事，如窮苦的童年、躲防空洞、黑市換米等等，講得生動活潑，還穿插著閩南俚俗諺語〔註51〕，就像還沒有電子媒體時代的大部分爸媽，或阿公阿嬤一樣，用他們熟稔的母語和生活經驗，透過口傳故事，將閩南族群的習俗文化，傳遞給下一代。母親的故事，影響劉靜娟的邏輯思考與創作，母女的閒話家常，則是她取之不盡的寫作泉源。

〔註48〕張拓蕪，〈侷限與突破──《歲月就像一顆球》讀後感〉（《書評書目》，96期，1981年5月），頁114。

〔註49〕劉靜娟，《成熟備忘錄》（台北：健行文化出版社，1994年），頁46。

〔註50〕同上，頁45。

〔註51〕詳見宋雅姿，〈把文章寫在生活裡──專訪劉靜娟女士〉（《文訊》，234期，2005年4月），頁119。

　　在父母細心維繫的溫馨屋簷下，劉靜娟七個兄弟姐妹，朝夕相處，關係密切，一起學習成長，也一起嬉戲搗蛋，發明各式各樣有創意的遊戲，啓發想像力，豐富了劉靜娟的童年，成爲其珍貴回憶，也是日後她親子互動的靈感來源，更是創作初期主要的敘述題材。生長在充滿愛與親情的家庭中，讓劉靜娟篤信「愛，就是要讓他們、它們留下痕跡，讓自己可以感謝，讓別人可以分享」，而寫作正可以留下這些愛的痕跡，因此她說：「寫作眞的很可愛，某時某刻的思想，都定位在紙上、在記憶中，歲月也搶不去。」〔註52〕凡是生活空間中有意思的人情風景，從童年生活、與家人鄰居的互動，到戀愛、結婚、育兒，乃至公車、市場、計程車上形形色色的人事物，透過慧眼靈心的捕捉，成就一篇篇入情入理的雋永散文。

　　劉靜娟對散文創作的態度是，寫自己最熟悉的，抱持「文學本來就是生活」，相信淺白的文字較容易表達眞誠情感〔註53〕。十八歲第一次投稿被採用的作品，是刊登在《中央日報》的〈買菜〉，寫自己第一次買菜，連菜籃都不會拿，走進市場只會用手比劃的趣事；第二篇被採用作品則是〈燙頭髮〉，輕鬆談笑第一次在美容院帶「鋼盔」燙髮的糗事。她樂於出賣自己的糗事，寫出讓人會心發笑的字句，且遺傳自父親「好奇、熱愛生活」的天性，總是津津有味的看待發生在周遭的大小事，並聯想力豐富的牽引出更多趣味，把自己感受到的幸福與快樂，經由紙筆，展現在讀者面前，這也正是她散文作品一貫的輕快與幽默風格。

　　從前兩本散文集《載走的和載不走的》、《響自小徑那頭》的少女寫實、靈秀俏皮，到《心底有根絃》深化對人生的觀察，其中〈兩卡車之外〉寫婚後家居生活、〈家有「童話」〉話育兒。繼而寫作媽媽經《歲月像顆球》，是童言童語的紀錄者，也是非常入戲的活動參與者，珍惜的寫下孩子不同階段所經歷之大小事，在陪伴兩個孩子成長過程中，劉靜娟也用「純稚的觸鬚」去感悟生活，領悟到歲月滾來滾去，就像一個球，從小小孩的小皮球時期，滾到了青少年時期的大籃球。1980 年的《眼眸深處》，由山水、花樹等自然題材，以及織毛衣、捏陶的生活閒情，乃至市場小販悲喜交加的對話，皆顯得意態從容、人情練達。

〔註52〕宋雅姿，〈把文章寫在生活裡——專訪劉靜娟女士〉，《文訊》，頁120。
〔註53〕詳見廖玉蕙、劉靜娟主講，廖淑儀記錄整理，〈從文學中看見生活的繁花盛景〉，收入《漫遊的星空——八場台灣當代詩與散文的心靈饗宴》（台南：台灣文學館），頁109。

　　張瑞芬在劉靜娟的散文中，看到「永遠有一個親切有味的有情人間〔註54〕」，以溫厚純心，用一則則生活小事串聯，既包容且自省，她更從劉靜娟寫人物鄉情一類，擅用逼俏的閩南口語，認為劉靜娟寫出了台籍女作家中，最早的台灣村俚浮世繪與眾生相〔註55〕。夏鐵肩形容劉靜娟的散文「平淡中蘊含著幽默和哲學味道，像一道清淺的溪流緩緩流入一泓澄澈的深潭〔註56〕」，也有評論者認為，劉靜娟散文藝術內涵最大的特色是「生活化、倫常化和本土化〔註57〕」。「生活化」是指從平凡習見的日常生活，汲取靈感和素材，貼近生活氣息又不乏理性思考；作為土生土長的台籍女性作家，她作品中所表現的「本土化」鄉情，是對童年或年輕居所的懷念，對台灣民俗風情的觀察，以及對台灣大自然的讚嘆。而行文間寫情寫物，乃至寫人性與人情世故，皆流淌著清純的感情暖流、飛騰的哲理智慧，此乃所謂「倫常化」。

二、白慈飄

　　白慈飄是文壇上，較沈默、活動較少，生活近似隱居的作者。從高職畢業後的六○年代，便開始以筆名「心風」、「慈心」向報刊投稿。1968 年辭掉原本的會計工作，在都市一隅，租下一間小房間，專心致力於寫作，如她自己所言「下的是一種怎樣的真心誠意〔註58〕」，放棄穩定收入的職業，從事煮字療飢的文字工作；直到結婚育子，即使擔任全職家庭主婦，家務繁瑣外，尚須教養三個子女，卻不曾放棄一枝筆、一杯茗茶的寫作生活，對於寫作，堅守一份堅定不移的追求。就像她的外祖母，一生耕耘田園，白慈飄也默默地勤奮筆耕，經營屬於自己的文學園圃。

　　白慈飄熱愛散文，對她而言「每個日子都是散文」，「心靈火花閃現的時候，你就不得不提起散文的筆」，投入寫作的沈思世界，讓她快樂，讓她從自我情感出發，在生存環境中探索，這條文學生命成長的軌跡，也是她在現實生活中激發的感情、想法和批判，並透過此一歷程來成就自我。散文雖是白

〔註54〕張瑞芬，〈娃娃與歲月的幸福語錄——論劉靜娟散文〉，收入於氏著，《五十年來臺灣女性散文・評論篇》，頁 159。
〔註55〕詳參張瑞芬，《臺灣當代女性散文史論》，頁 335。
〔註56〕夏鐵肩序，收入劉靜娟著，《笑聲如歌》（台北：九歌出版社，1982 年），頁 2。
〔註57〕李元洛，〈風含翠條娟娟靜——讀台灣作家劉靜娟的散文〉，（《文訊》，108 期，1994 年 10 月），頁 7。
〔註58〕白慈飄自序，《騎過韶光》（台北：敦理出版社），頁 2。

慈飄的最愛，但她在 1972 年出版的第一本書，卻是小說集《過站》，1975 年才首次出版散文集，包括寫給兩歲女兒妞妞的《慈心集》，和收錄 1969 年到 1974 年間散文創作的《乘著樂聲的翅膀》。

《慈心集》每一篇，都是母親寫給愛女，滿溢愛憐且毫無保留的甜蜜私語，叨叨絮絮、不厭其煩。她以一篇篇寬厚、溫暖、真切的散文，向初訪人世的小妞妞，道盡世間美好、輕敘各種生活瑣事以及人情趣味。身為人母後，白慈飄也更細膩的注意和觀察周遭擦身而過的人們，認識或不認識，她都好奇地想編寫每個面容底下的生命故事——看著新生命每個令人驚喜的成長片刻，讓白慈飄的心靈變得更加豐饒，對人對生命更感興致。

《乘著樂聲的翅膀》充分表現白慈飄七〇年代樸實率真、稚拙不雕琢辭藻的散文風格；她在〈離愁〉和〈懷鄉〉中，抒發高職離家住校的思鄉情懷；〈一隻蘋果〉寫從小到大，姐姐對她的疼愛與關懷，字字句句盡是姐妹情深；〈棉花糖〉回憶童年和父親大手牽小手，在小鎮街頭散步；〈過客〉是出生埔里鄉下孩子，隻身處於異鄉都市台北的心境寫照；在山地原住民部落的小學代課，寫下〈第一課〉、〈乘著樂聲的翅膀〉等篇章，描繪一張張山上孩子天真可愛的稚嫩臉龐，記敘一段段與學童真情相處的美好時光，也喚醒心靈內在追求自然純樸的聲音。

到了八〇年代完成的《騎過韶光》，以一貫質樸文字風格，書寫童年的家鄉回憶、生活記事、片羽靈光和旅遊紀實；文中既享受撫育三個小孩、置身童言童語的鄉居日子，卻也感嘆昔日景物不再，並開始關心受環境變遷影響的自然生態，以平易近人的筆調，寫出七〇到八〇年代台灣城鄉與自然環境的細微變遷。八〇年代以後，白慈飄寫作方向，逐漸由私我的生活瑣事、情感抒發，轉向關注鄉土風情、鄉土人物與生態環境，風格也改以報導文學形式為主，介紹南投的歷史地理與風土人情，於九〇年代，陸續出版《永恆的鄉音》、《三百六十五里路》和《寶島行腳》，作為她風塵僕僕行腳台灣、採訪人物行誼的真實紀錄。

第四節　下港囝仔文學夢——季季與心岱

來自雲林二崙的季季和彰化鹿港女兒心岱，出身中南部鄉間，皆為才氣早發的文藝少女。她們在十七八歲花樣年華，就懷著對文學的熱愛，來到繁

華但陌生的台北，追尋自己所編織的文學夢想；季季和心岱，有著生長背景相似的鄉土特質，同樣堅持創作先於一切的理念，也都是當時文壇鮮見的台籍女性職業作家。

　　兩人雖僅有高中職學歷，卻於中學時期便開始創作小說。高中畢業後，兩位南部傳統閩南小鎮的農村女孩，憑著一份對文學與感情的執著，先後北上台北，此一現代都市，也成爲其往後人生的重要轉捩點。愛情與文學理想的結合，曾是她們最浪漫的決定，都在二十歲前與同爲小說家的另一半結褵，愛情和婚姻的幸福，對她們而言，卻又何其短暫。二十四歲的心岱經歷丈夫盧克彰猝逝，體悟到生命奄忽無常。季季在六年婚姻中，看透楊蔚欺瞞不實的假面，斷然結束痛苦掙扎的婚姻。然而，獨立撫養子女的壓力，不曾阻斷她們繼續創作的渴望和決心，文字成爲她們療傷止痛的生命出口，從創作中釋放情感、肯定自我。

一、季季

　　季季本名李瑞月，1944 年出生於雲林縣二崙鄉永定村的農家，身爲家中長女，下有五個妹妹，一個弟弟，從小就學習照顧別人，有信心才能照顧別人，因此讓她對自己比較有自信〔註 59〕。十五歲就讀初三時，在《臺灣新聞報》發表校園短文，是她初試啼聲的第一篇文章。十八歲時，以短篇小說〈明天〉獲得《亞洲文學》小說徵文首獎。十九歲的夏天，她第一次來到台北參加救國團主辦的「文藝寫作研究隊」，開訓日期正好與大學聯考撞期，季季決定放棄大學聯考，開朗的父親一向尊重女兒獨立人格發展，自然尊重她所做的抉擇，還給了她兩百元旅費。父親自小就給予季季很大的自由自主空間，季季曾說，「對一個創作者來說，自由是最大的財富，我的父親就給了我這樣的財富。〔註60〕」

　　虎尾女中畢業後，隔年春天季季懷抱著綺麗夢想，隻身來到台北，準備開拓自己的文學生涯。1965 年，季季正式成爲皇冠第一批簽約作家，是其中唯一的年輕台籍作家。她早慧的文采，主要展現在小說成就上，從六○年代

〔註59〕季季、王津平、梁景峰對談，花村記錄，〈解剖季季的神話——季季作品討論的紀錄〉，（《台灣文藝》，第 61 期，1978 年 12 月），頁 196。

〔註60〕季季、隱地對談，陳家慧記錄整理，〈我們的六○年代——兼及年度文選與編輯生涯〉，（《明道文藝》，第 362 期，2006 年 5 月），頁 60。

開始創作，七○年代是她小說的創作高峰，從《屬於十七歲》、《異鄉之死》、《月亮的背面》到《拾玉鐲》，都是她的代表作。1966 年出版的小說《屬於十七歲》，在流行存在主義的六○年代，流露出生命的熱情、浪漫、幻想，又帶點無可奈何的虛無色調，表現季季創作初期的早熟天慧，以及對人生敏銳的洞察力。進入七○年代後，歷經婚姻與婚變，季季的作品也漸趨成熟，小說中隱隱透露著她對鄉土的反思。

　　邱貴芬曾將季季與陳若曦、施叔青和李昂等三位本土女作家相較，認為季季的小說較貼近鄉土寫實路線，表現出六○年代台灣文壇女作家「鄉土寫實」的一面〔註 61〕。但范銘如評論台灣現代主義女性小說時，卻強調季季作品中所融入的現代主義技巧：「季季是現代主義女作家裡常常被忽略的一位。〔註 62〕」林瑞明評介季季的小說作品時便指出，收錄於《月亮的背面》的短篇小說〈尋找一條河〉，是一篇現代主義的作品〔註 63〕——將簡單的情人脫隊出遊情節，鋪陳為具有象徵意義的生命追尋之旅，沿著河流探尋，歷經繁複意象，展現她驚人的文字藝術魅力。葉石濤也認為季季的〈寂寞之冬〉，是許多描寫台灣鄉下的現代小說中，相當傑出的一篇，在近乎自然主義的寫實風格中，導入西方文學的觀察，客觀真實反映五○年代的鄉村生活改變，並以意識流手法，寫出了各種人物深層潛意識世界的暗流〔註 64〕。在葉石濤眼中，季季的小說，在現實和浪漫兩極間擺盪，卻又認為她的小說氣質接近自然主義，期待她統合浪漫與寫實，寫出台灣婦女生活的「詩與真實」〔註 65〕。

　　到了〈拾玉鐲〉這篇重要作品，季季已接近傳統社會寫實的手法，以對話和外在環境發生的事件、行動來營造戲劇性，描寫鄉下大家族後代，趁著曾祖母的「撿骨」儀式，爭奪陪葬物的戲劇性場景；寫出台灣社會現代化後，人心腐化，各懷鬼胎、利益薰心，小說中捍衛傳統價值的，只剩留守農村的老人和智障兒孫，〈拾玉鐲〉彈奏出了悲觀的鄉土文學主調。「女性、母性是

〔註 61〕 邱貴芬，〈季季「拾玉鐲」導讀〉，（《文學臺灣》，第 38 卷，2001 年 4 月），頁 134。

〔註 62〕 范銘如，〈七○年代鄉土小說的「土」生土長〉，（《跨領域的台灣文學研究學術研討會》，2005 年），頁 2。

〔註 63〕 林瑞明，〈尋找一條可以逆流的河——季季集序〉，《臺灣作家全集～季季集》（台北：前衛出版社，1993 年），頁 10。

〔註 64〕 詳參葉石濤，〈季季論——台灣婦女生活中的「詩與真實」〉，《台灣鄉土作家論集》（台北：遠景出版社，1977 年），頁 298。

〔註 65〕 同上，頁 300。

其作品的基底，更可貴的是季季從沒忘記自己是鄉下人。〔註 66〕」是林瑞明對季季作品風格的貼切觀察，而季季在散文集《攝氏 20～25 度》後記中，也不忘提醒自己，要像父親一樣努力、誠懇的生活著，保有鄉下人的素樸與務實，勿荒廢了應該耕耘的土地。

在結束短暫的五年婚姻後，開始感受人生的艱辛與苦澀，也深刻體驗到一種小說無法言盡的情感暗流，「只能以最簡明、自然、誠摯的文字和形式表露出來〔註67〕」1976 年《夜歌》出版，代表了季季的寫作之路開始由小說轉向散文。季季的散文題材不同於一般台灣女性作家，不寫家務事、婚外情和親子關係，她講究題材以及文字的色調、音韻和意象，雖仍以身邊瑣事為主，但她能擷取瑣事，進一步挖掘自己的內心世界，探究更深層的生命意義，不同於小說創作的冰冷前衛，季季的散文是醇厚細膩、喃喃傾訴的自我對話，就如她在〈後記〉自言：「我的夜歌其實是充滿了我對人世的質疑和抗辯的」，婚變的苦澀，單親帶著兩個孩子生活的艱辛，一一侵蝕她原本無憂自在的生活，散文風格自然顯得老練而深沈。

七〇、八〇年代間，季季只出版兩本散文集，但她援小說手法入散文，兼採寫實與象徵技巧，並交錯運用明喻和暗喻，自我剖析生命所遭受的無奈、困惑和痛苦。在〈她底背影〉一文中，以「淒冷的冬季之晨」為背景，一個女人的背影「艱苦且落寞的走了許久」，季季假想著「她」的種種可能境遇，結局竟都是淒然落寞，猶如作者漫漫人生道路上的心境寫照。季季的散文語言，承繼小說迂緩調性和冗長句式，善於製造凝鍊長句，以對白鋪陳劇情，故事性強、想像力神逸飛揚，將意識流、時空替換的現代主義技巧，注入鄉土寫實題材中；結尾時，又常出現奇崛突異的支線，有別於一般散文簡潔的單線書寫，如《夜歌》的〈夢幻樹〉，與好友阿山散步遇到野狗，一陣人狗激烈對峙後，兩人回頭卻意外發現一株來時錯過的大榕樹，產生疑幻似真的夢境般感受，也隱喻著虛妄浮誇背後的清明澄澈。又如〈丟丟銅仔的旅程〉，寫作者與好友在火車上閒聊家常回憶，間入窗外即景的描寫，轉出更深層的旨意：「許多事都有那麼一點丟丟銅仔的味道，擲下去的是一大把，掀出來的也許是個零，或許比你預期的還要多、還要好。〔註68〕」

〔註66〕林瑞明，〈尋找一條可以逆流的河——季季集序〉，頁 12。
〔註67〕季季，《夜歌》後記（台北：爾雅出版社，1976 年），頁 2。
〔註68〕季季，〈丟丟銅仔的旅程〉，收入《夜歌》。

季季也在〈鄉村老婦〉、〈一個雞胸的人〉、〈再見，翁鑼仔〉等數篇散文中，描繪鄉下農村社會的民俗人情，寫出農村社會中純樸直率的眾生相；取法現代主義技巧，但對話詼諧，如〈鄉村老婦〉描寫搭公車返鄉的女子。巧遇鄰莊阿婆，親切溫馨的敘舊寒暄，對話中，盡是南部鄉間道地的家常俚俗，寫實、生動而貼切，呈現台灣人最醇厚含蓄的人情味，季季的南部鄉下人特質，於此表露無遺。

季季以自己生命歷程，譜唱出一曲曲夜歌，在文學與人生道路上，她彷彿就是自己筆下寂苦獨行的女子。她在〈暗影生異彩〉文中形容，寫作是在心田上開拓，自己的生命是在一方小小貧瘠的荒土上墾殖，每一次耕耘都是她自己和慾望的無窮爭辯，但她也說：「生存在暗影中，由於閱讀寫作而獲致生命的光輝」。

二、心岱

心岱，本名李碧慧，1949 年生於彰化縣鹿港小鎮，十六歲開始寫作小說，於通信交友中，認識當時的軍人作家盧克彰。對愛情充滿渺渺憧憬的十八歲少女情懷，讓心岱毅然離開純樸家鄉，踏進繁華都市台北，探尋幸福，也走入創作人生。作家丈夫盧克彰，是心岱早期創作的第一位讀者，也是生活和文學創作的最大精神支柱，讓她得以全心投入專職寫作；在《萱草集》和《春天來時》，這兩本最早的散文集中，篇篇小巧短文，無不透露少女沈浸於愛情滋潤的甜蜜與幸福，從新婚紀事到妊娠生子的喜悅，以及一篇篇寫給懷中「君兒」的書信體散文，感覺敏銳的心岱，默默將所看所聽、所有心靈躍動，一一凝鑄成獨特清新的文字。

1976 年盧克彰驟然病逝，原本握在心岱手中的幸福，竟在彈指間倏忽消逝，這是她所無法預見的生命轉折。1978 年出版的《致伊書簡》，設定「伊」為虛構的傾訴對象，以書信體手記式散文誠摯剖白，寫和母親扭曲破碎的關係、寫蒼白陰鬱的童年，勇於面對矛盾的母女情節，也省視成長歲月的種種壓抑，是一段女性認同的崎嶇過程，亦如向往生丈夫的遙告，吐露走過傷痛後的心路成長歷程。

「我踏出家門，遠離我的象牙塔，開始四處流浪、從事報導採訪的工作。〔註 69〕」心岱必須獨自挑起家計撫養幼子，讓她發現自己具有變革的能力，

〔註 69〕心岱，〈機動自主的創意遊戲〉(《拾穗雜誌》，第 513 期，1994 年 1 月)，頁 20。

報導採訪工作也拓展了心岱的視野，「我接觸到活生生的『原版生命』——不是從文學上嫁接來的，也不是我的想像藍圖〔註70〕」。心岱的創作主軸，轉向報導文學與生態文學，走出抒情的個人感受，貼近現實層面；展現對生命自由的嚮往，對自然生態的關懷，雖不倡言女性環保意識，卻真誠表露對土地與環境的疼愛之情。

最初因迷醉於文字魔力而伏案寫作，以至文學成為心岱的終極目標，文學創作包容了她的成長、喜樂和哀愁。作為心岱文學與感情上的知音，盧克彰曾說：「她那自小任性、倔強、執著的性格，充分的移植在她的創作上〔註71〕」張瑞芬也形容心岱：「她的心中，永遠有一隻嚮往自由的鳥，它只是要振翼飛去，脫去所有桎梏，唱出心中最真實的聲音。〔註72〕」生活大喜大悲，心岱都透過文字抒發，筆和紙是她心靈的翅膀，帶領她飛越有形無形的桎梏；年少時，寫日記自我傾訴，確定創作意念後，她將情感沈澱、經由時空過濾，以散文和小說表達對生命的熱愛。

她曾在散文集〈自序〉中，提及小說和散文對她的意義：「寫小說是我的生命，寫散文是我的生活；我酷愛生命，也永遠少不了生活，這一體兩面的情感，便是我對理想信守的忠貞、誠懇。〔註73〕」盧克彰則認為，心岱的散文比小說更紮實：「色彩濃，情感沈厚，她不耍弄文字技巧，鍊字卻練得十分凝重；她不用空洞的意象虛飾自己的感受，而以落實的筆觸描繪自己情感上的承受。〔註74〕」細讀心岱的創作，不論小說、散文或報導文學、生態文學，她都站在旁觀、透視的角度，隔著不近不遠的距離，超然望著近在咫尺的人生，並在文句間展露堅韌的生命力。

心岱寫作初期以小說成名，寂寞、沉鬱是作品中慣有的色彩，如小說集《少女與貓》中的〈收穫季〉、〈小秤錘〉，以養女為題；〈母親的畫像〉和〈少女與貓〉寫疏離、矛盾的母女關係，猶如自己和母親之間長期糾葛的情結。心岱的小說之筆，如貓眼般洞澈人世，從蚵寮的養女、弱智的流浪漢、被丈夫家暴的婦人、在小診所打雜的鄉下少女，和街上補鞋的寡婦等等，刻畫一

〔註70〕心岱，〈機動自主的創意遊戲〉（《拾穗雜誌》，第513期，1994年1月），頁20。
〔註71〕盧克彰，〈期待的春天〉，收入心岱，《春天來時》，1976年，頁1。
〔註72〕張瑞芬，〈心中永遠有隻自由鳥——論心岱散文〉，收入於氏著，《五十年來臺灣女性散文‧評論篇》，頁159。
〔註73〕心岱，〈自序〉，收入於氏著，《春天來時》，頁5。
〔註74〕盧克彰，〈期待的春天〉，《春天來時》，頁2～3。

個個素樸的生命故事，表現人生缺陷和不完整的美。

　　而其散文風格，平實深刻、敏感度高，卻又色彩濃烈，迥異於小說的黯淡色彩。從第一本散文集《春天來時》，誠摯真切的抒情，抓住人們易於忽視的浮光片羽；到《萱草集》以質樸真淳的文字寫給愛子「君兒」，〈喜訊〉、〈是男是女〉向未出世的「君兒」，透露小女孩將成人母的驚喜；〈手中線〉、〈命名〉、〈期望〉瀰漫妊娠的甜蜜和喜悅，以及對腹中胎兒的滿滿期待與祝福；〈痛苦的煎熬〉、〈誕生〉以切膚之痛，真實紀錄了分娩的痛楚、掙扎，到喜極而泣的感動；〈痛苦與矛盾〉、〈心灰意冷〉，則是新手父母面對半夜哭鬧孩兒的無奈與心力交瘁……一篇篇給「君兒」的孕期手札、育兒記錄，道盡初為人母的無窮愛意與劬勞。

　　七〇年代後期，心岱面臨未可預知的生命轉折——丈夫猝然病逝，文學創作也走向她無法預期的報導文學一途。身處都市的心岱，透過採訪、報導文學寫作、關切環境生態問題，她往返城鄉之間，展開尋找自我生命歷程的「回歸」之徑。心岱在《大地反撲》中，從理解生命的想法出發，關注墾丁的珊瑚、灰面鵟、伯勞鳥、梅花鹿，以及被發電廠戕害的防風林，成為台灣八〇年代女性生態文學的代表作。八〇年代的散文集《旅人的積木箱》，則展現心岱報導文學時期的基本特質——透澈、精鍊、濃縮的文字，從寫事到寫人，以故事場景凸顯人物，擷取人生旅途的浮光掠影，平視眾生，拼湊生命的事實真蹟中；她自比旅人，和山地工人深入交談後不久就要話別，和車站老人聊了兩句也要分手，一面之緣的門房、廚娘，甚至一花、一鳥、一樹——旅人與萬事萬物，皆是逆旅中的過客，但心岱精心收藏起所有人、事、物獨特的珍貴價值。投身採訪與報導寫作的心岱，上山下海，深入市井人間，走遍台灣這塊她生長的土地，收集大小角落動人的美麗色塊，關注繫念每個平凡生命，醞釀成觀照眾生實相、充滿泥土芬芳的文學生命。

第五節　小結

　　終其一生，我們每個人都在努力達到完整的狀態，生命中的每一樁事件、每一段關係，不幸或幸運，都可視為「教訓」，皆一步步引領我們成為更完整的自己。我們居住的「地方」就是整個過程的回音，這些「地方」，對我們通往完整人生旅程影響甚巨。如果用「旅行」來代表我們生命階段與心裡發展

歷程,「回家」就是詮釋完成個體完整化旅程,完成「回歸自我」歷程的最佳隱喻。

在強調「鄉土回歸」的七○年代,「台灣」之於台籍女作家們,乃是她們與歷代世祖親人,百年來於此成長、生活與安身立命的唯一「所在」,承載著數個世代的情感記憶,為她們提供了充足的安全感與歸屬感。因此,不論是曾心繫原鄉中國的丘秀芷、謝霜天,或描繪閩南市井、紀錄育兒點滴的劉靜娟和白慈飄,亦或擅於書寫內心、真誠反思鄉土的季季與心岱,皆立足於生長的母土,讓她們經歷再多人生轉折,幸與不幸,都能在這個凝聚中心(土地認同感)得到穩定的力量。隨著一次次城鄉與記憶的往返,她們跌跌撞撞地邁向成熟,簡單、平靜而深遠的看待與自己心靈連繫的家鄉、城市,乃至發生於此的所有人事物;並以自己獨特的散文書寫方式,找到「回家」的路,通往更完整的「自我」。

張瑞芬在《臺灣當代女性散文史論》中,將出身台灣本土農村的丘秀芷、謝霜天、劉靜娟、白慈飄、季季和心岱等人,視為本土女性鄉土勢力的崛起,且可與同世代男性——蕭蕭、林文義、陳寧貴、吳晟和阿盛等人的鄉土散文,作一平行對照〔註75〕。從六位台籍女作家的文學創作脈絡觀之,「鄉土」的確是其生命成長經驗與文學創作根源的共同交集。她們經由散文創作的鄉土書寫,返回生命中每個舊識之地,撿拾遺留在昔日生活空間的過往痕跡和零星記憶,記錄這片土地所發生的文化、生活和人生百態,連結起圍繞台灣這片土地的歷史與記憶,重塑曾交會相遇的眾生萬物,重構曾交織過的每一段親疏關係,以女性細膩的心思,細密地書寫出尋覓內心真正家園的生命旅程。

〔註75〕整理自張瑞芬,《臺灣當代女性散文史論》,頁 370。

第三章　地方敘事起點——家屋記憶

　　「地方是一個人生命地圖裡的經緯，充盈著人類的歷史與記憶。〔註1〕」
地方澱積了連結與圍繞地方的事物，包括「是什麼塑造了地方」，以及地方上
「發生過什麼事」或「將會發生什麼事」。Richard Peet 認為，地方安置人的方
式，揭露了人類存在的外在束縛，也揭露其自由與真實的深度，對地方的實
際認識對人類存在相當重要，地方是人類的世界經驗中，深遠而複雜的面向〔註
2〕。而家正是我們發展出歸屬於某個地方的關鍵元素，它可以是屋子裡的某
個房間、鄰里間的某棟房子、城市裡的某個社區，也可以是國家裡的某座城
鎮。透過習慣與居住，每個人建立起對其文化基本架構的實際掌握，「家園」
是整合人類思想記憶與夢想的最偉大力量之一。

　　大多數生命形式都需要一個家，以及由家向外延伸的普遍經驗，包括社
會組織之間的生活交互作用，家屋、家園和家鄉的觀念，常常是緊密結合的。
段義孚（Yi-Fu Tuan）認為，「創造地方的行為，某種程度是在創造居家感受，
人類對於熟悉的、養育的地方——產生認同，有其生物基礎〔註3〕。」家是地
方的典範，人們在此會有情感依附和根植的感覺。「一切為人棲居的地方，都
有家這個觀念的本質，記憶和想像彼此關連，相互深化。在價值層面，它們
一起構成了記憶和意象的共同體。〔註4〕」當人開始感覺到自己在某地安家落

〔註1〕 Mike Crang 著，王志弘等譯，《文化地理學》，頁 68。

〔註2〕 詳見 Richard Peet 著，國立編譯館主譯，王志宏等合譯《現代地理思想》，頁
78。

〔註3〕 Tim Cresswell 著，徐苔玲、王志弘譯，《地方——記憶、想像與認同》（台北：
群學出版，2006 年），頁 42～43。

〔註4〕 Linda McDowell 著，徐苔玲、王志弘譯，《性別、認同與地方——女性主義地
理學概說》（台北：群學出版，2006 年），頁 98。

戶，家便是身體在其日常活動的延伸，也是家即認同之物質的第一個意義〔註5〕。我們的身體在「家」這個空間裡穿梭，閱讀「家」這個安居處所——家也承載著身體在此棲居的「習慣回憶」。

「家」的整體概念，正是由心靈層面的情感歸屬和精神依歸，與硬體建築的「家屋」所共構。落實在具體物質空間的「家屋」，帶有庇護、安全和愉悅的意味，更是記憶的儲藏庫。由人文地理學角度視之，「家屋是一連串有記憶、想像和夢想的地方，是享有特權的地方，塑造人們繼續思索更寬廣宇宙的方式。〔註6〕」Clare Cooper Marcus 也認為：「家屋滿足了許多需求：是溝通與表達的工具、記憶的容器、遠離外在世界的的避風港，也是一個繭，讓我們可在其中接受滋養，卸下武裝。〔註7〕」「家」除了提供安全、溫暖的庇護，讓我們滋長、茁壯，也收納了被記住與被遺忘的今昔過往——包括被珍藏的記憶，以及我們遺忘卻真實存在發生過的事物。家，讓我們與過往時空相連，牽繫著我們與家人、親友的情感，也連結了熟悉溫暖的地方和熟稔的人我關係。家，也是人類記憶的開始，透過家的連結，感官隨時可與久遠的記憶連結，尤其是兒時的記憶；因此，家不只是每天的生活經驗，也存在我們訴說的故事裡，是敘事裡一條重要的線索。

第一節　遷屋與老屋

家是不安全世界中的安全所在，是疑惑中的恆定港灣，是浮華世界的熟稔舊地，是自主與力量的所在。從迎接我們降臨來世的家、兒時的家、求學就業期間暫居的住所，以至與伴侶攜手共創的家，接著可能又因工作、下一代教養等因素而搬遷，住所總因著不同人生階段與生活目標而輾轉遷徙。不同階段的「家屋」，對不同人有著不同深度的意義，我們的生命經驗，也與過往現今的住家間，有著細緻的特殊情感連結。

丘秀芷的前半期人生中，便是一連串「家屋」隨家庭經濟起伏，而不斷遷徙的過程。她提筆紀錄成長歷程的幾度搬遷，細數著每個住所的一磚一瓦、一草一木，詳述著每個「家屋」周遭環境的變遷，回憶一家人擠身其中的生

〔註5〕詳見 Iris Maion Young 著，何定照譯，《像女孩那樣丟球：論女性身體經驗》，頁244。

〔註6〕Tim Cresswell 著，徐苔玲、王志弘譯，《地方——記憶、想像與認同》，頁43。

〔註7〕Clare Cooper Marcus 著，徐詩思譯，《家屋，自我的一面鏡子》，頁10。

活點滴。桃園中壢是丘秀芷出生到五歲前的第一個家鄉，以蕃薯葉和石荣當飯吃、躲空襲的三、四歲記憶，清晰如昨，但關於當時中壢住家的敘述，卻只有家門前可以摸蜆捉泥鰍的水溝，以及跟著母親到溪邊浣衣的景象。戰後，父親赴任當時位於台北的省政府，帶著子女們北遷，住在北門一帶（原屬城中區〔註8〕）的日式矮屋木樓──這裡也成為丘秀芷記述「家屋」的起點：

> 我五歲那一年，住在臺北北門延平南路一條巷子進去第二家，是日
> 式木樓房。樓前有一片樹園子。巷子另一端是三線路（即今中華路），
> 鐵道旁是青草地，有幾個勤快人家在那兒掘幾圍地種菜。有陣子，
> 小祖母也在那裏種菜，有時還挑糞便尿水去澆肥。〔註9〕

木造房的屋前有樹林子，幾戶人家在鄰近草埔地上掘圍種菜，幼年的丘秀芷站在樓台上，視線往右是延平南路，向左隱約可見舊稱三線路的中華路，北城門的一隅屋角也在樹梢間悄悄露出。她也親見菜圍由翠綠而荒蕪，乃至蓋出一間間的鐵皮矮屋：「我上小學後，天天仍然要經過那菜圍。不過小祖母和大祖母回中部祖居去，菜圍荒廢了，接著鄰近的菜圍也一區區野草蔓生，漸漸的，居然有人在上頭用舊木板、鐵皮、蔗板搭矮屋居住。〔註10〕」到了丘秀芷升上小學三年級前夕，一場起自隔壁巷油行的火災，燒毀北門口七十二戶人家〔註11〕，他們的日式木造房，也燒到只剩水泥紅磚柱子。這片火災舊址，很快就改建為「現代化」水泥建築。

　　暫居親友家月餘後，父親帶著全家搬到萬華柳州街一間十五坪大、一樣靠近鐵道的日式平房木屋，扣除玄關、大壁櫥、廚房和廁所，實際坪數不到十坪：「租的是柳州街九十九巷十二弄九十四號。地上建坪只有十五坪。……一家子怎麼只有住這麼窄小的地方？〔註12〕」一家十口的生活起居，都擠在十坪不到的狹窄空間：

> 這十坪不到的榻榻米席子上，我們白天晚間在那兒吃飯、活動、做

〔註8〕台北市北門一帶，原隸屬城中區範圍，在 1990 年，台北市行政區重劃後，城中區與古亭區合併為中正區。

〔註9〕丘秀芷，〈追雲趕月〉，原載於「中華副刊」，1979 年 8 月 22 日，收入《悲歡歲月》，頁 110。

〔註10〕同上。

〔註11〕詳見丘秀芷，〈髫齡舊夢〉，《綠野寂寥》（台北：水芙蓉出版社，1976 年），頁5。

〔註12〕丘秀芷，〈在萬華的日子〉，原載於「新生副刊」，1980 年 1 月 17 日，收入《悲歡歲月》，頁 132。

> 功課、招待客人，房中擺一矮腳圓桌，兼書桌、飯桌、茶几一切用
> 途。夜裏，則桌子收起來靠牆壁，掛上蚊帳、擺上被子，變成臥房
> 了。……一間小的是大哥大嫂睡，其餘的「大統艙」我們大家擠。
> 只以帳子隔開。〔註13〕

這小小麻雀窩，相較起後來台中鄉下的土塊厝，在年幼的丘秀芷印象中，卻
是又好又寬敞，全家起居睡臥共處一室，物質貧乏但溫馨和樂，讓她在搬離
後仍魂縈夢牽二、三十年；但這連幢相通的日式舊居，也曾讓丘秀芷噩夢連
連，「五六家一連幢，每一家天花板上固然相通，地板下面也相通。有一次居
然從邊屋通風口跑出一隻松鼠出來，據說這種松鼠會在夜裏頭出來挖小孩子
的眼珠子。害我好長的時間，夜夜睡覺都做噩夢。〔註14〕」雖說害她做噩夢，
但留在回憶裡的記事，短短兩三句，丘秀芷寫來簡潔生動，減了幾分恐懼，
反增添了幾分童趣。

在萬華住不到三年，因台北的都市生活大不易，父親決定舉家遷回台中。
丘秀芷形容她們家是「游牧民族」，「經常三兩年一搬家，而且每次搬家都是
和原先環境絕然不同的地方。〔註15〕」台北雖也有田野風光，但終究是都市，
屋舍、樓房居多，台中則水田處處：「我們搬到一個距離車站不到半個鐘頭路
程的地方，卻四周水田。只有我們這一列『克難房子』。〔註16〕」她也在文中
細述住屋有多「克難」：

> 這是一種以磚為柱子，竹篾編牆抹上泥，最外層再抹洋灰，屋頂是
> 灰黑瓦，沒有天花板。窗子是木板成欄狀對拉的。沒有自來水，兩
> 戶用一口井。克難房子在那時十分「時興」的，因為正推行克難運
> 動因而得名。我們屋子前面不久也多出好多排克難房子。〔註17〕

在「克難房子」也只住了三年，隨著家中經濟愈發刻苦艱難，舉家遷移到窮
鄉僻壤的北屯大坑口荒地，一片待墾的荒原：「這回，是住親戚的草屋，在荒
地之中。還算寬敞，不過，本來是糧倉，根本不是人住的地方。地裏毒蛇橫
行，那幾年，總算讓我『認』了不少種類的蛇。〔註18〕」但經一家人合力除

〔註13〕丘秀芷，〈在萬華的日子〉，《悲歡歲月》，頁132～133。

〔註14〕丘秀芷，〈追雲趕月〉，《悲歡歲月》，頁111。

〔註15〕丘秀芷，〈多少童年舊事！〉，《悲歡歲月》，頁8。

〔註16〕丘秀芷，〈追雲趕月〉，《悲歡歲月》，頁112。

〔註17〕同上。

〔註18〕同上，頁113。

草、施肥、改良土質、種花生、栽植果樹，一甲多的貧瘠荒土成了豐沃的果園。

這幢矗立於荒原之中，以泥磚砌成、屋頂覆蓋茅草的「土塊厝」，卻是丘秀芷一家人居住最久、記憶最深刻的「家屋」，「這塊地上，但我們家住得最久，約有十年〔註 19〕」。但初始，看似「大房子」的土塊厝：「拿現在的話來說，有四大房、兩大廳、一廚一廁、外加豬舍和百多坪院子，當然是『大』房子。〔註 20〕」曾讓當時讀高中的丘秀芷，感到千萬個不願意、不舒服，還拿簡陋如「陶淵明居」的草屋，向同學們說笑：「我家很不錯哩！陽光充足、空氣流通。房子大得很，雖然不至於像陶淵明的『草屋八九間』，卻也有六七間。稻草蓋的屋頂，泥磚做的牆，冬暖夏涼，不過，老鼠開的天窗和壁窗也很多。晚上看書，一盞油燈，一卷在握，古意盎然。〔註 21〕」然而，這幢茅草土屋卻充盈著闔家甘之如飴、溫馨歡聚的共處時光。丘秀芷在代表作〈土塊厝〉中，掀開記憶中沉靜的「土塊厝」回憶，從 L 形的外觀、磚牆、木樑竹椽、茅屋頂，到竹門竹窗，一磚一瓦、鉅細靡遺的描繪這座深植記憶底層的破陋「土塊厝」：

> 那土塊厝成英文字母 L 形，直排五間並連，橫排另加出去兩間，屋後另有豬舍和茅廁。……這房子是泥磚砌成的。每塊泥磚足足有尺多寬，近兩尺長，厚度半尺，打平的砌牆，因此牆壁有一尺來厚。屋頂的樑椽有木頭也有竹子，上頭覆蓋的茅草已成黑褐色。牆壁也被雨水沖刷得這裏凹進一塊，那裏打了一個洞……竹篾編的大門，從來不上鎖，小偷絕不會跑來這兒；就是會來，那竹門一踢就破，鎖了也是白鎖。窗子是竹窗，框框用大竹子，「窗門」是推出去的那種，也是竹篾編的。客廳只有兩個小窗，光是竹框，沒有竹篾板，下大雨、刮大風或天冷時，就用麻袋頂住窗口。〔註 22〕

她以樸實、口語化的用字遣詞，生動凸顯了茅屋的搖搖欲墜與破敗不堪，也具現了戰後到六○年代期間，台灣鄉下「土塊厝」的建築樣貌。在〈土塊厝〉抵

〔註 19〕 丘秀芷，〈追雲趕月〉，《悲歡歲月》，頁 114。

〔註 20〕 丘秀芷，〈土塊厝〉，原載於《新文藝月刊》，1979 年 8 月號，收入《悲歡歲月》，頁 150。

〔註 21〕 丘秀芷，〈凜冽風霜過〉，原載於《中國時報》「人間副刊」，1973 年 4 月 2 日，收入《綠野寂寥》，頁 29。

〔註 22〕 丘秀芷，〈土塊厝〉，《悲歡歲月》，頁 150。

禦風雨的厚實泥磚牆內，丘秀芷靈活捕捉了一家人刻苦但溫馨相伴的簡樸生活
——處於荒原高地，無法打井取水，更沒有自來水，便利用竹片鋪蓋的屋頂接
下「天來水」；沒有電燈，吃飯用大油燈、讀書寫字點小燈；飛蛾和小螟蟲的撲
火、吃飯夜讀時湊上一腳的蟲子，還有那「屋漏偏逢連夜雨」的雨水「叮噹歌」。

　　日後兄弟姐妹一個個離開了「土塊厝」，住進都市的水泥磚牆裡，才體念
起茅草頂、泥土牆「冬暖夏涼」的好處；然而家鄉的「土塊厝」，雖挺過無數
風雨水災，庇護她們全家安然渡過狂風大雨的侵襲，卻躲不過都市化的吞噬，
被推土機怪獸所剷平，改建成公寓與水泥住宅。但那段溫馨的風雨歲月，「土
塊厝」所留下的生活爪痕，已深深烙印在每個家人的記憶底層，「每當我有新
的痛苦必須承受時，我便會去尋找往日那一段豐盛的日于，那一份單純踏實
的美〔註23〕」，在徬徨、不安或無可依靠時，回歸到這處根植心底的「家」，
便能得到撫慰與安定的力量。

　　「無論去到哪兒住上三兩年，我就『使』那兒繁華熱鬧起來，然後我又
搬到較僻靜的地方，可是又要不了多久，這另個僻靜的地方也無法保持鄉野
的面貌了。〔註24〕」如離家北上求學時，永和是丘秀芷最初駐足的小鎮，後
來也住過三重：「那時的永和——永和路小小窄窄的；竹林路只是一條彎七歪
八的巷子。到處是一矮屋子小房子，要不就是竹叢、田野、沼澤、墓地。但
是，房子卻在慢慢蓋，慢慢增加。」「我也住過三重……誰知水也淹旺地，愈
淹水，蓋的房子愈多。我原先曾住過的數公尺寬巷路也拓寬成大路了。」〔註
25〕田野、草叢、林子、濕地被水泥樓房所取代，田路、溪流轉眼成為柏油馬
路；定居台北後的劉靜娟，也在〈對木的嚮往〉中，以簡潔、詩句般的冷峻
語調，寫出鋼筋水泥迅速蔓延的景象：

　　　前面，有一棟新式的公寓在形成。

　　　那片原本是菜園的地方鋪滿了石頭。又敷上了水泥。

　　　鋼筋被豎起來。

　　　一車一車的紅磚被疊成一堵一堵的牆。

　　　石頭，水泥，鋼筋，紅磚。以後又會是什麼呢？〔註26〕

〔註23〕丘秀芷，〈豐盛的日子〉，原載於「中華副刊」，1977 年 9 月 5 日，收入《驀然
　　　回首》，頁 197。

〔註24〕丘秀芷，〈追雲趕月〉，《悲歡歲月》，頁 109。

〔註25〕同上，頁 114。

〔註26〕劉靜娟，〈木的嚮往〉，《眼眸深處》（台北：大地出版社，1980 年），頁 25。

即使回到台中教書，丘秀芷仍強烈感受到現代化的腳步持續進逼：「初到豐原教書時，那地方還是古老小鎮的模樣，房子矮矮的，甚至於主要的街道還有許多『土塊厝』。但是隨著我自己結婚、生子到離開豐原時，那地方已變成滿街滿巷的小孩子，一棟棟現代鋼筋水泥建築如雨後春筍。〔註 27〕」古樸小鎮抹上水泥柏油，傳統街道巷弄開始變樣，小鎮已逐步轉型為新興城市。

當「現代化」巨輪碾過，台灣鄉村小鎮常見的「土塊厝」地景，也逐步被都市化的鋼筋水泥大樓所掩蓋。在屢次遷徙中，丘秀芷目睹了鄉野景象日益消逝的都市化過程——人造的花園洋房、公寓與別墅大廈，驅逐了天然的山野、濕地和山泉水窪；僅能藉由紙筆，以散文傳達出對大自然被吞噬的不捨與哀愁。

每當丘秀芷唱到「憶兒時」：「茅屋三棟，老梅一樹，樹底迷藏捉……」台中大坑祖居的一石一牆、一草一木，便歷歷在前：「老家最初是茅草蓋的屋頂，不過不只茅屋三棟，而是四合院格式。正廳與東西兩廂房間十來間，西廂後面又有一排矮屋，矮屋後有一長排豬圈、雞舍。屋前屋後也不只一株老梅樹，還有柚樹、橄欖、楊桃、蓄石榴、竹叢等。〔註 28〕」在家族鼎盛時期，曾同時住過四代近百人，一代代分家後，到了年節親族才會回去祭祖。老家的設備從早期的茅屋頂、煤油燈、竹來水（以竹管引水），到瓦屋頂、電燈、水泥牆，豬圈雞舍空了，連老屋都賣掉了；隨著凝聚家族情感的祖居變賣，親族間的和諧溫馨也逐漸淡逝。

謝霜天對童年家屋的回憶，珍藏在一把輕巧蒲扇的陣陣清風中，輕輕搧動，縷縷蒲葵葉的清香，飄送來童年老家的田園鄉土氣息，串起純真無邪的童年時光，也勾起對雙親的殷殷思念。

「我童年時的家座落山丘上，周圍竹樹交映，濃綠照眼。」「父親喜歡用山圃出產的各種材料自製用具，像挑秧苗用的畚箕，掃地用的竹帚，蓋穀堆用的稈坪，關雞鴨用的篾門……都是他讀書、吟詠之餘，一項一項親手做成的。」〔註 29〕燠熱時節，拂拭著父親裁剪扇面、母親細工縫邊修飾的蒲葵扇，沾有雙親手澤的扇面，浮現一幕幕老少聚集家屋庭前，納涼撲蚊的夏夜清趣：「炎威遁去，清氣來自樹間、田原、池上。銀灰色的穹幕下，我家院子裏的

〔註 27〕丘秀芷，〈追雲趕月〉，《悲歡歲月》，頁 114～115。
〔註 28〕丘秀芷，〈故鄉風物舊時情〉，原載於「中華副刊」，1976 年 9 月 4 日，收入《驀然回首》，頁 59。
〔註 29〕謝霜天，〈蒲扇〉，原載於「中央副刊」，1978 年 7 月 26 日，收入《無聲之聲》，頁 177～178。

景象是這樣的——老老少少的人，高高低低的椅子，加上大大小小的蒲扇。圍牆外面是蛙唱、蟲吟，圍牆內則是人語、拍扇聲。〔註30〕」間雜著父親講古的欬聲、母親念珠垂觸扶手的輕響——細膩的摹寫，猶如在散文中彈奏出一曲田野奏鳴曲，鄉間夏夜的活潑與熙攘，清脆地流洩而出，讓寂靜曠野，流溢著清閒人們與大自然和諧為伴的悠然情趣與詩意。

到了六〇年代後期，謝霜天一家也搬離居處二、三十年的山野瓦屋，但生長於斯的二十多年深厚情感，始終無法被雅致的舒適新居所取代；每次返鄉，謝霜天總要重回故園探望：「遠遠地望去，老屋的樣子還是完整的。土紅色的磚牆，傘蓋般的圓形穀倉，圍著雞塒的竹籬笆，還有屋背青翠的竹林和果園，都還是老樣子，只不要細心看那棟瓦屋，簡直看不出有什麼改變。〔註31〕」青山依舊，溪流潺潺，蟬兒仍在樹梢噪鳴，卻不見微笑的母親倚門等待，也未聞姪兒們的童稚歡呼。

眼前毀棄半塌的老屋，既熟悉又陌生：「左邊的客房和供奉佛像與祖先牌位的廳堂，都完全拆除了，只見水泥地上斷椽、頹牆、破瓦、堊壁、石礫，交錯紛陳著，使我恍覺進入了一個廢墟。〔註32〕」卻搬演過無數熟悉景象：母親早起在佛前供花、父親在廳堂揮毫、手足們搶椅子看書——那曾是間潔淨明亮的屋子。

掛在客廳牆上的藥材、茱子，和木櫃上瓶瓶罐罐的醃菜，以及笨大的四方桌、板凳、筐籮和扁擔，靜默地包藏、展示著一家人近三十年的勞苦與辛酸。而空蕩、陰沈的小小臥室，「那頂著四方帳子的木架床，那黑漆的衣櫃、玻璃書櫥、書桌……都已搬走一空。〔註33〕」牆上開的那方小窗，依舊透進窗外的綠光，昔日「當燦爛的春日來臨時，滿園的新綠正像一面波動的海，濺進了這個小窗，使房裏的書櫥、架床的欄干，都渲染了一層朦朧的綠彩，清新氣息瀰盪了整個室內。〔註34〕」一個「濺」字，將窗外那片綠海，生趣盎然地引進小屋，染得整間綠光波動；如今卻僅剩屋隅垂掛的蛛絲，以及散

〔註30〕謝霜天，〈蒲扇〉，原載於「中央副刊」，1978年7月26日，收入《無聲之聲》，頁181。
〔註31〕謝霜天，〈故園低徊〉，原載於「中央副刊」，1969年12月4日，收入《綠樹》，頁161。
〔註32〕同上，頁164。
〔註33〕同上，頁165～166。
〔註34〕同上，頁166。

落一地的亂紙堆：父親的記事薄、信箋、詩稿、曆書、廢棄的餅干盒、生鏽的鐵罐……，還有一根可以感受父親手心餘溫的手杖。翻動著紙堆裡的陳年舊物，也抽繹著覆蓋在老屋底下難忘的年少時光；握著失去光澤的老手杖，遙想彼時父親研墨濡筆、母親手執針線的柔和身影。

老家曾是謝霜天暫離都市生活，親近山風明月的世外桃源，遷離老屋，她滿是拋別的歉究，她以〈故園低徊〉為遭遺棄、無人眷顧的老屋寫下悼文：

> 二、三十年來，老屋如此忠誠的為我們擋日曬、蔽風雨，在它厚密
> 的覆蓋下，曾經包容了嬰兒的初啼，孩童的喧笑，娶嫁的歡欣，死
> 別的哀慟，它默默地承受洋溢的喜、深重的悲，一日日，一年年。
> 終於，柴煙燻黑了它的棟樑，蟲蟻蛀朽了它的門樞，雨水浸蝕了它
> 的粉牆，日炙褪盡了它的色彩，終是，它無可避免地遭受了遺棄的
> 噩運。〔註35〕

面對頹圮大半的空屋，她彷彿頓失依恃，「我靠著大門的石柱，不覺呆了半晌，像重回到了那逝去的少年時代。但等我稍一定神，一切又消失無蹤，仍舊斷椽、頹牆、破瓦、……那未拆的一面粉壁上，蜿蜒看無數道黃色的泥跡，露出的樑木，恰像折斷的骨骼撐出了皮肉。〔註36〕」，殘破的壁垣間，已拼湊不出老屋昔時的光彩與喧鬧；隨風而逝的年少往事，亦如手中握不住的流沙，幻化成空。但破碎屋瓦仍承載了——家人躬耕自給、辛勤卻歡愉的美好歲月，以及作者和親人對故園的眷戀。

第二節 共築愛巢

步入婚姻，是伴侶攜手共創家園的開始。從居住環境的選擇、裝潢布置，到添置家具，成長經驗中對家最初始的認知，影響著人們對建構新家園的想像與實踐——夢想家園的圖像，往往是童年家屋印象的延伸。

「羅斯福路六段三十二巷xxx」，一幢三十來坪、三房大廳的四樓公寓〔註37〕，是劉靜娟夫妻組成小家庭的第一個窩。親子三人搬出婆家，在租賃的嶄新公寓，開啓嶄新的生活方式，滿懷兒時扮家家酒的愉悅心情，起勁的挑家

〔註35〕謝霜天，〈故園低徊〉，《綠樹》，頁162～163。
〔註36〕同上，頁164。
〔註37〕詳見劉靜娟，〈兩卡車之外〉，《心底有根絃》（台北：大地出版社，1975年），頁29。

具、添購生活用品：「我們添了一套沙發，一張雙層鐵床，還有餐桌餐椅。於是我們有了一個簡單的家。兩個臥室一間書房。兩個大人、一個一歲七個月的男孩和一個再兩個月就要出生的孩子。〔註38〕」劉靜娟在這屬於一家人的小小象牙塔中，歡欣的扮演著妻子與母親的角色，享受家庭主婦買菜、烹飪、餵飽家人肚子的幸福滋味。

「書房是我們一個小小的驕傲。都市裡寸土寸金，而我們有一個寬敞、光亮、通風的書房。〔註39〕」身為業餘作家，這間書房一到夜晚，便成為劉靜娟可以獨處、閱讀與寫作的獨立空間。寬敞的書房和大書桌，也是她陪伴孩子們遊戲、畫畫，充滿童稚笑聲的樂園；最後兩個孩子佔據這個空間，書房變身為孩子的臥房。

「廚房」是傳統婦女在家庭中真正擁有自主權的空間，身為職業婦女的劉靜娟，卻也樂於下班後回到廚房扮演傳統主婦角色，為家人打點餐食。不論做饅頭或醃泡菜，廚房成為她另一個快樂的創作天地。劉靜娟自嘲，自己沒出息的贊同「女人的事業是——家」，而廚房的工作正是她事業的一部份。

劉靜娟將人比喻為「寄居蟹」——「想像著牠赤裸裸地在岩石附近找小貝殼，找到一個空的，趕緊鑽進去。慢慢長大了一些，必須換一個新屋了，又背著小屋去找。找到一『間』大一些的好一些的，便棄了原先的小屋。〔註40〕」人也像寄居蟹，一直在尋找適合、喜歡的「貝殼」；小的想換成大的，舊的想換成新的；她感嘆居住在都市，人人不知不覺地成了「都市之蟹」，擁有了現代化生活與便利，卻失去大自然的清風、朝陽夕日，和一片爽朗綠意。

受限於租來的房子，不能隨心所欲的布置，「我們只能在客廳裡擺上一些盆栽，在窗口掛起風鈴。而買到一個別緻的燈罩，更使我們的眼睛儘對著它唱讚美詩」，都市公寓不能滿足劉靜娟打造「森林之屋」的夢想，只能將紅色塑膠地磚換成淺綠色，裝上有竹林花紋的綠色窗簾，在玄關擺上萬年青和闊葉籐；而為了招來風的聲音，「把竹魚風鈴，把銅管風鈴掛在窗口，把細竹流蘇垂在『玄關』〔註41〕」，讓一串串清脆的「叮嚀」聲稀釋掉屋外的喧鬧車聲。偶而從市場買回幾朵花，垂插在樸拙的煙灰缸裡，再擺上吹木笛的小木人，

〔註38〕詳見劉靜娟，〈兩卡車之外〉，《心底有根絃》（台北：大地出版社，1975年），頁30。

〔註39〕同上，頁31。

〔註40〕劉靜娟，〈寄居蟹的聯想〉，《心底有根絃》，頁99。

〔註41〕劉靜娟，〈兩卡車之外〉，《心底有根絃》，頁30。

便能營造出怡然自得的生活情趣。

在這間四樓公寓的兩年居處時間，從搬來時老二剛出生，到搬家時將近滿兩歲。劉靜娟曾形容「鑰匙在那個鎖孔中轉動的聲音是非常美的」，那代表結束一天工作，「又能安適地享受關在那扇紅門裡的家的氣息了。」〔註42〕而最後一次轉動鑰匙，則是鎖上了空蕩蕩的屋舍，載滿兩卡車的家具之外，她們全家也帶走了一屋子的幸福時光和孩子的成長記憶。

搬離只有前後陽台的租屋，遷入擁有三十幾坪水泥地樓頂可茲運用的四樓公寓，身處都市卻嚮往大自然的夫妻，描繪著在屋頂建造「空中花園」的草圖，劉靜娟更以〈以芳醇的陽光迎你〉邀友人來欣賞這座花園「草圖」，並細細詳述「花園」的創作過程與樂趣。

首先請人在屋頂四邊圍上鐵絲網，為了孩子安全考量的鐵網並不美觀，但劉靜娟和丈夫，預見了未來美麗的遠景：「鐵網上會爬滿名叫 BB 或名叫克麗絲汀的蔓性玫瑰和九重葛。那麼我們會會有四面可愛的花籬。〔註43〕」為了讓九重葛上爬，他們做了一個佔去平臺四分之一大的空中花棚，期待著下一個夏天，可以在花棚底下喝茶、閱讀，夜裡可以納涼、觀星，讓屋頂花園成為孩子們的小小天文臺。

接著搭設兩座花壇，也不假手他人，劉靜娟詳細記錄、描寫丈夫砌花壇、做防水工程（鋪五角磚、澆瀝青、留洩水洞）的「創作」過程：「L 型花壇，他讓空心磚豎起，每個空心必須對齊，也好在那小小的空心中納入泥土種植小花……另一個花壇，他讓空心磚平放，讓那一個一個橢圓形的『空心』朝外，像圖案一般。……為了這兩座花壇，他流的汗大概可以裝滿一水桶。〔註44〕」等到花壇填了土、施了肥，她想像著：「以後我們的花園會變成一座森林。」出生在飄著木屑香的水里小鎮，劉靜娟一向愛樹、喜歡森林，神往住在童話裡圓木頭做的木屋，在都市鬧區裡，丈夫無力為她建造木屋，卻為她種了幾株竹子和幾棵變葉木，成不了森林，至少會有一排小竹林。

夫妻合力擘劃的空中花園，開始生根萌芽。能擁有一塊土地得以隨心所欲的滋養栽培綠色生命，在劉靜娟看來，便是一種豐盈、愉快的精神生活。

〔註42〕劉靜娟，〈兩卡車之外〉，《心底有根絃》，頁31。

〔註43〕劉靜娟，〈以芳醇的陽光迎你〉，原載於「新生副刊」，1977年3月，收入《眼眸深處》，頁84。

〔註44〕同上，頁85。

當花團錦簇的時節到來，這座夫妻並肩齊造的家園，必將散發芳醇淡雅的甜美花香。

　　丘秀芷回台中豐原教書時，也步入結婚成家的人生新階段。學校配給的宿舍是破爛的「低級住宅區」：「屋窄簷低、瓦破牆爛的。大晴天都常鬧水災，而且是陰溝水倒灌，下雨天那『黃金白銀』滿地的情況可想像得知。〔註45〕」因此，婚後前兩年，丘秀芷夫妻選擇在外租屋；有了孩子後，因位處偏僻沒有鄰居，只好搬回宿舍。宿舍雖房舍破爛，但是「每家都臥房、餐廳、客廳、浴室水電俱全，還有前後庭院，但總共不超過十二坪地，可名之爲麻雀窩——因爲『五臟俱全』啊！〔註46〕」而且「鄰居好」，彼此守望相助、互相照應。遷居人情淡薄的都市台北後，丘秀芷不禁懷念起「一簞食、一瓢飲，居陋巷，不改其樂」的宿舍老鄰。

　　北上後，住在台北近郊山窩裡的新興社區，「這一條巷子很特殊，後半截四樓公寓，前半截是二樓小洋房式，整條長巷一百多戶人家〔註47〕」：

> 從搬來這個大山村的第二天，我就被這裏的天氣所困擾。先是冬雨，寒冰冰、綿綿不盡的，屋子裏陰冷得很。……梅雨季過了，誰知道更糟的現象產生了；南風叫南面的山擋住，整個山坳裏變成大蒸籠，熱得很。……這山窩地形還有個大缺點！當雨下得急、下得大時，來不及宣洩出去，汪洋一片，總要半天十個小時才看得到路面。〔註48〕

剛住進山坳社區的丘秀芷仍抱怨住家風水不好，風也不對、雨也不對，讓她和孩子們水土不服，輪流生病。而且這公寓頂樓，「每個房間都有很大的窗戶，前面的迎太陽東昇，後面的送日落四山，牆淺壁薄，所以對於冷熱很『敏感』。」「等到暮春、夏霎、初秋，白天就經常十二小時『陽光爆滿』了。尤其三伏天，除非下雨，否則都置身於烤箱中。」〔註49〕但開始帶著孩子到附近爬山，才發現自己擁有了山青水美的幸福：「我的『財富』豈止花草樹木？山腳邊，

〔註45〕丘秀芷，〈顏回巷〉，原載於「新生副刊」，1972年4月18日，《綠野寂寥》，頁125。

〔註46〕同上。

〔註47〕丘秀芷，〈山野的芳鄰〉，《月光光》（台北：慧龍出版社，1977年），頁148。

〔註48〕丘秀芷，〈山坳人家〉，原載於「中華副刊」，1974年8月23日，收入《綠野寂寥》，頁63～64。

〔註49〕丘秀芷，〈清趣〉，原載於「新生副刊」，1976年8月5日，收入《驀然回首》，頁69。

這兒一處那兒一處山泉湧出，灌成一道清流。水邊草叢中，傳來嘓嘓蛙鳴。水上，紅的、墨黑的、小一號的，多種蜻蜓飛翔著。水裏，小蝦、大肚仔魚游來游去。〔註 50〕」在山路中行走、賞百花、聽鳥鳴，看著孩子們在山林間奔跑嬉戲，丘秀芷再度徜徉於自然山野的懷抱，享受山坳人家的富足與快樂，也重溫年少山居生活的恬淡閒適。

畢業教書一年後結婚的謝霜天，與夫婿在台北鬧區中共築愛的小屋，在這棟小木樓渡過了第一個漫漫炎夏：

> 我結了婚，住在廈門街一間窄小的木樓裏，這樓是他親手用木板釘成的，裏面只有一扇簡陋的小窗，可看到青翠挺直直的油加利樹梢，和平臺上跳躍啄食的麻雀。一個木門，通向兩條成直角的長廊；滿牆的書，散發智慧的光輝。沒有沙發，沒有廚櫃，沒有窗簾，沒有落地檯燈，在我看來，卻是那樣美好溫馨。〔註 51〕

在一個個無風無雲的炎熱午后，常讓她想起銅鑼老家的茂林修竹和與青草池塘。但到了黃昏日落，人聲漸歇，四周安靜下來，長廊吹來陣陣清涼晚風，「我推開木門，搬個椅子到空闊的廊上看書，這時，我會由衷地感謝他選中了這個地方，構造我們愛的小築。〔註 52〕」晚飯後，夫妻沿廊散步，伏案工作累了，也愛在走廊小坐片刻，忘卻一天的煩憂和疲累。

「住在鬧市，每天打開窗子，只見柏油路上，穿梭著啣尾急駛的車輛，來往著摩肩接踵的行人。一堵堵灰色的圍牆，將藍空分割成凌亂的多邊形。偶爾隔著一片參差不齊的屋海，可望見盆地周圍那道暗藍色的山脈，可惜距離得太遙遠了……。〔註 53〕」對於出身山林的謝霜天而言，遠離青山，內心不免失落與焦渴。後來搬至大直新居——一座靠山的房子，屋內有書盈架，窗外有山如浪，「我們暫時有了一間寬敞明亮的房子，用書架做牆，隔成兩個房間。〔註54〕」「一道綠浪般起伏的山，自我的窗框前推湧而過，是那樣臨近而眞實，令我禁不住感到陣陣的興奮。〔註 55〕」一扇軒亮的長窗，開啓眼前

〔註50〕丘秀芷，〈山坳人家〉，《綠野寂寥》，頁 66。

〔註51〕謝霜天，〈暑假憶往〉，原載於「中央副刊」，1970 年 7 月 21 日，收入《綠樹》，頁 74～75。

〔註52〕同上，頁 75。

〔註53〕謝霜天，〈有山如浪〉，《綠樹》，頁 175。

〔註54〕謝霜天，〈暑假憶往〉，《綠樹》，頁 75。

〔註55〕謝霜天，〈有山如浪〉，原載於「中央副刊」，1970 年 4 月 12 日，收入《綠樹》，頁 175。

滿山的靈秀與娟美，迎著綠浪般的青山掩目，與山相對望的家，讓她心神安定；而重新與山為伍的日子，也過得更加踏實而自在。

　　熬過家人的反對和現實生活考驗，心岱在年滿二十歲隔天，隨即與兩鬢發白的盧克彰公證結婚。為了心岱一句：「我盼望能夠有個環境幽靜的房子」，盧克彰便帶著她，穿過一片荒涼田野，搬來「依山傍水」的小屋：「就像相信你說：『到鄉下找個房子，那邊不管什麼都是美好的。』於是，我就跟著你來到這個家。〔註 56〕」這房子雖離山水尚遠，但心岱像隻羽翼未豐的雛鳥，在這幽靜小屋裡，依偎在盧克彰成熟練達的庇護下，心無旁鶩地蘊育著文學生命的成長。

　　這個屬於他們兩人的家，擁有一片藍天、綠野、青山與稻穗交織的鄉間景色，讓自小在鹿港小鎮長大的心岱為之驚嘆。他總是為她費盡心思，一肩扛起她所有的憂慮，待在屬於兩人的愛巢，心岱安享著丈夫為她營造的溫馨和寧靜，「家」已成為兩人生命中重要的部份，「此地雖非故鄉，但我總覺得它是那樣地親切和溫暖，只因，這兒蘊育著我的愛，我的夢，我的生命在此慢慢成長。〔註 57〕」對「家」的依戀，讓這對年齡懸殊的老少伴侶，能相知相愛，共享愛情與成家的幸福。

第三節　物件聯想

　　「家」除了是我們生活的功能性空間，還置放著收藏我們重要回憶的各式家具、擺飾和用品，睹物思情，讓我們憶起生命中重要的人、地點、階段、經驗以及價值。「有自己的物件環繞在旁，我們不斷學習自己是誰、自己又渴望什麼，我們與自己的過去根源相連，並擁有視覺上的連續感。〔註 58〕」家的許多物件以及空間本身，都承載了沉積的個人意義，有如個人敘事的保存者〔註59〕。從屋舍內的家具擺設到大小用具及物件，皆歷歷刻畫著歲月痕跡，述說時光洪流中，人與家屋的空間互動，以及家人間親密的情感交流。當家屋中的重要物件伸出記憶觸角，我們便與之對話，並和意識底層的情感產生

〔註 56〕心岱，〈二十歲〉，《春天來時》，頁 3。
〔註 57〕心岱，〈歸來〉，《萱草集》（台北：正文書局，1974 年），頁 118。
〔註 58〕Clare Cooper Marcus 著，徐詩思譯，《家屋，自我的一面鏡子》，頁 105。
〔註 59〕Iris Maion Young 著，何定照譯，《像女孩那樣丟球：論女性身體經驗》，頁 243。

連結，重回每個曾經感動過的吉光片羽。

一、爐灶

　　四五十年前的台灣，「灶」和「煙囪」曾是「家戶」與「人家」的表徵；一家一口灶，是當時「起家」的基本配備。到了七〇年代的台北，都市人家漸漸以抽油煙機取代煙囪，液態瓦斯、瓦斯爐、天然氣和電鍋，深入每個現代化家庭；煙囪成了製造煙塵污染的禍首〔註60〕，卻讓丘秀芷懷念起昔日「炊煙裊裊」的美好畫面。身為作家兼家庭主婦，她僅能以懷舊筆調，在飄逝的〈炊煙〉中，追憶著早期台灣人家中——那一口口養家的爐灶、一縷縷召喚歸人的炊煙。

　　「我童年時，通常家中有三種燃料，煤炭，又稱石炭，是大灶燒飯、炒菜、燒水用的。木炭，是燉肉，或是客人來時燒開水用的，用小火爐。木材，平時劈細來，方便引火。」「那時，幾乎人口稍多點的人家，都是好幾種燃料並用，而且家中有好幾種爐灶。大灶、木柴爐、小木炭爐，後來又添了一種燒「連炭」的高筒爐以及燒焦炭的中型火爐。」〔註61〕丘秀芷詳細描述著戰後初期，台灣人家中常見的燃料和爐灶，「北部地區通常是以大灶燒煤炭，煤炭一塊塊黑黑亮亮的……晾衣服就得特別注意了，要背風煤塵飄不到的地方，否則白被單、白衣服上面點點黑煙塵，只有重新下水再洗漿一次。〔註62〕」大灶燒黑煤，自然煙塵處處，連曬衣服都得小心被「污染」；此番景象在有電、有瓦斯的現代化生活中，實難設想。爐灶上炊飯的大鍋，三五天就要刮一次鍋底，唸小學的丘秀芷總想用鍋底灰加水，充當寫毛筆字的黑墨。

　　結婚時，電鍋和瓦斯爐已經代替傳統爐灶成為必備廚具，但為避免停電、煤氣，丘秀芷還是準備了小火爐和幾斤木炭，以免「斷炊」之虞；搬家時，母親交代要搬「火爐」和「木炭」，代表「薪火相傳，生生不息」。待都市全面採用電和瓦斯後，再度搬家「薪火相傳」的象徵物，已由電鍋、電爐取代。

〔註60〕「近一兩個月，輿論喧騰，針對松山區和南港區的煙囪，口誅（電視報導）筆伐（新聞報導）」詳見丘秀芷，〈炊煙〉，原載於「新生副刊」，1979年5月22日，收入《悲歡歲月》，頁59。

〔註61〕丘秀芷，〈炊煙〉，《悲歡歲月》，頁60。

〔註62〕同上，頁60～61。

二、火爐

「火爐」暖烘烘的形象，在劉靜娟的感受中，那是和「童年」攀在一起的溫暖感覺，是闔家團聚的溫情——有「火爐」的家才會更像家。

「火爐，僅僅這兩個字，就給我一種溫暖的形象。好像面對著一幅名畫，畫中的人坐在搖椅上，搖了一室的悠閒，搖了一臉微笑的火光。」爲了在爐火旁悠閒搖晃，搖出暖暖的幸福感受，劉靜娟一直想望在家中放置一個火爐：「好久好久以前，總有兩千五百個日出日落吧，我曾期望著有一天，我們買得起房子時，要買一幢有壁爐的。後來我們眞的買房子了，卻是一幢最平常的『臺北式』的第四層公寓。」「住在典型的臺北公寓裏，我早已不再想壁爐；但每一個寒流來臨的日子，我仍然想望一個火爐。」〔註63〕這個夢想中的火爐，必須是燒木炭的，方能與童年家中那具燒炭的火爐相連結，連結起充滿溫情的童年往事：「童年是和火爐攀在一起的。家中那個火爐是一截直徑兩尺多的橢圓形樹幹，有一些不規則的『樹結』，非常樸拙美麗。小鎮的冬天其實不冷，但記憶中的歲月，卻一直有那一鉢火。」「好像只有大人才在爐邊烤火說閒話，我們卻更愛不時地去撥弄木炭，烤魷魚，煨蕃薯。」〔註64〕那童年瀰漫整屋的烤魷魚香味，與木炭味交混著，成了深植腦海的嗅覺記憶，記述著童年小鎮上冬季永遠不冷的暖暖閒情。

電熱器只給熱氣缺少「溫暖的感覺」，無法滿足劉靜娟對古樸「火爐」的渴望，終於在孩子大到不會玩爐灰的冬天，買了一個「火爐」——寶藍色的大陶缸，雖非古雅樸拙的樹幹製成，但放進木炭和粗糠燒成的爐灰，一家四口圍坐著「起火」，便成爲家中最像「傳家寶」的家具：「我們四個圍著火爐，好像在舉行『啓爐典禮』。我們都在笑。孩子們更好奇地不顧我的『啓爐宣言』，開始去撥弄木炭。木炭的味道木炭的聲音眞是溫暖，家更像家了。」孩子們就像童年的作者，一樣淘氣的撥弄木炭，而木炭的氣味，依舊暖暖地散發出滿室溫馨。

想要一個「火爐」，不只爲了回味家的溫暖，更爲了貪求倚坐爐邊的偷閒心境：「腳邊有小小一盆火，閱讀、喝茶、聊天……一切都變得那般不同，那般豪華那般幸福那般富於情趣。我心中充滿了感謝，我的心情慢慢舒展，好像每一根神經都鬆弛下來。我竟然聽到了臺上風鈴清脆的聲響——〔註65〕」坐在

〔註63〕劉靜娟，〈爐邊閒情〉，《眼眸深處》（臺北：大地出版社，1980年），頁32。

〔註64〕同上。

〔註65〕同上，頁35。

爐邊讀詩，看著緩緩燒紅的木炭、一層層撥之即落的炭灰，劉靜娟抓住了緩緩降落的片刻寧靜與悠閒——寫出了現代人靜靜享受溫煦、恬淡的幸福心境。

三、磨石

在謝霜天記憶深處，則有一座歲月侵蝕不了的「磨石」，它始終盤據在老家廚房一隅，在冷僻角落黯澹的扮演著可有可無的角色：在夏季用來壓鎮做蒲扇的葉子、復平風漬的舊書、將樹薯和山藥搾成汁。直到年節或農忙時節，磨石的重要性才會重獲肯定：「我家的磨石好，磨出的米漿細，蒸製糕粄滑膩可口，附近農家婦女都愛挑米到我家『磨粄』。〔註66〕」磨石便又開始成天轉動不息，繼續忙碌的為農家效勞，石磨辛勤的勞動著，常讓謝霜天好奇的坐在矮凳上端看半天。「磨石本身並不好看，上下兩塊鑿平的圓石，一圈石槽，加上一副木製的長架而已。我喜歡的，只是那些推動磨石的人們，自然醞釀出來的一種溫煦情境。〔註67〕」謝霜天著迷的並非磨石的形體，而是母親、大嫂和姪女——家中女性成員的親切組合，環繞在磨石周圍，齊力合作的勞動景象——輩份不同的三人，合力掌理一隻磨，在她們手中迴轉著客家婦女的生命旋律。

但母親、大嫂、姪女三代人推動的磨，卻在緩慢綿長的歲月中，消磨無數客家婦女的青春與精力。「我分明看到時光的磨在移轉，移轉在一條傳統的、重複的路途上，輾老了一張又一張的紅顏。〔註68〕」她們必須鎮日步履匆促地為一家的衣食奔忙辛勞，接受現代教育的謝霜天，在童稚時期的潛意識裡，已開始反抗這條大人早早為客家少女安排的「農婦」之路。但在自己爭取到自主的婚姻之路後，磨石已在她的生活視線中消失，卻又悄悄在她心中，漫生為一份深深的戀眷之情。

因此，她在散文〈磨〉中，細膩地描繪著磨石轉動、乳白米漿流淌的畫面：「人手到齊，木架按妥，磨石便開始了繁忙的工作。隨著它的轉動，一粒粒的米在它沉重身軀下碾碎，連同清水化作乳白的糜漿，從兩磨之間忽濃忽淡地滲溢下來，流進凹槽，注入桶中撐開的布袋裏。〔註69〕」也生動帶出客家婦女「磨粄」的每道細節，以及她們合力推磨時和諧的肢體律動：「掌磨執

〔註66〕謝霜天，〈磨〉，原載於「中央副刊」，1977年2月22日，收入《無聲之聲》，頁2。
〔註67〕同上。
〔註68〕同上，頁8。
〔註69〕同上，頁3。

杓的，多半是母親，這份工作需要極專一的注意力和靈敏的手法，否則就無法在旋轉不停的磨石上，將一杓帶水的米正確倒入磨孔，而又能及時避開迅速移來的木架。」「母親守在磨石左側，手中的木柄杓子總是先舀了米，全神貫注，等待倒入的最佳時機。大嫂和姪女的姿勢幾乎是完全一致的，右腳在前，左腳在後，四隻手均勻分佈在橫槓上，緊密地控制著木架的推、拉與轉彎，身體也跟看一前一後擺動不已。」〔註70〕磨石隆隆的響聲、木架繩索的吱吱呻吟、米漿瀝瀝的流淌，伴著間隔嘩啦的倒米聲，謝霜天譜出客家農莊喜慶意味濃厚的樸實俚曲。

磨石磨出有甜糕的年味，也磨出滿是艾草香氣的清明時節，「磨粄」的和諧曲調，貫串一個接著一個的年節；隨著歲月推移、社會變遷，年少時一曲曲環繞磨石的熟悉曲調，已在人們的耳際淡去、遠離；年節的熱鬧與歡欣氣氛不再，僅能在糕粄的叫賣聲中，撩起心中難以言喻的情感，憶起昔日母嫂濃摯的親情關愛。

四、地毯

劉靜娟喜歡地毯給人的溫暖感受，以及如貓般的「靜謐」；兒子也愛赤腳在如草原般的地毯上奔跑，享受最原始的樂趣：「就是那種軟軟的毛毛的，有黃色的綠色的紅色的，鋪在屋子裏。」「可以在上面打滾，而且不必穿脫鞋。」〔註71〕身處都市公寓，孩子不可能在草坪上自由翻滾，但至少可以布置一間有地毯的房間。

為讓孩子們預先熟悉新地毯，劉靜娟編織了充滿歷史感的故事：「那地毯是深紅色的，非常高貴。它被鋪在一艘豪華郵輪的大客艙裏。那艘船是很多有錢人乘著環遊世界的；所以那地毯經驗豐富噢，在它上面走過的有西班牙人、葡萄牙人」「……有公主、有王子，也有『神秘怪客』……。」〔註72〕五坪大的蘋果綠地毯一鋪妥，孩子們馬上在「草地」上打滾，但這片地毯也讓家居生活複雜化了。

首先，用吸塵器吸地毯比拖地費力，而老公的「第一吸」就吸起一大堆蘋果綠的毛。複雜且費時的生活隨著舖好的地毯而展開：為了保護地毯，要

〔註70〕謝霜天，〈磨〉，《無聲之聲》，頁3。
〔註71〕劉靜娟，〈地毯的故事〉，《眼眸深處》，頁16。
〔註72〕同上，頁18～19。

為椅腳包上海綿；地毯沾到墨汁，得買專用的清潔劑洗滌；不能再只是偷懶的用雞毛撢子撢撢桌子、櫥櫃，而必須盡量用濕抹布揩拭；要隨時注意不讓孩子在地毯上吃餅乾免得招來螞蟻，還要防止他們的黏土掉在地毯上——地毯也是家中最尊貴的鑽石地帶，拖鞋不能踩上去，她打趣的宣告：「做我們家的地毯比較尊貴，我們一到它面前就必須脫鞋致敬。〔註73〕」慢慢的，她也適應新的吸塵工作，適應孩子們對地毯的破壞，適應著為了這片地毯，瓜分掉自己寶貴的時間。

　　劉靜娟〈地毯的故事〉道出了人們總是抱怨生活緊張，卻又製造更多繁複手續，讓生活變得更複雜、更緊張。而在文末，作者向「複雜的生活」舉起不得不「適應」的白旗，也透露身為職業婦女，「工作——家庭」兩頭忙的無奈心境。

五、燈與鏡

　　遺留在老家回憶深處的油燈和梳妝鏡，是謝霜天珍藏父愛母慈的重要物件。熒熒燈火中，浮現著父親俯案吟詠的熟悉姿態；鏡裡層層疊疊的影像，映照出母親新婚的紅顏與老邁的白髮。

　　五、六〇年代早期，苗栗芎蕉灣的山上人家都還沒有電燈，只有煤油燈或瓦斯燈；熒熒的煤油燈火，便成為謝霜天散文中的重要意象——象徵老屋時期全家歡聚的時光，也象徵著父親生前的慈愛身影：「燈，是山夜的靈魂，是家屋晴光；那兒燃亮了它，那兒便有生氣。此刻，有一盞燈在我心底亮起、擴大，許多親切的面孔都在那熒熒燈火中，由模糊而逐漸現出了清晰的輪廓。〔註74〕」在〈父親與燈〉中，她從父親尋常的點燈工作寫起：

> 點燈是父親日常工作之一。每隔幾天，他就得取下油盞，捧到屋簷
> 下光線較好的地方，修剪燒焦了的燈芯，玻璃燈罩被烟燻黑了，他
> 便拿了刷子、草灰和一盆水，小心地洗拭，直到光亮別透；油點盡
> 了，他就擎著燈，到雜物間的油桶旁，將油注滿，再安裝在燈架上。
> 〔註75〕

〔註73〕劉靜娟，〈地毯的故事〉，《眼眸深處》，頁22。
〔註74〕謝霜天，〈熒熒燈火中〉，原載於「中央副刊」，1980年1月9日，收入同名散文集《熒熒燈火中》，頁126。
〔註75〕謝霜天，〈父親與燈〉，原載於「中央副刊」，1970年11月22日，收入《綠樹》，頁77。

仔細刻畫著父親徐緩、慎重的每個動作——點燈、修剪燈芯、清洗燈罩，到注滿燈油。父親安穩的身影，一如那盞點亮全家希望的明燈，時時照亮、守護著一家人的安樂生活，「等父親墊著圓木凳，點亮了飯廳和廚房的吊燈，我們這棟獨立山腰，而且竹樹掩翳的古老宅院，頓時有了光彩，洋溢著親切祥和的氣氛，把山中早來的暮色推向戶外。〔註 76〕」當燈火漫溢山中老屋，家人相聚燈下活動的熱鬧情趣，驅走了無數冬夜的寒冷與黑暗，「每到天黑上了燈，鼓腹的玻璃罩周圍，散發一圈圈柔黃的光輝。〔註 77〕」撒滿山屋的黃色燈暈，襯出一家和樂的溫煦畫面。

隨著現代化的時代輪轍碾過，煤油燈也已熄去燈火、褪去蹤跡，照明任務改由瓦斯燈取代；不變的是，父親依舊負責裝卸瓦斯筒，繼續為家人點亮藍白色的明燈。然父親風燭燈滅後，「瓦斯燈仍舊擺在原來的位置，青淡的光撲落在父現的藤椅上，兩邊的扶手，發出淺褐色的潤澤。就像是父親有事出去了一會，馬上又要回來，鋪開稿紙，拿起那支毛筆，寫下他剛擬好的一句新詩……。〔註 78〕」謝霜天僅能在冷冷清輝中，懷想父親點燈的柔和身影和朗朗讀書聲；佇立燈前，父親秉書微笑的面容、低沈均勻的鼾聲，依稀在眼前耳畔重現。

一面長方形的梳妝鏡，是母親留下的珍貴遺物。它曾照過母親的青絲紅顏，也照過母親年邁的白髮愁容；佇立鏡前，謝霜天看見自己愛玩鏡子的童年：

> 清早，在朝輝中，母親簪妥了髻，總要拿起兩面木柄方鏡，前後對
> 照。……我要過母親的鏡子，兩下對峙，不禁駭然！重重疊疊的影
> 像，深沉、渺遠，望也望不透，數也數不盡，真不知幾千萬落。從
> 此，我常跌入那種奧秘而神奇妙的世界裏，任意軔翔著幻想的羽翼。
>
> 〔註 79〕

兩面鏡子交互對照，映射出幻化無窮的奇幻世界，曾將天真的小女孩帶入奧秘幽邃的幻夢中。而今，兩把木柄方鏡已不知所終，但兒時轉動方鏡所折射

〔註 76〕謝霜天，〈父親與燈〉，原載於「中央副刊」，1970 年 11 月 22 日，收入《綠樹》，
　　　　頁 78。
〔註 77〕謝霜天，〈熒熒燈火中〉，《熒熒燈火中》，頁 125～126。
〔註 78〕謝霜天，〈父親與燈〉，《綠樹》，頁 83。
〔註 79〕謝霜天，〈鏡子〉，原載於「聯合副刊」，1974 年 5 月 26 日，收入《心畫》（台
　　　　北：智燕出版社，1974 年），頁 207。

出的繽紛光影，始終留滯眼底：「陽光從天窗射下時，我將一面方鏡放在日光中，鏡角立刻折射出八道晶輝，每一道光都含著七彩。繽紛豔麗地映在屋椽上。轉動鏡子，彩光隨之流曳，拖著長長的尾巴，給我的視覺製造了凌亂的美感。〔註80〕」鏡子映射下的現實世界，花草掩映、離奇幽魅，構成另一幅更美好的圖畫——「瞧那籬笆邊綻開的薔薇，粉紅雪白，何等鮮明！那菜園小徑，兩旁掩著綠草，何其幽邃！連那張臂伸腰的苦楝樹，撐著一樹紫花，也顯得無限魅麗！鏡中景緻構成一幅清麗的畫，比現實世界要美好得多……。〔註81〕」鏡中世界的曼妙神奇，曾令作者著迷神往；但年歲漸長、歷經世事後，領悟了鏡花水月的空幻與不可恃，惟有母親的藹藹目光，猶在梳妝鏡中若隱若現——母親雖已長眠，慈愛的面容，永遠映現在閃著母愛光輝的明鏡中。

六、百葉窗與抽屜

　　「百葉窗」望向無垠大地，招攬明月、游雲、微風、山巒和鳥語花香，是心岱母子可以凝視大地靈魂的眼睛；「抽屜」卻朝內心深處緊閉，收藏著信件、照片、日記、手稿與創作靈感，是季季私密、豐富、亂中有緻的內心世界。〈百葉窗〉中，心岱開窗迎向自然，向稚兒訴說大地的詩與美，歡愉之心躍乎紙上；季季則在〈抽屜〉的凌亂與秩序間尋求平衡，拋棄秩序的束縛後，發現內心深無可量數、不會崩解的抽屜，收納著她與世界緊密相連的情感。〈百葉窗〉的敞開心境，與〈抽屜〉的內省自剖，對比出一明朗、一深邃的內心世界。

　　舒適地躺在理想中臨窗的床上，月光從百葉窗透進來，照亮床鋪，照亮孩子沉睡的臉龐。心岱靜靜享受這幸福片刻，體會這明亮臥室的一切美好：

> 在這間三坪大的臥室裏除了兩扇門外，還有兩面大窗，一面靠在床
> 鋪的左側，一面開在床頭前，把它們全打開，房裏燦亮得猶如一朵
> 盛開在綠野間的小白菊。仰躺床上，就可無遺地瀏覽飄飛的遊雲，
> 穿過婆娑均相思樹群，穿過有蘆葦的山巒。這遊雲，這微風，把大
> 地染得好抽象，常讓我悠然神怡的忘卻每一個無聊午后。〔註82〕

〔註80〕謝霜天，〈鏡子〉，原載於「聯合副刊」，1974年5月26日，收入《心畫》（台
　　　　北：智燕出版社，1974年），頁208。

〔註81〕同上。

〔註82〕心岱，〈百葉窗〉，《萱草集》，頁104。

她將所有窗子都掛上藍藍的百葉窗，「一扇扇百葉窗，垂直在雪白的牆中，是一方方的藍，我面對著它，依舊可以擁有天空的眞實。〔註83〕」一扇百葉窗就是一隻眼睛──「百葉窗是一隻眼睛，一隻有眼瞼，眼睫毛的眼睛〔註84〕」，正好與孩子睡臉上「兩排密密的睫毛〔註85〕」，前後呼應成趣。兩條繩子的拉動，操縱著百葉窗眼瞼的開闔，當光線湧進，甦醒後的大地靈魂便展現在眼前：

> 拉一條繩子，室內頃刻變得溫柔的暗淡。拉另一條繩子，光線便一
> 湧而進……把兩條繩子長短拉齊後，葉片們全都平行起來了……窗
> 外的世界被規劃成條紋的趣味，我依舊嗅到清晨的芳香，依舊分享
> 到大地甦醒時的燦爛。再拉一條繩子，葉片相疊的捲向頂處，這時
> 視野將一無遮攔，窗仍然是原來的面目，那天空俯向我，那遊雲流
> 過，那飄動的野草……。〔註86〕

而當夜晚來時，窗前的景致又有另一番光景：「月光從百葉窗中篩進來，那麼詩意地燃亮在牆之一角，左側那扇便把它裝飾在房門上，然後透過化粧鏡，它們彼此輝映著，相間的線條，有粗有細，但是整齊規則的交錯著，整個房間像掛著巨幅的圖畫……〔註87〕」每個月夜，心岱都擁著愛兒，於百葉窗相伴下，在這幅寧靜安詳的畫中沉沉睡去。

「抽屜」是季季的創思密窖，珍藏著一個個構思中的創作草圖。在剛開始從事寫作之初，她的書桌只有兩個抽屜，凌亂的抽屜，偶然間暴露在個性細緻的好友眼前，「亂七八糟」的劣等評價──一顆「崩落的衣扣」，讓她陷入有序或無序的徬徨迷亂中──鄭明娳在針對季季散文集的評論中認爲，「『那粒冷硬的，突然崩落的衣扣』便象徵一種外界橫插的力量。〔註88〕」若抽屜象徵著個人生活，「衣扣」這股外界闖入的力量，讓季季改變了固有的生活形式，生活的抽屜開始由亂而整。

換了一張五個抽屜的書桌，季季決心朝「井然有序」而努力，分門別類的收拾著，「剛開始的幾天，我的抽屜果然是很清潔整齊的樣子，像一張早晨

〔註83〕心岱，〈百葉窗〉，《萱草集》，頁105。
〔註84〕同上。
〔註85〕同上，頁104。
〔註86〕同上，頁105。
〔註87〕同上。
〔註88〕鄭明娳，〈評季季的「夜歌」〉，《中華文藝》，第12卷5期（1977年1月），頁
　　　　205～216。

剛洗淨的臉，五官神情都尚未經過塵埃的污染。每天晚上要開始寫作的時候，我就很欣喜的打開每一隻抽屜，看著它們那規矩乖巧的樣兒。〔註89〕」新秩序生活的初幾天，季季寫作前都沈浸在新鮮、井然有序的喜悅裏。但不久，「井然有序」卻成了心頭沈重的壓力。大而化之的她，無法忍受物歸原位、維持秩序的繁瑣過程，若要破壞新秩序，又滿是愧怍與不安，矛盾與困惑，讓她幾乎不敢開啓任何一個抽屜，而這些抽屜，曾是她生命中最親密的部分，藏著一座座建造中的創作樓閣：

> 在那些抽屜裏，矗立著許多我尚未完成的「空中樓閣」；有時要經過很長一段時間的摸索，才能賦予它們具體的生命。而我每天晚上所做的事情，也無非是走進其中的一座空中樓閣，去探訪那些在心靈裏不斷地糾纏著我、呼喚著我、感動著我的人物；在紙上和他們神遊與交談，從而將他們喚出那空中樓閣，在人間獲取一席之地⋯⋯。
> 〔註90〕

創作的手腳和心靈爲新秩序所縛，鎖在冰冷的抽屜裡，無力而沮喪，她清楚必須拋下形式上的秩序、打開抽屜，重新進入生命最親密的角落──「我仍然可以把父親寫給我的信，一封封取出來重讀一遍。父親的信給我許多知識、親情和鼓舞，是我生命中最大的欣慰和依賴。⋯⋯更重要的是，我也可以走進那一座座看似模糊朦朧的空中樓閣，雕琢我心日中的玲瓏景象或千古風流人物。〔註91〕」但季季無法跨越這道生命斷層──直到那位細緻友人，抱著新生女嬰再度探訪。

　　友人抱著剛出生的女兒，眼裡閃著幸福，細細訴說著新生命帶來的快樂和滿足：「我以前那些秩序全給打散了。家裏到處都是她的東西，簡直不知道怎麼收拾才好！〔註92〕」朋友沒有對季季的抱怨有任何解說、抗辯；所有回覆，都蘊藏在整個交談和哺乳的過程中，「這樣巧妙的隱喻，是比任何語言或文字的詮釋更爲有力地撞擊著我的心靈的！我沉浸在那感動和感激的頓悟中，直到暮色揮別，而暗夜把我整個的包圍。〔註93〕」友人來訪過程中的每

〔註89〕季季，〈抽屜〉，原載於「聯合副刊」，1974 年 12 月 9 日，收入《夜歌》，頁 20。
〔註90〕同上，頁 21。
〔註91〕同上。
〔註92〕同上，頁 22。
〔註93〕同上，頁 23。

句話、每個畫面，都是季季眼中巧心安排的「寓言」，像是冰涼清澈的泉水，
洗盡她抑鬱心中的困惑和塊壘，重新回到自己凌亂有序的生活原貌。

　　與「抽屜們」共處十多年的經驗，讓季季了悟：「我的內心原來藏著更多
的、多到幾乎無可限量的抽屜，放置著我與這世界緊密相連的各種愛與同情、
挫折與鼓舞、謙卑與敬仰、耕耘與收穫、唾棄和讚美……〔註94〕」心中無數
個抽屜，所安置的回憶與情感，是人性中親密而珍貴的成份，其真摯與深遠，
比有形抽屜中的一切，更值得留存與珍藏。

第四節　何處為家

　　家，應該是我們生活的歸宿，回到家，總能被安全、舒適與溫暖緊緊包
圍。然而，當我們必須離開長居久安的家園，在外地為人生目標而努力時，
僅能尋找一個暫棲歇腿的「殼」，何處為「家」？而面臨喪偶或離婚等家庭變
故時，原本攜手共創的家園，如今佈滿哀痛、成為重擔，「家」又如何為家？

　　隨著生涯發展到求學、工作階段，終將遠離和家人團聚的老家，「租屋」
成為台籍女作家們北上逐夢的階段性「家」居。租賃的不穩定性，無法產生
長駐久留的「家屋」情感；但只要居住者敞開胸懷，簡單的租屋空間，一樣
能夠包容遊子的離家鄉愁，讓追夢者漂泊孤獨的心暫時安頓、停歇。

　　還是小女孩時，白慈飄把玩筆盒之際，已有了布置一個「家」的想望：「左
邊一間是廚房，中間是臥室，右邊是客廳，一個筆盒就是一個家哪。〔註95〕」
但她卻曾為了一圓文學創作之夢，捨棄與家人團聚的天倫之樂；寧願在冬夜
裡，獨自一人走在黑漆暗路上──「我瑟縮的一步一步向前走，聽風打樹葉
恐怖的沙沙聲，看枝葉抖動詭異的黑影。附近的人家，房子裏射出溫暖的光，
從窗子，我可以看到一家人有說有笑的圍著飯桌吃飯的誘人景象。〔註96〕」
冷冽冬夜，催化著心中對家與雙親的思念，但那份對理想的執著，讓她繼續
挺著刺骨寒風前行。

　　飄泊歲月中，她渴望有「家」的感覺，但居無定所，心靈無所歸依，對

〔註94〕季季，〈抽屜〉，原載於「聯合副刊」，1974 年 12 月 9 日，收入《夜歌》，頁
　　　　24。
〔註95〕白慈飄，〈筆盒的聯想〉，原載於「中央副刊」，1975 年 2 月 28 日，收入《慈
　　　　心集》（台中：青山出版社，1976 年），頁 2。
〔註96〕白慈飄，〈路〉，《乘著樂聲的翅膀》，頁 61。

於居住了十八個月的房子，依舊感到陌生：「眼睛呆呆地望著滿佈灰塵的桌椅，寂寞有若千軍萬馬向我奔騰而來！」「空曠的房子闐寂無聲，充塞著冷清、寥落的氣氛。牆上發白的鏡子、茶几上的水瓶、書桌上的書本……一種從未有過的孤寂感緊緊的攫住我，殘酷地噬咬著我的心靈。」〔註97〕巨大孤寂感，擊碎一千多個離家日子所建立起的獨立與堅毅，耳邊響起離家時，母親的聲聲挽留與呼喚，雖留戀家庭的溫馨，卻放不下對理想的堅持，矛盾的思緒，讓白慈飄逃不開孤獨的肆虐。

　　終於在經歷十五年的流浪日子後，一間四樓公寓的租屋，一只電壺和茶杯，讓她找到「回家」的感覺：「一樓。二樓。三樓。一口氣爬到四樓……開門進去，把電壺和茶杯放下，快樂便在屋子裡氾濫。一隻迷你櫥，一張桌子，一張椅子，一張床，空洞得不能再空洞的房間，加上電壺和茶杯，便豐盈了起來。」「陽台下面的街道，車子川流不息，四十公尺外的對面，酒吧、旅社、古玩店、咖啡館林立，紅磚道上，一對對的男女飄過來、飄過去。在這住了三個多月，一直沒有熟悉的地方，此刻竟不再感到孤獨。」〔註98〕落腳於此，她終能停駐下奮鬥一天的腳步，煮一壺熱茶，坐在陽台啜飲美味茶香，讓心靈安頓、歇憩。

　　對於已婚伴侶而言，「家屋」是多年來兩人共享的空間，過去的記憶，更銘刻在家中每個房間、每件家具，乃至每個角落屋隅。當心岱面對摯愛伴侶驟逝遠離，心目中一度是穩固、溫情、安詳的家屋，如今可能變得哀傷、沈重，甚至岌岌可危。家中的種種面相，遺留著對已逝伴侶的回憶，家屋變成了死去摯愛的象徵符號；喪偶之痛讓她一時難以承受，兩人曾經相依偎的愛巢，如今充滿難忍的舊夢新痛；於是，她選擇搬遷，揮別往昔，遠離傷痛，迎向持續向前流動的人生。

　　心岱在喪偶後出版的《致伊書簡》，以一篇〈畫夢〉抒寫對學生和友人協助搬家的滿心感動。搬家的瑣事，對浸溺於失去摯愛傷痛的心岱而言，是滿屋紛亂與滿心狼狽。但整理打包與搬遷等過程，學生、朋友們的協助和鼓勵，搬家工人的勞力服務，讓她冰封的心，剎時溶化，重拾對世界信心，面對未來的生命。

　　搬家——恍如朦朧、渾沌之夢，然人情的可貴、勞力的可敬，讓心岱以

〔註97〕白慈飄，〈懷歸〉，《乘著樂聲的翅膀》（台北：星光書報社，1975年），頁8。
〔註98〕白慈飄，〈電壺〉，《慈心集》（台北：青山出版社，1976年），頁14～15。

畫一幅人間溫情美夢的心情，寫下內心所受的悸動與感懷：「朋友們終於如約而到，他們開始川流屋中，招呼種種的小事件，時不時的要問我這問我那，其實我已不在乎什麼東西不能遺忘，什麼東西該扔下……」「黎明來了，這群壯漢一一在我面前顯露他們的面目，他們有若通了電的機械人，來去有序的操作著我不敢想像的工作；冰箱、電視、桌椅，一件件龐大的東西在他們特異的步伐中隱遁而失……」「今日我為這群壯漢感動，我直覺到漸漸甦醒的靈魂就如午日的太陽，它的強光炙灼著我的瞳孔，我幾乎盲了，看不見了……」〔註99〕搬家過程，最難的抉擇，便是何物該留、何物該捨，心岱形容此刻的選擇猶如「逼供」，為了不捨將一隻用來斟酒的瓷杯丟入雜物箱，她抱著瓷杯站在牆角思索著；但也瞭悟「東西本身是種負荷，人不能永為它佔據，被它控制，或付出代價。〔註100〕」而眼看著那些重物成為搬家壯漢們肩背上的重擔時，心中悲憐且自責：

> 當我且睹這群漢子用他們與常人無異的背脊去馱我那些沉重的傢伙
> 時，我胸中的苦痛隨著在遞增，因為我終究發現他們不是機械人，
> 他們黧黑的臂爬出了用來支持的青筋，他們額頭的汗水雨般地灑
> 落……我恨不得立刻命他們摔掉所有。〔註101〕

壯漢們的勞動，讓心岱瞭解到「勞力的可敬」，也重建了對世間人事的價值觀；而那恨不得丟棄所有重物的念頭，則象徵著——想拋下家屋所承載的諸多沉重過往——那些曾經甜美幸福的回憶，今日已成心頭最沉重的負荷，必須拋下一切，跳過這道阻擋前路的「欄」，向未來人生旅途與文學道路上勇敢挺進。

遷居後的新生活，心岱準備除去對重拾文筆的膽怯和徬徨，恢復昔日創作生活。她在新居，挑了可望見遠方層層碧翠山巒的房間，佈置成「藍調」的書房：

> 四壁印著小藍花，又配著這兩幅深深的藍布幔，我想到你是那麼喜
> 愛海洋的人……我膽小，對海或者是天空的遼闊充滿了畏懼，我
> 只有把自己浸進一屋子的憂鬱，這憂鬱的色調是我的愛戀，我的憧
> 憬……〔註102〕

〔註99〕心岱，〈畫夢〉，《致伊書簡》（台北：皇冠出版社，1978年），頁21～22。
〔註100〕同上，頁22。
〔註101〕同上。
〔註102〕同上，頁14。

文中那兩幅藍布幔，其實是兩窗藍色窗帘。爲了迷戀布幔摺子恰恰遮到窗眉——好像「梳中分頭的少女，耳際垂下一雙豐潤的辮子〔註103〕」的景象，心岱一直讓它們保持原貌不動——遠山、雲朵，所有清晨的甜美，都從無遮攔的窗子湧入，她不再是以前「愛燈光甚於陽光」的冬眠蟲子，早起的日子，讓她發現周遭是如此豐盛。寬敞、舒適的新居，大沙發配上二聲道音響〔註104〕，藍色憂鬱色調的書房，對著窗外朦朧起伏的山巒，心岱享受著新生活，重新開啓文學創作的新里程〔註105〕。

　　1976 年春天，季季結束與楊蔚五年多的婚姻，必須一肩挑起家計，嚮往在大千世界中自由飛翔、揮霍的慾望，已被「家」和現實生活的繁瑣與困頓所牢錮；她成爲一個持家的女人，獨立撫養兩個孩子的母親，「我沒有自由可盡情揮霍，不能滿足那些慾望，只能任讓它們在『不自由』的雲層下游移徘徊。」「我不能出走，不能揮灑自如地去接近那些嚮已久的事物，爲此我時常覺得鬱悶，想從這現實的一點上破窗而出去自由飛翔，去和我的慾望合而爲一。」〔註106〕婚變後的「家」，猶如禁錮自由靈魂的牢，她以兒時鄉村農家常見的堆肥房舍，來比喻自己那段如夢幻碎落——垃圾般的婚姻家庭生活：

> 鄉村的農家，大都有一間作堆肥的房子。他們把所有會腐爛的垃圾都堆在那無窗而僅有一扇門可供出入的房子。……誰都不喜歡走進那悶熱而且充滿了惡臭的房子，因爲堆肥的本身在發酵腐爛的過程中是會產生高溫和沼氣的。過了一段時日，垃圾都已腐爛，他們就裝進牛車，運到田裏去施肥。到了那個時候，它們的身分和價值就有了奇異的變質……它們化爲泥土；而且化泥土爲沃土，使地上的生命因而活得腰桿更直，收穫更好。它們消失了本來的自己，但是它化爲能滋養生命的泥土了。〔註107〕

季季省視著「家屋」在個人生命中的意涵，以求在困頓無奈中尋找出路。她形容，痛苦掙扎的婚姻生活，是段「生命發酵和腐爛」的時期，彷彿垃圾由

〔註103〕心岱，〈畫夢〉，《致伊書簡》（台北：皇冠出版社，1978 年），頁 14。
〔註104〕詳見心岱，〈詩歌〉，《致伊書簡》，頁 27。
〔註105〕喪偶重新出發的心岱，走出家門，展開記者生涯，也開始轉向報導與生態文學創作。
〔註106〕季季，〈暗影生異彩〉，原載於「聯合副刊」，1976 年 6 月 10 日，收入《夜歌》，頁 142、144。
〔註107〕季季，〈暗影生異彩〉，《夜歌》，頁 141。

堆肥到沃土的過程，必須承受高溫和沼氣的煎熬，才能讓她蛻變爲泥土般實在且不易死去的堅強女人，重新滋養自己與子女：「我自那無窗的、滿是惡臭的房子走了出來，在生命這片土地上尋得一處委身與就的泥土。我依賴這泥土重新滋長我自己，滋長我的兒女；更重要的是，許多過去被窒息的慾望，又在這滋長的過程中伸出了敏銳的觸角。〔註108〕」她帶著子女走出鬱悶、瀰漫腐爛氣味的「家屋」，生命的慾望觸角，再度伸向高山大河、茫茫草原，以及無垠的宇宙。

那方小小貧瘠的泥土在卑微的現實生活中，容不下這些無窮盡的慾望。最後，她和自己的慾望取得妥協，學會在黑暗中靜坐，「我回到家，一個人坐在沙發裏喝茶。沒有風，沒有車聲，沒有嘶喊、尖叫、哭號……，世界變得這麼小，這麼沉靜；只聽到喝茶時啜著茶水的聲音像溪流。我愛世界是這麼沉靜……。〔註109〕」以冥想和那些慾望「玲瓏相見、靈犀相通」，全都化作實在的生命，讓她在生活的黑影中，看見人間異彩，聽見風聲浪聲和歌聲悠揚。

「何處爲家」、「家如何爲家」，季季以腐爛過、發酵後的生命去體驗，在自己的散文中，挖掘內心最深沉的暗影，傳遞出一種粹鍊後的獨特價值觀：「家」並非一間牢固的房子，或一個具體的空間環境，「家」存在心靈那隅沉靜的角落。在生長自踏實泥土的季季眼中，土地的價值，遠大於隨時可能失落的「家屋」；只要一塊能滋長生命、無比深厚的土地，便可永遠承載人們原始而堅實的夢想。

第五節　小結

較諸男性鄉土散文之著重田園生活、山林景致等家園外圍的書寫，戰後第一代台籍女作家們，在七〇年代的鄉土散文作品中，充分發揮女性「往內探求」的書寫特質——在記憶長流與個人生命歷程中，不斷敏銳而細膩地思索「家」的內在意義。在她們的鄉土散文作品中，「家」與所寓含的意義，非僅是字面上的「地方」，也不只是一個屋宇或地理空間，更是一個在靈魂最深處，包含了深長滿足感的地方〔註110〕——如果「心」是靈魂最深處的存在，「家」

〔註108〕季季，〈暗影生異彩〉，《夜歌》，頁 142。

〔註109〕季季，〈協奏四章〉，原載於「中時人間副刊」，1977 年 2 月 2 日，收入《攝氏 20～25》（台北：爾雅出版社，1987 年），頁 130。

〔註110〕詳見 Clare Cooper Marcus 著，徐詩思譯，《家屋，自我的一面鏡子》（台北：

便是「心」之所在，那是讓人可以完整、深刻成為自己的歸所。

　　家屋是女性生活中最常居處、走動的「地方」，也是傳遞自我觀感的重要場所。在家中擁有「自己的房間」，可自由寫作的戰後第一代台籍女作家們，對「家」的關注視線，除了家屋外部建築和周遭環境，也聚焦於屋內格局的擺設和家具物件，如火爐、窗櫺、地毯、鏡子……等。鄭明娳曾說：「『物』本身並無情或趣可言，它的情趣是作者外鑠上去的，由作家的有情之眼去看，用有情之心去體會，而賦予了萬物以生命、以光華。〔註111〕」所謂「物趣」，源自人「情」，七○年代台籍女作家們，便是以一篇篇描寫家屋與物件的「物趣散文」，寄託生活的情趣，訴說生命的感動。

　　從家屋硬體建築、屋內擺設物件，到屋內的生活、記憶和情感歸屬，都是最能發揮女性散文書寫特質的題材，但從五○年代到八○年代前，「家屋」書寫很少成為當時女性懷舊散文、閨秀散文和抒情美文的重要題材；七○年代台籍女性鄉土散文的家屋書寫特色，於九○年代台籍女作家周芬伶的散文作品中，得到延續——在陳伯軒的研究分析中，周芬伶的散文作品，時常出現家屋意象，從老家破舊骯髒的硬體、尋找符合心中藍圖的未來家屋，到買不起心愛房子而幻想破滅，童年家屋的不完美，使得周芬伶對家屋的追求十分強烈，她渴望一個完整的「家」，以及「家」的歸屬感〔註112〕；周芬伶散文中對家屋的追憶和渴求，正好承繼了七○年代台籍女性散文作家在作品中對「家」概念的深入探求，也印證張瑞芬所析論，七○年代台籍女作家的「鄉土派」散文傳統，下啓了九○年代簡媜、周芬伶等人融合鄉土、古典的台灣女性散文主流。

　　「家是個繼承的環境，經歷先前世代的塑造和長久居住〔註113〕」戰後第一代台籍女作家出生成長的家屋，承載了數個世代安身立命的所有生活經歷，她們被安置在此，獲得情感依附與根植於斯的感覺，並由此萌發最初的「地方」認同。相對於台籍女作家情感根植於「家」的踏實感，遷台女作家如張曉風、陳幸蕙等人，在七○年代關於「家」的書寫，並未落實到她們在

張老師文化，2006 年），頁 380。

〔註111〕鄭明娳著，《當代散文類型論》（台北：大安出版社，1987 年），頁 99。

〔註112〕整理歸納自陳伯軒，《文本多維：台灣當代散文的空間意識及其書寫型態》（台北：秀威資訊科技，2010 年），頁 124～127。

〔註113〕Linda McDowell 著，徐苔玲、王志弘譯，《性別、認同與地方——女性主義地理學概說》，頁 126。

台灣生活、居處的實體空間，而是牽繫到童年記憶中，印象模糊的中國南京、柳州，或是父母口中的江南老家——「真正的柳，應在江南；真正的柳，如爸媽所說，應在老家後院那口牽著長長汲水細綆的古井旁吧？〔註114〕」對遷台一、二代的女性散文作家而言，真正的家，應在中國，真正的家，應在那留存著父母和先祖歷代生活記憶的中國老家；但「中國老家」是個難以落實的想像空間，並非可真實感知的具體生活空間。因此，遷台女作家在七〇年代，尚未能對台灣的「家」建立真切認同感，便無以延伸為對整個台灣的「歸屬感」，也難以發揮女性特質，深入思考「家」在個人生命歷程的重要意義。

在民族主義高舉的七〇年代，「回歸中國」的概念才是主流意識，「家在中國」比「家在台灣」更具能見度；然而，台籍女作家卻以「家在台灣」為出發點，對應於遷台女作家「家在中國」的書寫意識，在古典抒情美文為尚、三毛流浪文學當道的七〇年代女性散文場域中，默默開拓出本土女性鄉土散文的第一塊版圖。

〔註114〕陳幸蕙，〈柳〉，《群樹之歌》（台北：九歌出版社，1979年），頁28。

第四章　記憶原鄉與第二故鄉──
童年・思鄉・台北城

　　家鄉、童年與記憶是鄉土散文的基本主題，六位戰後第一代台籍女性散文作家，除白慈飄外，皆於六、七○年代先後移居台北，逐漸遠離出生成長的原鄉，記憶在現實生活、童年往事和間遊蕩，書寫也穿梭於中南部原鄉和城市台北之間。本章從女性空間書寫的角度，以及人文主義地理學觀點，分析這群女作家，如何透過追索記憶與空間書寫，重現她們童年時期與六、七○年代前後的台灣城鄉圖像。

　　如果「鄉土」是「人」與其生活時空之間，互動、往返、回歸的認同過程，則「鄉土」之於文學創作，便意指處於任何時代、任何地域空間，關於生命主體在「家鄉」與「成長」之間，記憶往返、尋找精神依歸的「在地」書寫。若循此看待七○年代台籍女性鄉土散文，「家鄉」所代表的空間意義，涵蓋了滋養童年歲月的鄉村、小鎮，也包含成家立業、孕育下一代的城市；而「成長」的時間性意涵，則是個體歷經童年、離鄉和思鄉等眷戀故鄉階段，到熟悉城市、認同城市，視城市為第二故鄉。「鄉土」與「城市」不應置於絕然對立面，在某些時空背景下，兩者可能依存著相互呼應、彼此往返的緊密關係，也都能成為「在地」書寫的重要空間場域。

第一節　童年往事

　　「童年」是開始視自己為獨特的個體，發展自我意識的時間。打從童年起，在家裡與家園附近的探險，就促使我們培養出身為個人的自我觀感。我們緊攀住兒時對於某些地點的回憶，「將之視為心靈停泊的錨，提醒我們自己

來自何處？曾經爲何？並提醒自己，當家中的動力緊繃時，抑或生命脈絡充滿不確定感時，物質環境又是如何能向我們提供滋養。〔註1〕」對每個人而言，現在的自己，皆萌芽成形自童年生長的環境中，而對於周圍人情世故的最早意識，也始自童年。童年的經驗，除了兒童本身，更是由不同的社會環境和文化習慣所構成；即使處於同一個社會與時代背景下，不同的地域角落、不同的族群文化、不同社會階級，以及不同性別，都可能產生完全不同的童年經驗。

終其一生，我們都處於情感成長的過程。Clare Cooper Marcus 論及童年與家屋鄉的關係時認爲，孩提時代，人與自己的靈魂是協調一致的，靈魂的召喚於孩提階段與我們首次照面，而終其一生，都將會一再重複出現；而種種深刻的、非自我意識的兒時靈魂體驗，皆隨著青春期與成年期的揭幕而逝去〔註2〕。但童年往事卻總在夢境、幻想、不可知的情感中重現，一如壯闊美景，誘使我們陷入沈思。

兒時小名「矮米絲〔註3〕」的丘秀芷，在台北北門附近，度過快樂的童年前期。每天吃完早飯，便和弟弟出門去找玩伴「打游擊」：「兵馬齊全後，我們便開始活動起來。許多人家裏的糖果罐子是爲我們擺設的；要不，荣櫥裏，也有鹽水煮『番仔豆』或什麼的。〔註4〕」她們打游擊的範圍，漸漸從北門發展，延伸到淡水河畔，到淡水河摸蜆、看大肥船（水肥船），還穿過四條通、五條通到田野玩。打游擊的時光，也持續到丘秀芷上小學那年的夏天。

戰後初期的台北市區，仍到處可見荒蕪的園地、草叢，蟲子、蚱猛、蜻蜓和蝴蝶，是孩子們最好的大自然玩伴；隨手拈來的小花野草，到了孩子手中便是現成的童玩：「鐵道旁更是我們的世界，荒原片片，任人種菜。也隨我們找青蟲、蚱蜢。捕蝴蝶、捉蜻蜓更有趣。……鬥草，拿蔥管吹哨，都頂好玩；從阿婆那兒要三幾條蕃薯，就在野地裏搭土窯烤起來，最有味。〔註5〕」鄉野間成長的童年，總是在戶外玩不花錢的「自製玩具」、自行發明的「遊戲」，

〔註1〕 Clare Cooper Marcus 著，徐詩思譯，《家屋，自我的一面鏡子》，頁32。
〔註2〕 同上，頁340。
〔註3〕 「矮米絲」是日本人鄰居美根子爲丘秀芷取的綽號,，是一種日本酒的名稱，這種牌于的酒瓶是白瓷做的，瓶肚上有個矮矮肥嘟嘟笑口大開的人。丘秀芷在文中也說，自己小時候的照片，一看就是個眼亮亮、臉圓圓，胖手胖腳的漂亮女娃。詳見丘秀芷，〈髫齡舊夢〉，《綠野寂寥》，頁2。
〔註4〕 丘秀芷，〈髫齡舊夢〉，《綠野寂寥》，頁2。
〔註5〕 同上。

如隨地撿材的「圍棋」：「我和玩伴在地下畫兩個同心圓，中間畫十字隔開，
再畫四個弧形，成個簡便陣圖。至於『兵卒』，就地取材，小碗片、木片、石
子等任何小東西均可，十二個，能分成敵我兩組就行。排好，然後朝前進攻，
以能困住對方卒子為目標……〔註6〕」季季也在〈丟丟銅仔的旅程〉中，回憶
小時候在鄉下，每逢過年就可看到別人在玩「丟丟銅仔」遊戲：

> 那些人穿著平時時捨不得穿的衣裳，蹲在屋後樹下的一塊大石頭
> 邊，輪著玩「丟丟銅仔」的遊戲。那時還有褐黃色的一毛銅錢和五
> 毛銅錢，如若是小孩子，大概只玩得起丟一毛錢……於是用力一擲，
> 石塊發出彷彿金石迸裂之聲，她睜大眼高喊著：「掀哪！」……她就
> 把掀出的銅錢挪到腳跟前她自己那一堆「財產」裏。〔註7〕

兒童遊戲無須大人指導，在天地間自由嬉戲本是孩子的自然天性；幼年的丘
秀芷與玩伴，便是在毫無拘束的遊戲中，啓發敏捷的思維與創造力。但過去
在鄉間隨處可見的遊戲和傳統童玩，也不斷在世代間流失，逐漸消逝不見。

　　家中的小黑，也是丘秀芷最親密的「童伴」，他們玩遍田間的四季風情，
「夏日，我帶你到田野間，探野草莓、蕃石榴、野荽；秋收時，我們到稻田
捉田鼠；寒風凜冽的冬天，我們就躲在避風的地方，做小土窯烤蕃薯吃；春
來來了，水田還沒播種前，我就常帶帶你去巡視秧苗圃，察察看有沒有讓可
惡的麻雀吃掉了園上的種子。〔註8〕」隨四季時序變化的田野大地，是丘秀芷
恣任徜徉、自在玩耍的天然樂園；沒有旋轉木馬、雲霄飛車，卻有稻香和野
花香，以及窯烤蕃薯的陣陣泥土芳香。

　　到丘秀芷唸小學階段，台灣仍是個物質貧乏的社會，「那年頭麵包是『奢
侈品』，包子饅頭還不時興（當然也是奢侈品），學童遠足總帶個便當，外加
幾粒牛奶糖、金光搪（圓圓如同小彈珠），和幾粒鹹橄欖或酸梅……有的連便
當都沒有，用竹籜包兩個飯團〔註9〕」。而當時（四○年代至五○年代前）的
台北街道，仍多為碎石子和泥巴路，沒幾條柏油路，路上車輛也稀少，丘秀
芷和多數同學都是赤腳踩踏在泥地上，赤腳走路上學，也赤腳跑遍整個舊台

〔註6〕　丘秀芷，原載於「中華副刊」，1976 年 7 月 12 日，收入〈琥珀般的日子〉，《驀
　　　　然回首》，頁 39～40。
〔註7〕　季季，〈丟丟銅仔的旅程〉，原載於「聯合副刊」，1976 年 8 月 7 日，收入《夜
　　　　歌》，頁 182～183。
〔註8〕　丘秀芷，〈老黑，我會很快回家的！〉，《月光光》，頁 53。
〔註9〕　丘秀芷，〈童駭歷程〉，《悲歡歲月》，頁 129。

北——「我們上學的路上，天是藍的，地是綠的，鳥聲啁啾，炊煙裊裊！連鐵道上的枕木都是可愛的〔註10〕」，上學沿路，放眼望去，只有稻田、溪流、樹木和竹林；放學呼伴走去東方書局看書、到大稻埕看戲、在東門遊蕩——丘秀芷的赤腳童年，盡是泥巴從腳指縫擠出來的爽快，滿是光著腳邊走邊踢石子的樂趣。

初中搬到台中南屯，丘秀芷家附近，溪河縱橫、田園處處，屋旁還有一條清淨的田溝，除了灌溉農田，她們洗衣、洗碗、洗澡和飲用水，都仰賴這條不曾乾涸的田溝，那是一條日夜靜靜流湍不息的小河。在初夏農閒時，丘秀芷會和莊裏的大人小孩組成「捉魚隊」，出動到溪流、田溝裡捕捉魚蝦。「捉魚前先選定溪流，然後把水源截住引到別條溪去。下游用竹篩、畚箕之類擋著，讓溪水可流掉，魚蝦都跑不了。〔註11〕」受不了混濁溪水的鯽魚，最方便他們「混水摸魚」；要捉蝦也容易，「較低窪迂迴之處，水流不走，就用盆子舀掉。舀得快乾時，從小溪或田溝兩側水草下逐一搜去，常常可以一摸就把五代同堂整穴的蝦全請了出來。〔註12〕」在台灣溪流清澈、不受污染的年代，丘秀芷在溪水田溝裡，隨手捕撈便是：土蝨、鯰魚、黃鱔、「甕公師」（河蟹的一種），還有溪泥裡滿滿的泥鰍。捕魚捉蝦的日子，在丘秀芷的心田留下一彎美好的清流，淙淙流過記憶之河。

月光籠罩大地，光輝灑在稻草上、樹梢上、茅屋頂和泥土牆，更照在「土塊厝」前的稻場，一家人在此悠閒的乘涼，享受風聲、蟲鳴、蛙叫，伴著父親悠揚的琴韻，以及母親喃喃的細語——那是丘秀芷童年回憶裡，永遠清涼但溫馨的夏夜；中秋前後，也是中部稻子收割的時節，「中秋夜，我們在亮晃晃的田埂上跑啊！笑啊！叫啊！……跑累了，躺在稻草堆上，看著月兔西移〔註13〕」那屬於丘秀芷童年的中秋夜，在她的意識中，躺在稻草堆上賞月，是最真、最美的體驗。

白慈飄也有一個非常大自然的童年，學校就在一大片無垠的田野間，一到休息時間，她就當起「探險隊」隊長，帶隊去探掘大自然的一切新鮮事物，

〔註10〕丘秀芷，〈訪舊〉，原載於「新生副刊」，1980 年 6 月 14 日，收入《悲歡歲月》，頁 147。

〔註11〕丘秀芷，〈心田裏的清流〉，原載於「中華副刊」，1976 年 5 月 24 日，收入《驀然回首》，頁 3。

〔註12〕同上。

〔註13〕丘秀芷，〈豐盛的日子〉，《驀然回首》，頁 189。

「爬上高大的大葉樹採一粒粒玲瓏似聖誕鈴的葉茱，跳進田裏捕青蛙，溜進果園採芭樂，泡在水裏打水仗，衣服濕了，光著身子，把衣服掠在草地上晒，我們躺著、瞇著眼，望那閃閃如珠寶的陽光，陽光把我們的小身子烘得暖洋洋的。〔註14〕」暖烘烘的冬陽，照耀過白慈飄的童年，也溫暖著現今的每個寒冬；只要不遺忘，鄉間大自然的一切，永遠是家人之外的家人，也是回憶中永恆的景致。

白慈飄對大自然的喜好，早在父親揹負著的童稚時期，便以萌發。〈揹〉連繫起白慈飄揹兒的幸福與兒時被揹的歡樂，當她揹起小女兒走在田裡散步，眼前收割後的開闊田野，觸動心底溫馨的童年記憶。那是被父親揹著四處遊歷、親近大自然的快樂時光，「外公時常帶著阿姨和我去郊遊，我們去過很多地方，『牛相觸』、『水長流』、『牛眠山』、『虎之耳』、『鯉魚潭』，這些名字既純樸又原始，那些山、那些水，也都純樸原始得親切。〔註15〕」父親帶著她們姊妹遊歷南投各地純樸的風光勝地，貼切且充滿鄉土味的古樸地名，啓蒙了白慈飄對鄉土的最初概念。「在外公的背上，眞是舒服熨貼，將身攀在外公寬闊的背，我傾聽到外公響澈我的耳鼓的語聲，將手攀住外公厚實的肩，我掌握住了安全和歡樂。外公便如此用他的背，負我行過童年。〔註16〕」她攀在父親的背上，欣賞山水之美，認識蝌蚪、魚苗、毛蟲、螞蟻；她倚在父親的背上，發現大自然的美好，貼近土地原始的芬芳。

白慈飄的童年，也和父親與棉花糖分不開，童年是棉花糖疊搭而成，童年記憶是棉花糖溶在口中，細細、甜甜的滋味。小時候印象中的父親，喜歡在下班回家後立刻換上拖鞋，牽著白慈飄一起逛街，她則喜歡將手伸進父親的口袋，掏出一些好玩的東西，如梳子、小刀，或幾條橡皮圈。「小鎮街頭一片悠然的景色：三三兩兩拖著拖鞋散步的人們，稀疏的幾部緩慢行駛的的腳踏車，打瞌睡的攤販。我東張西望，雖然天天逛街，但是小鎮的一切，我永遠感到新鮮有趣。〔註17〕」遠遠的，白慈飄童稚的眼睛，已望向米店騎樓下，賣棉花糖的男子，男子一見她們父女走近，也很有默契的拿出一枝小木棒，「在腳踏車後座沙沙作響的箱子裏旋轉，如蠶兒吐絲結繭，細細的絲黏

〔註14〕白慈飄，〈冬陽〉，《乘著樂聲的翅膀》，頁58。

〔註15〕白慈飄，〈揹〉，《慈心集》，頁144。

〔註16〕白慈飄，〈電壺〉，《慈心集》，頁144。

〔註17〕白慈飄，〈棉花糖〉，《乘著樂聲的翅膀》，頁23。

在木棒上，結成一大團的晶瑩雪白。〔註18〕」棉花糖的細密糖絲，很快就在她的嘴裡，溶成滿口甜蜜，那是如棉花糖般純潔、甜蜜的父愛。但多年過去，年邁父親不再有當年閒逛的興致，埔里小鎮也失去昔日的寧靜與純樸，更已不見賣棉花糖的腳踏車；甜蜜蜜的童年回憶，永留在白慈飄對父親慈愛的感懷，以及對古樸小鎮的眷念。

獨自把玩復古的長方形筆盒，那是一種把玩童年生活的喜悅。打開闊蓋的瞬間，猶如打開變化萬千的時光寶盒，小學時期玩弄筆盒的種種記憶，紛紛湧現：「將盒蓋正放，盒底垂直擺在旁邊，底下墊著墊板，便成一間很舒適的臥房。我們把橡皮擦當枕頭，整齊的排在墊扳上，許多筆自然是姊妹們，枕著橡皮枕頭睡。天亮了，她們一個個起床『得得得』的跨過牆壁，上學去了……〔註19〕」筆盒幻化為娃娃屋，藏著小女孩對家的想像；「蓋上筆盒，推著在桌上行走，它是一輛滿載乘客的車，或將筆盒倒放，擺盪著它，它又是一艘與海浪搏鬥的船……」白慈飄的幼小心靈始終相信，只要她想像力驅使，小小筆盒便能變幻無窮；而打開筆盒，撲鼻的鉛筆香氣，便足以讓她歡愉一整天。簡單、古樸的筆盒，便能滿足童年天賦的豐富想像力，而想像力日漸貧乏，正是成人後最大的損失。

謝霜天善於在散文中，透過某一農事勞動過程的細膩描摩，刻畫出作者心中對家人親情和個人生命成長的體會與領悟。她在〈摘瓜記〉中，筆觸生動圓潤地記述著，十二歲那年的春耕時節，「我澆了花，擦了桌椅，便沒事可做，閒散地逗著灶頭上的貓兒玩。近春耕時節，正是家人最忙的時候，河霸上的蘿蔔、芥菜都拔了起來，整籮筐的挑回家。母親和嫂嫂不停地切片、搓鹽，挑到河邊大圓石上曝晒，做成蘿蔔乾和鹹菜。〔註20〕」清朗、明亮又柔軟的春陽，誘使謝霜天走到蕃石榴樹下，幫忙踩踏搓過鹽的芥菜，母親俐落的刮著瓜，陽光下瓜兒綠沉沉的：「母親坐在矮木凳上剖條瓜，剖好的瓜，掏淨瓜囊，再匀匀的塗上粗鹽，準備製成醃。階下還有一大堆未剖的瓜，在春陽下綠得發沉，一條條又肥又壯都是河霸田栽培出來的。〔註21〕」聽到母親提及門外那垃乾枯且缺人手採摘的瓜田，她立刻提籃奔去：「瓜田裏密生著鮮

〔註18〕白慈飄，〈棉花糖〉，《乘著樂聲的翅膀》，頁24。

〔註19〕白慈飄，〈筆盒的聯想〉，《慈心集》，頁2。

〔註20〕謝霜天，〈摘瓜記〉，原載於「新生副刊」，1975年3月26日，收入《抹不去的蒼翠》，頁67。

〔註21〕謝霜天，〈摘瓜記〉，《抹不去的蒼翠》，頁68。

碧的春草，跼縮的枯葉點綴其中，腳踏上去，但覺得濕漉漉、涼冰冰，晶瑩
的露珠成排地掛在在半坍的竹架上。我從黃葉隙處拉出條瓜，再用鐮刀割下，
扯動間，露珠紛落如雨，我的衣裙很快濡濕了。〔註22〕」但揮汗如雨的燥熱
和沈重的竹籃，讓謝霜天在摘不到三分之一瓜田，便以升起悔意。

　　本想丟下這項笨重的工作，回屋裡逗貓玩、畫畫人像，「我割瓜的動作
慢了，往返搬運腳步遲緩了，終於懶洋洋地蹲下來，觸一觸含羞草的葉羽，
耍一耍葉上的螳螂，拔兩根酢漿草含在嘴裏……〔註23〕」動作和腳步兩句
的排比法，寫出摘瓜動作已刻意放緩的步調；觸動含羞草、耍弄螳螂，則
寫出童稚年紀理所當然的天真與好玩。待回神抬頭，望見母親專心刮瓜、
抹鹽、被鹽水浸濕的雙手，讓她提起信心，繼續拿起鐮刀，準備征服整片
瓜田。

　　摘瓜的勞動過程，讓謝霜天在還是喜歡抱貓、繡花、畫圖、看故事書的
十二歲，將瓜田當作畫紙繡布，「展望一大坵採空了的瓜田，我宛覺那是一張
擴大的畫紙，一幅放寬的繡布，上面有我的汗珠和耐力所留下的『筆跡』與
『針痕』。〔註24〕」體驗了母親平日弓腰、刻苦工作的辛勞；也在其清麗雅緻
筆下的大自然中——「我撐著半圓的藍天傘，游在春風的清流裏。〔註25〕」
望著成堆綠如美玉的新鮮條瓜，那是前所未有的成就感，領受著成長、懂事
的喜悅，告別童騃的最後一個春季。

　　每到夏季午後，屋外的蟬鳴聒噪，便把謝霜天生命中幾個遠逝的兒時夏
日拉回記憶，那是呼朋引伴〈拾竹籜時節〉：「撿拾籜片，除了在敗葉遍布的
林蔭處尋找外，還可就著半長的新竹，剝下仍附在節眼上將落未落的籜殼。
竹殼以寬而修長，質地細膩，色澤黃瑩的最好……」「我們在竹林中無拘無束
的前進、尋覓，一邊撿取，一邊笑語不斷。有時山徑蹭蹬難行，有時岡脊峭
立難以攀越，有時猛然遇見盤繞在地上的灰棕色大蟒蛇，有時正伸手剝籜片，
一條顏色與竹竿相淆的青竹絲，就在枝葉間眈視著我們吐紅信……」〔註26〕
暑假一到，小孩子們趁著大人午睡，一起到竹林裡探險、尋撿竹籜。炙熱焚

〔註22〕謝霜天，〈摘瓜記〉，《抹不去的蒼翠》，頁69。

〔註23〕同上，頁71。

〔註24〕同上，頁73。

〔註25〕同上，頁73。

〔註26〕謝霜天，〈拾竹籜時節〉，原載於「中央副刊」，1979年8月7日，收入《霜天
　　　　小品》，頁96。

身的烈日，阻擋不了孩童們高昂的興致。她們繼續赤著足在山坡草地上跑跳，「讓綠色的草漿點染我們黑亮的腿。我們摘食酢醬草，尋覓金銀花，還有蟬殼，還有竹筍龜。〔註 27〕」謝霜天在山林探險、尋覓的童年，在記憶中猶如晶瑩剔透的翠玉，雖非光彩奪目，但永遠溫潤純美。

這片廣袤山林，是謝霜天姊妹和玩伴童年的無限寬廣的「秘密基地」。Clare Cooper Marcus 認為，童年的秘密基地，是探索周遭環境、認知世界之形成的起始點，從童年早期開始探索自己所佔據的空間，探尋著圍繞周遭「事物」本質，佔據一個特殊地點：「我們挖掘土壤、攀折樹枝、撿拾落葉、觀察昆蟲、爬樹，並在沙地上創造河流的體系。」〔註 28〕這類活動不分文化、社會脈絡與性別，幾乎是全人類童年時代的通則，也會在長大成人後的生活裡，成為強烈而懷舊的回憶。

而在風狂雨驟的颱風夜，謝霜天想起童年在芎蕉灣的老家，颱風侵襲的日子，在她和兄姊眼中，卻是無比的快樂和有趣。老房子在凌厲的強風肆虐下，瓦片鬆動、牆根進水，「我們這些孩子可有得忙了，見屋頂滲漏，便端盆搬鍋接水。大小容器發出的響聲不同，音階有別，叮叮咚咚的，像煞一場音樂演奏會。牆角淌水了，瞧那浮動的木屐，宛似江上行舟，多麼新鮮好玩！〔註 29〕」待颱風過後，還有兩件趣事可做：第一件，是提著竹藍和母親、姊姊到果園撿拾讓颱風打下來的水果；第二件是到下屋看大水：

> 風尾還在呼呼吹著呢，我們便多披衣裳，圍塊擋雨的塑膠布，沿泥濘山路走下一段陡坡，在離伯公祠不遠的鵝卵石階坐下來，觀看氾濫的後龍溪咆哮於咫尺處。想不到一向斯文纖秀，美如藍緞帶的溪流，一夜間會變得如此粗獷、兇猛。只見無涯無際的黃色濁浪，漫天湧至……〔註 30〕

看到如此浩瀚、壯闊的場面，小孩滿是新奇與激動；但村裡的大人們，卻是無比欷歔，田地慘遭大水淹沒，原本覆滿鵝卵石的河床，和一塊塊綠洲般的稻田，已消失眼前。但孩子們仍在大人撐著天的安全感下，繼續無憂無慮的

〔註 27〕謝霜天，〈有山如浪〉，原載於「中央副刊」，1970 年 4 月 12 日，收入《綠樹》，頁 177。

〔註 28〕Clare Cooper Marcus 著，徐詩思譯，《家屋，自我的一面鏡子》，頁 37。

〔註 29〕謝霜天，〈風雨聲中〉，原載於「中央副刊」，1976 年 9 月 12 日，收入《抹不去的蒼翠》，頁 178。

〔註 30〕同上，頁 179。

童年生活。

　　離鄉後蝸居都市的謝霜天，和外子重回家鄉的上塘岸，兩人並坐在一塊昔爲廢井闌的水泥地上，「右岸有兩棵特別高大的楊樹，上揚的濃密枝條遮住我們頭頂的八月藍空，也擋阻了略已西斜的午後陽光。我們浸沉在一片透明的瑩碧中，漸漸漸漸祛除了渾身的暑熱。〔註31〕」外子聊起他童年在中國的趣事——他年少時已走遍半個中國，在小他許多的台籍客家妻子謝霜天面前，總有說不完的曲折經歷和新奇故事；口中的家鄉故園，是富庶的魚米之鄉，有著鮮嫩的藕、肥美的魚，但那份有家歸不得，對親人、家鄉故園的繫念之情，卻是私密且獨自擁有的心事。

　　謝霜天在周錦聊不盡的中國山川往事中，勾勒著對「祖國」的美好想像；但眼前這池自小熟悉的塘水，比起長江大河，卻更顯清晰可人：「壓塘的半壁清蔭，將愛玉冰色的池水染成了一片沁涼的黃綠。而陳年青苔泌出的汁液，更在黃綠之上游離幾圈純綠的弧影。〔註32〕」謝霜天陪著外子來到上塘岸釣魚，其實是爲了重回舊時家園，回憶戲水玩樂的童年時光：

> 兒時，在這上塘岸，我曾經跟隨母親學洗衣裳，將她槌碎後起了泡
> 沫的「木浪子」裹在衣服裏搓洗；也曾和玩伴們一起，在依坡豎起
> 的竹架上，摘食酸澀的青葡萄；右邊堤岸的南洋橄欖樹畔，恆久地
> 印著我們姊妹相依相偎，談天、遊戲的身影；冬季木落池乾，我們
> 曾取成塊的龜裂塘土做爲辦家家酒的玩具；春天酢醬草連片生長，
> 又引得我們常到池邊留連，拔那連莖的葉子來當做野食……。〔註33〕

如今浣衣石不見了，母親也不在人世，玩伴也已星散；眼前池岸邊，佈滿兒時熟識的野草，「結著紫黑小果的火炭母草攀緣在井闌前，粗服亂頭的臭杏衍生在石隙間，白花點點的滿天星伏臥在濕地上，豬母乳草更是蔓生了一地，當然還有兒時喜愛的酢醬草，此刻正是紫花秀挺的時候。〔註34〕」回顧鄉間的童年生活，青綠植物是那片景觀中，不可或缺的一部份——有滋養我們的樹木、富裕我們果樹的灌木叢、被我們當成兄弟姐妹的小花野草。即是人事已非，兒時的植物卻仍舊年年依時序回返，對人類的過去來往無動於衷。

〔註31〕謝霜天，〈一池閒靜〉，原載於「中央副刊」，1976 年 10 月 12 日，收入《抹不去的蒼翠》，頁 191。
〔註32〕同上，頁 192。
〔註33〕同上，頁 193。
〔註34〕同上。

〈手足〉之於劉靜娟的童年記憶，補白了空缺心靈，讓兒時記憶成爲一道綿綿長岸，讓飄泊心靈得以停泊。在兒時困逆的日子裡，劉靜娟家七個兄弟姊妹同在一個屋簷下互相依恃，童年歲月熱鬧、溫馨。「上天使我們有共同的父母，共同的家，有共同的童年，共同的少年；現在有了共同的悲哀，我們無需互相安慰，都在一起便是安慰。〔註35〕」當走上各自生活軌道而疏遠的手足，因父親驟逝再度團聚，濃稠的手足親情，也在此刻由心靈深處浮現；彼此沒有相互安慰，只是絮叨著欷噓的歲月，默默相對。靜默中，劉靜娟走進時光隧道，憶起兒時的陳年舊事：「我很用心地撿拾回憶的麥穗。我想起了父親買給我的一件藍色雨衣。我想起七歲那年父親騎腳踏車載我去拔牙。我也想起在『非常時』，母親親手做給我們吃的『糖昌』。糖昌是白色的，拉得長長的，放在乾淨的板上，媽媽用剪刀剪成兩寸一節一節的。〔註36〕」不同於謝霜天以景抒情，劉靜娟總是善感地直抒胸臆，表達出手足間，難以言喻，卻天長地久的微妙情感。

季季以小說寄託人生際遇，在散文中以物託喻，自剖敏感波盪的內心世界。〈風景〉一文，透過書桌上圖片和照片的風景，娓娓道出隱伏其後的生命風景，而她多愁善感的童年，也隱身篇中，留下過濾後的淺淺印象，但構不成清晰的輪廓或景象。靜觀那頁童年風景，她想起「幼時我會爲一片落葉哭泣，因爲它『落下』，它『死了』。我也常望著門前小溝的流水發呆，因爲它『流走了』，它『永不回頭』。我收藏破爛的衣服、鞋子、玩具，直至母親把它們丟棄。……〔註37〕」書桌上攤開的生命風景中，她最鍾愛的，是一張充滿感傷的照片——那是她和早夭的大弟唯一合照：「那時我大概是三歲，大弟一歲。因爲我是母親的第一個孩子，幼時她很愛打扮我……那時我留著劉海，頭上還戴了寶藍色呢帽；帽沿還綴著一朵小花。我大弟穿著類似海軍裝的衣服，手上抓著我母親出門帶的一隻米色的麻布提袋。」照片裡大弟張開嘴，笑得很樂，季季卻沒有一絲笑容；很小就得急性腸胃炎早夭的大弟，卻在季季珍愛的舊照中永生不死，永遠保持著開心微笑的快樂模樣；這對受父母親人寵愛的幸福姊弟，相依地坐在季季的童年回憶裡。

〔註35〕劉靜娟，〈手足〉，《眼眸深處》，頁80。

〔註36〕同上。

〔註37〕季季，〈風景〉，原載於「聯合副刊」，1976年6月28日，收入《夜歌》，頁148。

　　季季也在拆解一件黃格子洋裝的過程中，細索地聯想起這件舊衣第一代早已停擺的童年。黃格子洋裝的第一代童年，處於純粹的農業社會，是季季在永定度過的遙遠童年。季季的兒時足跡，僅及鄉村一隅，對外面廣闊世界的認知，多得自國語日報、小學生月刊、學友或東方少年月刊，以及父親的介紹。偶而走出永定村落，就是到西螺外婆家，或隨父親到西螺看電影。「西螺」對她而言，只是一個刻板的地理名詞，沒有任何新鮮感。1953 年西螺大橋落成，原可以帶給季季難得的驚喜，卻也落得敗興而歸：「老師說西螺大橋是遠東第一大橋，落成時好像陳誠副總統要來剪綵，所以心裏想不但可以看到第一大橋，還可以看到副總統。那時雖只是小學一年級，卻已知道『副總統』三個字是非常威嚴而偉大的象徵。……根本擠不到橋頭去，也根本就沒看橋或副總統的樣子。〔註 38〕」最後被一枝甜甜的棉花糖哄回去，但至少這枝棉花糖是唯一的真實。

　　季季在永定鄉下成長的童年，是與現代文明娛樂隔絕的質樸歲月。孩童們玩的就是捉迷藏、踢毽子和跳繩，「大清早拿著玻璃瓶去收集露水（有一個時期我們相信吃露水是可以長生不老的），黃昏時去河邊草叢裏找野草莓，或者養幾盒蠶，比賽誰的肥大先吐絲結繭，或者到同學家的後院爬爬楊桃樹。〔註 39〕」那是與自然緊密結合的完美童年，也是戰後第一代台籍女性散文作家共通的童年經驗。

　　當這件季季兒時的舊衣，被母親重新裁製成兩件嬰兒服時，季季不禁感嘆，舊衣的第二代童年，將失去第一代童年的美好大自然，只能在文明的電視、百貨公司、動物園和兒童樂園中，尋求物質的形式快樂。

　　在季季較深刻的童年記憶中，還有四、五歲時和末嬸婆太共渡的無數個冬季。末叔公太和末嬸婆太這對老夫妻，是幼年季季的固定玩伴；冬天的早上，他們三人常常擠坐在門墩上，靜靜地曬太陽取暖，「我常常越過對面的屋脊看到那棵老芒果樹光禿禿的枝椏，張牙舞爪的貼著灰白的天空。刺竹叢的頂端在風裏搖曳著，總有幾隻飛鳥在那裏閒閒的來去。〔註 40〕」末嬸婆太是個極愛乾淨的人，單日梳頭，雙日洗腳。年幼季季幫她梳頭時，「站在她的身後。她穿著黑衣，披著銀髮，那黑白分明的色澤，自有它的莊嚴意味……

〔註38〕季季，〈舊衣的聯想〉，《夜歌》，頁 68。
〔註39〕同上，頁 79。
〔註40〕季季，〈末嬸婆太的白馬王國〉，《攝氏 20～25》，頁 63～64。

〔註41〕」心中滿是感動和敬重——那是和歲月並肩走過漫長路程的勇氣和辛酸。在幫末嬸婆太洗小腳的日子，讓她清楚分辨舊式婦女和新式婦女。解開裹腳布，是一雙慘白無血色的小腳，那是她生命中見到的第一雙，也是最後一雙小腳，一雙早已被「綁死」的腳。

心岱的灰色童年，缺乏一般人兒時記憶中的溫馨與慈愛，只有祖母不斷數落的清冷日子，以及思念母親的孤獨與寂寞，完全沒有童稚的天真與歡樂。每當祖母在父親面前數落她愛畫圖的事，引起大人的衝突時，她總會渴望從母親身上得到安全感和庇護，在凌亂而破碎的印象中，極力想捕捉住母親的影子。對母愛的需求無法得到滿足，童年的心岱，顯得落落寡歡與無限自卑，只有拿起紙筆畫畫，才能讓心中的孤寂稍獲紓解。自從一艘大船駛進心岱的夢境後，那巍峨壯麗的明晰影像，絆連著母親在腦中縈迴不去，讓她不由自主的畫出一張又一張的大船：

> 彷彿我看見自己的大船載著母親歸來，它停立在海中央，叫我可望不可及……我抓起紅顏色的蠟筆，船上的帆、桅開始，燒起來了，它們裂了、斷了，紛紛掉在舯板上，圓大的煙囪一聲爆炸，火焰頓時熾烈起來，劈啪劈啪，沒幾分鐘，整條船淪入火海中……〔註42〕

在畫中，鮮豔奪目的火光燒掉夢中的大船，心岱釋放了對祖母的不滿，抑鬱的心得到異樣滿足。而祖母去世後，心岱回到日夜企盼的母親身邊，對母親的感情懷卻是矛盾又複雜。她為母親被祖母攆出家門的悲慘遭遇，傷心落淚，卻又無法原諒母親的遺棄。對母親懷著愛恨糾葛，直到自己為人母後，方真正領悟到從祖母、母親到自己三代間，連繫、延續著女人的「母愛」天性。

我們在丘秀芷、季季等幾位台籍女作家的散文中，看見她們在台灣泥土地上打滾的童年，發現她們經歷童年純真的天高地闊，已將靈魂種籽，播撒在創作的潛意識中。隨著長大成人、接受教育，在世間力爭上游，那顆種籽常被遺忘；但這萌發生長自童年歲月的靈魂種籽，始終靜悄悄的潛藏在意識層下方；待時機成熟、創作靈感觸發，它便在不知不覺中，自然地滲入意識、躍入文本。不論是亮麗繽紛、融入大自然的綠色童年，或是孤獨寂寞的晦黯童年，皆如影隨形地影響著女作家們對生命價值的判斷，也浸染了她們揮灑在散文作品中的筆觸與色調。

〔註41〕 季季，〈末嬸婆太的白馬王國〉，《攝氏 20～25》，頁 64。
〔註42〕 心岱，〈大船〉，《春天來時》，頁 94。

第二節　思鄉地圖

　　「思鄉」是一種含有地理成分的心理狀態，在台灣社會急促現代化、迅速變遷且集體不安的七〇年代，人心必須歸屬於某處——讓「思鄉」的心靈有所歸依，無疑是普遍現代化的良方解藥。七〇年代的台籍女作家們，多已被都市的水泥、柏油和車水馬龍所包圍，記憶中故鄉的田野山林，乃幻化為一幅幅美麗的烏托邦景象。若「家鄉」是作家創作生命的源頭，「思鄉」、書寫「家鄉」便是尋找生命依歸的歷程。

　　而「思鄉」來自對「家鄉」的認同與歸屬感，人文地理學家 Mike Crang 曾說：「人類的地方經驗，內在於一個地方，就是歸屬並認同它，你越深入內在，地方認同感就越強烈。〔註43〕」他並認為，地方與人的活動、社會關係以及共同記憶有著密切關係，「地方是由在特定地點會遇，並交織在一起的社會關係之特殊組合而成。地方常被視為集體記憶的所在，透過連結一群人與過往的記憶建構來創造認同的場址。〔註44〕」完整而深刻的地方認同，是產生地方概念的根基，也是歸屬於某個地方的重要特徵，亦即人對家鄉的歸屬感與情感寄託。

　　歷經家屋幾度遷移的丘秀芷，總會對前一個家鄉，產生一段時期的「思鄉病」。升六年級時，從台北遷居台中，陌生的老師、同學，和台北絕然不同的新環境，對台北那些她所活躍過的鐵道、淡水河、植物園、學校合唱團，甚至蛇店和電影院，產生濃濃的「思台北病」：「到臺中，患了嚴重思鄉症。淡水河、植物園、玩伴、鄰居、知了、落葉，無一不令我魂牽夢縈。〔註45〕」連走到台北橋那一路又累又渴的心情，都想重溫一遍。

　　台北曾是她朝思暮想的「故鄉」；但一別十年後，台北嚴重都市化後的景象，讓她不禁懷疑：「台北是我的故鄉嗎？」，「淡水河畔，陣陣『異香』；城中陸橋上，人頭連連。高樓櫛比，車輛銜接；孩童阻街塞道；噪音喧天震地。野花青草已難覓，幾棵寶貝樹，泥枝塵葉，沒有絲毫綠意。〔註46〕」失去兒時烏托邦的故鄉，丘秀芷無奈憂傷的感嘆：「我的故鄉在哪裡？」腦海中殘留的美景，今昔對照下，連思鄉夢都破碎了。就像燕子找不到舊屋老巢，懂得

〔註43〕Mike Crang 著，王志弘等譯，《文化地理學》，頁74。

〔註44〕同上，頁101。

〔註45〕丘秀芷，〈髫齡舊夢〉，《綠野寂寥》，頁9。

〔註46〕同上，頁11。

去尋找更合適的地方；懷念老台北既已逝去，就去尋找另一片綠樹如蔭、泥土芬芳的家鄉夢土。但小學五年級前，在台北成長的童年歷程和兒時景致，仍是記憶中鮮明活跳、永不歇止的影像。

　　苗栗後龍溪畔的芎蕉灣，沿溪彎折而北──有一處舊時代的山中小村落，是謝霜天心神馳想的家鄉樂土。這裡曾是居住著二、三十戶人家的客家農莊，過著簡樸清淨、與世無爭的農村生活，那是謝霜天心目中最好的生活方式。而家鄉依傍的那座蕉山，更是謝霜天生命深紮的鄉愁根源；蕉山不僅是座堅忍厚實的青山，更是引發鄉愁的象徵。「我常愛坐在門前石階上，敬畏地眺望環峙我家的群山，幻想著山中的奇花異草，和那小小屋宇裏的一些神妙故事。而山外又有山，重巒疊嶂，看不見盡頭，我的思維便在那兒盤旋復盤旋，綴繞成一個令我嚮慕的縹緲世界……〔註47〕」蕉山下的山居歲月，直接與大自然接觸，謝霜天有著一份山居著的自尊與自足，對山的崇敬與愛戀也是由此萌生。

　　每當被都市生活的煩躁緊繃，逼得透不過氣時，謝霜天便會踏上返鄉之途，回到芎蕉灣的故鄉，重拾山林美景：

> 來到舊居旁邊的一處山岡土，豁朗的晴空披我以明麗的晨暉，起伏的坡地迎我以豐美的春草，雜色野花束一群、西一簇地散佈在腳畔，紫的輕柔如煙，白的鮮潔如玉，黃的明亮如星子，……它們不時獻我以盈盈的舞姿。長風拂過河岸的田疇，捎來禾秧的氣息和透明的綠意，把這一片朝陽山丘調和成了一盅清涼的薄荷酒，沁人而醉人！
> 〔註48〕

她也會和姐姐帶著孩子們，上山去尋訪兒時穿梭嬉戲的足跡。「沿著故園後面彎曲如帶的牛車路，悠閒地走過去。珠玉落盤也似的鳥鳴，甜潤地輕扣我們的心扉；與流雲鬥法的朝陽，時藏時露，一會兒罩我們一片灰暗的色彩；一會兒披我們一身橫斜的樹影。〔註49〕」順著作者優美的文字敘述，我們同她一起走上蜿蜒的牛車路，沿途聽著清脆悅耳的鳥鳴，陽光若隱若現，忽明忽暗；謝霜天總能以婉轉、典雅且精確的修辭，寫出置身美景的各種知覺感受，大自然的聲、光、色在她筆下相互映襯，在散文中交織出生動的迷人風情。

〔註47〕謝霜天，〈有山如浪〉，《綠樹》，頁178。
〔註48〕謝霜天，〈屬於鄉土的〉，《無聲之聲》，頁159。
〔註49〕謝霜天，〈返鄉行〉，原載於「新生副刊」，1974年2月23日，收入《心畫》，頁139。

　　重返故園，暮春晨光如昔，山岡起伏依舊，大地花草一樣生氣蓬勃；但老家屋舍、屋後乘涼的竹林、趕鵝下水的池塘、撿拾蝸牛的菜園，和種植花生的梯田──茅蕉灣山中的小小村落，那處幽深隱密的天地，被人工巨斧所鑿開，瀝青柏油的高速公路，從河谷盡頭直驅而來──而今只剩切穿成兩邊的零星山地。站在山阜上眺望老家，依然一片新綠；但走近老屋，空屋頹壁完全失去昔日的光彩與容顏，謝霜天佇立屋前，「一幅幅色調古樸的油彩畫，在我眼前流轉著；神寵上高燒的一對紅燭，迸射著奶黃色的光暈，照見了父親曳地的深藍長袍，他領著家人，虔敬地拈香默禱新歲平安。〔註50〕」這向陽背山的老宅院中，映現著一幕幕家人相聚的山居歲月，曾經真實不過的畫面，而今只落得滿懷惆悵與哀思；謝霜天只能在每次返鄉的有限時光中，一而再地重回茅蕉灣山上，探尋逝去的舊日蹤跡。

　　在途中鬆軟的泥土小徑上，謝霜天拾起一顆圓扁石，凝視這顆產自故鄉泥土的石頭，她聯想起散佚往事，以及那些踩踏在這片泥土上，已被時光吹化的往日足跡。也許足下盡是兒時曾走過、踩過的泥土、石塊，於是她彎著腰、懷著虔敬的心，拾起一顆顆不同色彩的小石頭，「有時蹲在地上，有時半跪，遇到斜度較大的坡時，我的膝還得抵住地面，身體匍匐著。〔註51〕」她感覺到自己的軀體，正一寸寸、一步步貼近地面，俯吻著家鄉的土地，呼吸著泥土芳香的氣息，此刻她真正擁抱了年少時曾走過、躺過、翻滾過的家鄉親土。撿回滿口袋的石頭，讓它們一路喔啷作響，響著朝暮思戀的鄉音、山谷的蟄音。

　　家鄉的那片河岸，也是謝霜天「思鄉地圖」中，常懷念的地貌。「河水分做好幾道，遠處呈現藍色，近處卻是碧綠的。媽每次洗衣服的位置固定在靠一面岩壁的地方。岩壁帶著陰沉的灰藍，露出斑斑的白點，在初昇的晨曦中閃著眩人的光。〔註52〕」母親在洗衣石上浣衣，年幼的謝霜天泡進水裡捉魚蝦；兒時靦腆怕生的她，家裡客人一多，她便獨自走到河岸，坐在水中的大石頭上發呆，看著河水從四周流盪而去。到了冬季，是河道乾涸期，河岸變身為村人曝晒各種菜乾的最佳場地。母親也曾在河岸尾端找了一塊空地，種

〔註50〕謝霜天，〈再回故園〉，原載於「中央副刊」，1970年6月12日，收入《綠樹》，頁190。

〔註51〕謝霜天，〈屬於鄉土的〉，《無聲之聲》，頁165。

〔註52〕謝霜天，〈河岸上的足跡〉，原載於「新生副刊」，1972年6月19日，收入《綠樹》，頁170。

了兩園圃的花生，謝霜天姊妹幫忙採收花生時，最歡喜見到家人挑著午飯，自河岸走來的身影。這片河岸印刻了她成長的痕跡，承載過無數她與家人的歡樂笑聲與辛勤汗水。綠色的故園、陡峭蜿蜒的山路，以及彎曲多折的河岸，在謝霜天的記憶中，連成一道綿長的歸鄉之路。

七○年代的謝霜天，對祖先所來自的中原原鄉、遙遠祖國，存有一份渺渺的嚮往和孺慕之情──「打從小時候起，便由父親口中知道我的祖先來自大陸中原，清朝乾隆年間才由廣東渡海來臺……。我用孩童的幻想，一次又一次地為那遼闊的國土編織美麗的夢境。〔註53〕」父親自小對子孫的叮囑，在她幼小心靈，烙下深切的刻痕，讓她相信，自己身上奔流著黃帝胄裔的純正中原血統，秀麗中國才是文化的根源、血液的原鄉。謝霜天循著父親生前耗盡心力編纂的「鎮平謝氏族譜」，在綿延不盡的血脈長河中，追古溯源。同屬苗栗客家族裔的研究者劉維瑛認為，客家莊濃重的種種特質，是謝霜天故鄉觀想中，如影隨形的重要元素，其散文作品對原鄉的追尋，不同於李昂、蔡淑芬等女性小說的強烈辯證風格，而是近乎靜觀凝望的基調，模刻出台灣客家的閒情與雜感，型塑出地理台灣與文化中國〔註54〕。

在〈海濱掛紙〉一文中，謝霜天與謝氏宗族，走上通往開台先祖祖墳的尋根之途，「我們所走的仄徑，就是一條尋根的道路，一彎無形的河床……就會湧來一陣悵惘的鄉思。〔註55〕」芎蕉灣是先祖開台的發源地，但後代將開台第一代祖的祖墳遷至西部海濱──白沙墩，讓祖墳朝向中國，與中原故鄉遙遙相望，以示不忘祖國故土。文中以邈遠祖國作為血緣、情感與文化的認同對象，除了延續父祖的客家中原意識，也是從七○年代出發的謝霜天，回應那個時代氛圍的實踐方式。謝霜天對正統漢人血統與大中國意識的認同，也代表了整個受中國化政治、教育和文化政策集體催眠的世代思維。

劉靜娟以「火山熔岩」形容都市裏的鋼筋水泥、噪音和污染──一路流淌，淹沒鄉村，也淹沒了素樸歲月的寧謐。因此，住到台北後，她仍常回南投鄉下老家探親。家鄉有著童年美麗有趣的回憶，有徐徐晨風、竹葉呢喃和

〔註53〕謝霜天，〈心中的問號〉，原載於「中央副刊」，1974年2月28日，收入《心畫》，頁142。

〔註54〕詳見劉維瑛，〈凝止的瞭望──論謝霜天散文中的空間語境〉，收入《第三屆苗栗縣文學‧靈山秀水‧研討會論文集》（苗栗：苗栗縣文化局，2005年），頁43。

〔註55〕謝霜天，〈海濱掛紙〉，《熒熒燈火中》，頁57。

小河低吟，還有她對可愛老祖父的孺慕之情；祖父在她心中，就如同「土地」般——平凡，但令人心安、繫念。回到鄉下老家，她總會從屋簷下望去，「越過一片稻田，是一條兩旁種著椰樹和檳榔樹的柏油路。雨後，那條路顯得容光煥發。我強烈地感覺到那條路在呼喚我，以一種柔情的聲音在呼喚我的二十歲。〔註56〕」她迷戀林中的路，愛那些椰樹和檳榔樹，也愛空氣中那股沁涼的氣息。每每由家鄉回到台北，劉靜娟也帶回了鄉村印象和充滿「土」氣的濃濃情感，留在都市煩囂中靜靜重溫。

「看啊！火車！」「火車載走的豈止是歲月。」——劉靜娟以「看啊！火車！」的驚呼，開啟〈火車載走的〉鋪敘之始，我們彷彿看見與聽見火車遠遠駛來，但隨著列車漸漸遠逸……目送火車迤邐而去，只留下最後一句「火車載走的豈止是歲月。」對劉靜娟來說，「生命如列車」載走了年輕歲月之外，也載走六年搭火車通學，往來學校與家鄉間長長的記憶，更載走了沿途蔥綠的鄉間田野景致。

「車子駛出車站，駛入風景裏，我們的心境總是更開朗。對著田壟上、小溪邊的大人孩子和牛揮手……頭伸出窗外唱歌，讓風把歌聲飄得遠遠的。〔註57〕」窗外日出日落、一大片稻田中獨立的紅磚屋或竹籬茅舍，都是劉靜娟在火車上看了六年仍不厭煩的風景。「我愛看農人收割，一大片黃橙橙的稻穗，真像梵谷筆下的畫。打稻的嗡嗡聲和在田裏奔跑的小孩，使田野變得熱鬧非凡。」每天清早，在火車上看到的，盡是滿眼青綠，從眼前的綠看到遠方那頭看不見的綠。歲月也在火車上慢慢遠逝，台北與家鄉間，有了便捷的高速公路，劉靜娟也很少搭火車回鄉了——為了心中一份隱隱的恐慌——即使搭上台灣縱貫線火車返鄉，窗外二十年前那片綠油油、極亮眼的綠，已在火車呼嘯而過的歲月更迭間，褪逝無蹤。

白慈飄在十一歲小學剛畢業的年紀，便負笈到城市就讀初中。離鄉前夕的月光下，她倚著一棵不知何時禿的樹，初識了離愁與鄉愁：「只有樹端留著稀疏的細枝和葉子，然而那些粗枝顯得更蒼勁，更有力了，像一隻隻的手伸向天空，延伸下來的渾厚樹影有著悲壯的意味，一時我的淚水竟滴下來了，倚著樹幹，心底充塞的是無限的依依之情。〔註58〕」而離別初夜，在異鄉黑

〔註56〕劉靜娟，〈「熔岩」之外〉，《心底有根絃》，頁153。
〔註57〕劉靜娟，〈火車載走的〉，《眼眸深處》，頁155。
〔註58〕白慈飄，〈樹的故事〉，《慈心集》，頁8。

夜中響起的火車聲,曾讓她的淚水如江河洩下;思鄉的淚漸漸乾涸,家鄉也已日遠,僅成為記憶的一部分,一個曾經停留過的地方。在外地求學的日子裡,白慈飄最常懷想的是,家鄉綠樹下,被濃密綠意保護的幸福時光;持續在外飄泊的無限鄉愁,唯有回到家鄉那兩排綿延大樹所構築的世外桃源,方能擁有真正的平靜與安定。她也曾在其他散文中,提及:「旅行的最大好處在於讓我們認識家鄉的可愛。〔註59〕」漂流在外才感受到家鄉在生命中的意義,當她停泊在另一個暫時歇腳的城市,才發現自己深深懷念家鄉的純樸、寧靜與親切,思念父母的關切與愛護。

季季年少時,便充滿熱情與理想離開家鄉到台北尋夢,沒有失落沒有徬徨,也不勉強說愁,只有一份懷念嘉南大平原老家的鄉愁。在北淡線火車〈丟丟銅仔的旅程〉上,看見石牌與北投間的大片原野景致,聯想起記憶中的家鄉——觸目所及,皆是金色稻田,收割時節,則充滿農忙的吆喝和喧嘩笑語;在〈山中燈火〉也提及位處雲嘉南平原上的家鄉,「我的家鄉在一個大平原裏;是有名的稻米、蔬菜、水果的產地,看不見一座山或一座小丘陵。〔註60〕」這片田園沃土,在年少初到台北定居的季季心中,曾是既濃又純稚的鄉愁根源。

「在實際的生活裏,人底生命雖是在一日日的向前走去,然而每一個生命的昨日都不是人能揮刀砍去的:可能看似無形、卻是一回顧已成永恆。新路和舊路本是緊密相連;沒有距離、也永遠不會消失。〔註61〕」季季認為,在厚實的生命裡,往前走向未來是長遠、明亮的光,回頭看昨日過往則是一道溫暖的光。「回顧」對季季而言,是必須的。因此,她離開家鄉到台北後,每年仍要返鄉數次,回到唸中學的小鎮,看看老同學、到昔日看免費雜誌的書店逛逛;或只是漫無目的在街上流連閒逛,看看這舊市鎮的面貌是否改變。在散文中,季季與家鄉人事緊緊相連的情感,往往寄託於令她記憶深刻的人物,如〈鄉下老婦〉、〈一個雞胸的人〉的村中長輩和雞胸的擦鞋人。

〈鄉下老婦〉記敘了她在西螺等候客運返鄉時,與家鄉老婦的一段偶遇;文中,季季筆下的鏡頭,由近處——對面椅子上,幾位在鎮上買了新花布後欣喜閒聊的中年婦女,並聚焦於「符合她們生活背景和生活內容」的新花布

〔註59〕白慈飄,〈過客〉,《乘著樂聲的翅膀》,頁65。
〔註60〕季季,〈山中燈火〉,原載於「聯合副刊」,1977年1月3日,收入《攝氏20~25》,頁140。
〔註61〕季季,〈一個雞胸的人〉,《夜歌》,頁95。

上：「翠綠的底子，伸著長長的粉紅色荷花，花瓣卻又是暗紅色的。或者土黃的底子，爬滿粗大的暗綠色長春藤葉子……。〔註62〕」婦人們熱絡的談話，和她們買的鹹魚、鐵絲、麵線、魚丸、蝦米……等大包小包的東西，皆是故鄉小鎮習見的人與物，看在離鄉後久居都市的季季眼裡，似不相干卻又如此熟悉。而後，將鏡頭轉向微彎著背的老婦，季季採取小說技法，藉由生動的對話與動作摩寫，細膩的刻畫出老婦衰老的病體、瘖啞的嗓音，並在言談中，找到記憶中，與之疊合且熟悉的永定村人臉孔——同學金順的阿嬤，一位親人盡離，獨留永定厝老家的老婦。

　　在兩人問答對話中，季季想起小學同學，以及雲林二崙鄉永定村熟悉親切的人事過往；更在老婦泣訴人事已非的哀傷中，驚覺自己竟和家鄉越離越遠——

> 我不安的坐著，從來不曾有的一種感覺，剎時襲上心來：我和家鄉越離越遠了；連阿才伯過世了都不知道！阿才伯在村頭車站附近開了一家簡陋的店舖，賣鹽、青菜和郵票。從鎮上來的郵差，每天都到阿才伯的店裏取信、送信。那爿店是我們村裏的人和外面更廣闊的世界以及遠在異鄉的親友溝通消息的起落點……〔註63〕

季季靜靜聆聽老婦失去老伴的辛酸，以篇幅極長的段落，寫出老婦綿綿絮絮的幽長口吻，追述著阿才伯中風到臨終的一切，話語中插入的對話，讓當時情景如現眼前。老婦傾吐著鬱積心中的怨愁，淚水與哀傷也感染了季季——繼續傾聽老婦一家人的際遇和近況，聽著她的子女們成離鄉成家立業後，棄老婦獨自在家鄉挨過一個個晚景淒涼的年歲。即使其他親族要接老婦同住，她卻拋不下在永定厝老家與阿財伯牽手走過的五十多個寒暑，寧可留在老家睹物思人，拖完生命所剩無幾的時日：「我還是回到永定厝最好。我倆在那紅木床同睡了五十多年，我躺在那床上，心裏就自在些……。我最愛躺在紅木床上想妳阿才伯。〔註64〕」季季在和老婦的對談中，重新連繫起自己與家鄉永定厝的記憶與情感；在老婦對先夫的無盡思念中，見證了最撼動心靈的真情摯愛；隨著農村青年大量外移都市，她也在老婦喪偶且無子女相伴的孤獨

〔註62〕季季，〈鄉下婦人〉，原載於「中華副刊」，1974年6月19日，收入《夜歌》，頁42。

〔註63〕同上，頁45。

〔註64〕季季，〈鄉下婦人〉，《夜歌》，頁52。

殘年中，看見更多家鄉老村人的淒涼身影。

十八歲來到台北，心岱在台北渡過人生的黃金歲月。她的青春戀夢、文學憧憬，以及生命中最美好與幸福的時刻，都發生在這個城市，這裡是她成年後的真正歸宿；不同於同世代台籍女作家之嚮往山林野趣，心岱更愛都市生活，享受都市的擁擠街道，享受都市的樂趣，台北的繁榮和噪音顯得可愛而親切。她十四歲便離開故鄉鹿港小鎮，對鹿港小鎮並無特別依戀之情，但老家和母親，以及故鄉小鎮的點滴回憶，仍令心岱歸心似箭；而回到故鄉，卻又覺被沈悶與痛苦所逼迫，對鄉下小鎮的閒散空氣感到鄙厭——「枯燥和單調腐蝕著我的肺、我感到窒息，感到思想都變成空白了……〔註65〕」她形容對故鄉的情感，猶如「一件過時的結婚禮服」，不會再穿它，卻又捨不得丟棄；其兒時夢境，也表露了心岱對家鄉如歷眼前卻又遙不可及、如真似幻的特殊感情——「蔽天的鳳凰木棲息著神祕鳥，這是兒時就做的夢，我抬頭仰望它，感覺著它對我招展一種母性的、家鄉的標誌〔註66〕」。心岱與家鄉連繫的情感，源自母性天然；因此，〈南歸〉〔註67〕是她懷孕後第一次遠行，帶著腹中胎兒，懷著與故鄉間母性的牽繫，回到故鄉濱海的小鎮，想讓未出世的小生，在鹹鹹的海風中，感受連繫著母親與故鄉間，那條切不斷的生命臍帶。

「或許海原本就深藏在我體內，當我想起壯闊如海的你，一種相思便在我心中復活，我回憶那終年刮吹著海風的故鄉，那飲著含鹹的井水長大的蒼白女孩……〔註68〕」當時還是小女孩的心岱，並不知道居處的鹿港小鎮附近有海，直到聽母親述說，她曾經一度成為蚵田人家養女的悽慘遭遇，讓她帶著悲傷與淚水，獨自闖到海邊，更涉走過長長沙灘，涉水到養殖牡蠣的海中，痛哭、驚慌、恐懼。這些深藏內心底層的久遠記憶，讓她愛戀大海，卻又不敢太過親近；造成她依賴著城市的喧嘩，對故鄉，始終懷抱覷覻、羞赧，甚至一股害怕被拋棄的恐懼。

咀嚼家鄉留在「味蕾」的記憶，也是思鄉的一種路徑。丘秀芷在〈故鄉風物舊時情〉中〔註69〕，從炒蜆肉、炒田螺和蝸巴的味覺記憶中，回味鄉土

〔註65〕心岱，〈故事〉，《萱草集》，頁109。
〔註66〕心岱，〈海鄉〉，《致伊書簡》，頁45。
〔註67〕心岱，〈南歸〉，《萱草集》，頁3～4。
〔註68〕心岱，〈海鄉〉，《致伊書簡》，頁45。
〔註69〕丘秀芷，〈故鄉風物舊時情〉，原載於「中華副刊」，1977年1月6日，收入《驀然回首》，頁49～52。

的芳香。三十年前水清溪淨的台北，農田也不施用化肥、農藥，乾淨的土地，極適合蜆與田螺這些淡水動物生長。要吃田螺，只要到田裡撿拾，一下子就滿滿一竹簍；炒田螺前，要先在清水中養一兩天，用針挑出螺肉燙煮後，加上紫蘇、辣椒或九層塔快炒後，便是一盤下酒拌飯的鄉野好菜。昔日淡水河邊，到處是蜆，只要用竹篩一撈，蜆變成斤成斤的進到篩中。丘秀芷童年時，在北門附近，每天一早就可以聽到婦人叫賣著：「拉仔肉！拉仔肉！」，「我有時拿個中碗，向母親要錢，跑出去。那婦人用竹篾編的杓子，舀上一杓，讓水瀝乾再倒到碗裏。〔註70〕」當天中午一家人就可以吃到新鮮的薑絲炒蜆肉了。後來大量在沼澤的'死水塘人工養殖蜆和田螺，在丘秀芷嚐來，只有濃濃的臭泥巴味，已失去三十年前的純淨風味。

以前人家用大灶和開口大鐵鍋煮「大鍋飯」時，鍋底會留下一層薄薄金黃色或帶鐵色的「鍋巴」，那口齒留香的香脆滋味，常讓丘秀芷回味無窮——「做母親的常在把飯鏟好了後，留一層鍋巴、灑一點點鹽，然後再鏟起來捏成一團鍋巴飯圓團，給孩子們吃。〔註71〕」在孩子們最肚饑的飯前時候，熱呼呼、又香又脆的鍋巴，自然格外香脆可口。「鍋巴」也讓她懷念起鍋大灶大的「大鍋飯」年代，「靠山邊的人當然燒柴和枯葉乾草，田邊的人燒稻草結子稻殼、蔗葉和木柴，都市裏則煤炭、木炭。飯燜熟了，才用鍋鏟把飯產到飯桶裏面。〔註72〕」當廚具和爐具現代化後，飯煮好直接端上桌，合金鍋底也不再有金黃的鍋巴，很難再嚐到開口鐵鍋鍋巴帶著淡淡焦香的滋味了。

深夜返鄉，謝霜天一家在苗栗車站前的客家小吃攤，嚐到久違但熟稔的家鄉味道：「一沒有肉，雪白的粄條配著翠綠的韭菜，真是一清二白。湯面上漂浮看少許褐色的佐料，像是油炸蔥頭之類的東西，濃香就是從那兒發出來的……〔註73〕」撲鼻的香氣，柔滑的粄條，讓她有了回到生於斯長於斯、足履鄉土的踏實感。也讓她憶起通勤唸中學的歲月，聞到當時車站前各式家鄉小吃的誘人氣味。當時在等帶南下列車回銅鑼的空檔，飢腸轆轆的謝霜天，

〔註70〕丘秀芷，〈故鄉風物舊時情〉，原載於「中華副刊」，1977年1月6日，收入《驀然回首》，頁49。

〔註71〕同上，頁52。

〔註72〕同上，頁51～52。

〔註73〕謝霜天，〈山城夜攤〉，原載於「中央副刊」，1976年9月12日，收入《抹不去的蒼翠》，頁185。

會找同學一起去小吃店解饞；零用錢不多，只能叫些餛飩、米粉、粄條和三角餃子，「記得那湯就是這樣清清的，上面泛著圈圈點點的油影，間雜著油炸香蔥、切細芹菜莖、銀鬚或薑香葉。吃的時候加撒一些胡椒粉，就覺得香辣而爽口。〔註74〕」這小段簡單卻生動的文字，讓尋常的客家小吃，色香味俱全地飄散出道地鄉土美味本色。

謝霜天散文中關於飲食的書寫並不多見，但總能充分表現客家鄉土美食的獨特風味。如〈熒熒燈火中〉憶及母親和大嫂烹調出的香淳「客家鹹湯圓」，以及她們醃製的鹹菜、酸菜、豇豆乾和霉乾菜；在〈吃醬冬瓜的日子〉一文中，則想起童年時的配飯佐料──「醬冬瓜」，那極度鹹和略微酸的滋味只能下飯，但加入肥肉和蒜瓣一起燉燜後，又成一道令她難忘的美食佳餚。

「思鄉」情愁，曾是丘秀芷搬離童年台北的「思台北病」，遷回都市化後的台北，卻又「思鄉」夢碎，失落了充滿兒時歡樂情趣的「故鄉台北」；謝霜天藉由回返故園的歸鄉旅程，洗滌置身都市塵囂的煩躁心靈，在尋根探源、慎終追遠的祭祖大典中，將鄉愁擲向遙遠的中國原鄉；都市化的水泥鋼筋「熔岩」熔蝕了綠色大地，劉靜娟必須重回南投家鄉，方能再次呼吸綠樹田野的自然清香；為文學理想離鄉背井的白慈飄，回到家鄉大樹綠蔭下，才能讓飄泊的心安定停駐；季季始終不忘心底的那份鄉愁，一次次的返鄉旅程，連結起一段段遺忘或缺漏的故鄉人事，但當人事皆非，與家鄉的距離也隨之日遠。心岱樂於享受台北的都市生活，台北已成二十歲以後的人生歸宿，故鄉鹿港小鎮的閒散，令她難以忍受，但濱海家鄉的母親、老屋和鹹鹹海風，仍叫她難以拋捨。而丘秀芷與謝霜天的散文，則分別以鄉土餐肴和家鄉客家小吃，在七〇年代台籍女性散文作品的「思鄉地圖」上，加註「味覺鄉愁」記號，平添令人垂涎三尺的鄉土懷舊滋味。

第三節　台北印象

鄭明娳認為，三、四十年代出生的台灣作家，「成長於農村中，則必親眼目睹都市侵略田園的過程，生存環境的劇烈轉變，最足以刺激他的創作。但我們看到的，大部分仍耽溺於模山範水、眷戀田園，如若不是矯情造作，則

〔註74〕謝霜天，〈山城夜攤〉，原載於「中央副刊」，1976年9月12日，收入《抹不去的蒼翠》，頁186。

是心情仍停留在農業時代，亦即是不能面對現實的逃避心態。〔註75〕」此乃其僅就七〇年代男性作家的鄉土散文作品而論，卻忽略相近世代的台籍女性鄉土散文，已開始書寫七〇年代前後，由「鄉土」逐漸步入「都市化」的台北城市風貌。

四〇年代出生的台籍女性散文作家，除丘秀芷在現代化前的老台北，渡過大半童年時光，白慈飄只在台北短暫滯留一個多季；其他如謝霜天、劉靜娟、季季與心岱，皆在六、七〇年代間，移居正迅速都市化的台北都會，逐漸遠離出生成長的原鄉，書寫空間也在中南部原鄉與第二故鄉城市台北間游移，重現她們童年時期與六、七〇年代前後的台北印象。一個城市的實質環境，在作者心中產生印象，而後於文學作品中重塑此一城市意象，並賦予鮮明性格。丘秀芷、劉靜娟、季季等人，便透過她們散文中，關於舊地名、行政區、道路街巷、萬華、植物園、西門町、淡水河、圓山、陽明山、北淡線沿途……等地理空間書寫，交織成老台北與七〇年代都市化台北交互錯疊的「台北地圖」，供我們循文遊歷，走訪四〇至七〇年代間不斷變遷的台北市景。

在丘秀芷幼年四、五歲時，約接近終戰前夕，「牛車」是台北街道上主要的運輸工具，「『三線路』（中華路）上，常可看到牛車陣，有時七八車，有時十來車，運米送糧，載貨搬家，，甚至於『水肥車』，都是靠黃牛。牛車夫要裝貨、卸貨或挑水肥之前，先把牛軛拿下來，讓牛到一旁休息……〔註76〕」當丘秀芷寫下這段文字，已是七〇年代中葉，牛車路早鋪成柏油路，中華路兩側，連根小草都找不到，丘秀芷的兒子常吃牛肉，卻從沒看過牛，還要問「牛是什麼色？」。進入現代化的七〇年代以後，人們已經不再借重「牛步」，機器、電力等文明產物取代了農業社會原有的一切。

升上小學六年級前，丘秀芷的大半童年，都在台北城中區（今中正區）北門口附近渡過，「那時，臺北還是個默默的地方，遍地任人拾取所需。每天凌晨，白頭翁在枝頭道安：『咕，咕咕！』的呼喚。過了五點半，如果我們姐弟還沒起床，爸便把窗子開得大大的，讓清涼空氣進來，一片啁啾鳥鳴也鑽進蚊帳裏……〔註77〕」這段時期，丘秀芷總是擔任「游擊隊長」，率領左鄉右

〔註75〕鄭明娳，《當代散文縱橫論》（台北：大安出版社，1988年），頁135。
〔註76〕丘秀芷，〈牛的悲哀〉，原載於「中央副刊」，1975年11月5日，收入《驀然回首》，頁64。
〔註77〕丘秀芷，〈髫齡舊夢〉，《綠野寂寥》，頁1。

舍玩伴組成的「游擊隊」,在四〇年代的老台北遊蕩:「『游擊隊』活動範圍,先由北門發展,慢慢的過了鐵道,越伸越遠。淡水河邊,有螃蟹、小蛤蜊、漁船,還有軟軟的沙,浩蕩河水,那是『動』的世界。從中山北路四條通、五條通穿過,那邊有廣闊的原野,燦爛的花朵,枝椏彎彎地;小溪澄清地,這是『靜』的天地。〔註78〕」當年的台北城,有步入工業化象徵的火車鐵道,有盛產淡水魚蝦的潔淨淡水河;站在河畔還可能見到載「大肥」的船來來往往,「河對岸的農家,常過來萬華這一邊,一家家去『淘金』,載大肥過去,運米糧菜蔬過來。〔註79〕」淡水河邊的沙灘乾淨豐富,隨便一掏就是大把的蜆和河蟹,童年的丘秀芷,也常到這裡撈蜆、抓螃蟹。

上小學後的丘秀芷,開始愛上圖書館借書,館裡看不夠,還借了本書邊走邊看,「從新公園,通過衡陽路,穿過西門市場,沿著柳州街回萬華。往往到西門町,就把書翻完了,於是又跑回去換。」踩著她的文字而行,彷彿我們也走過新公園到萬華這段年少「樂讀」之路。

在台北上小學的日子裡,除了每天抱著愉快的玩樂心情,丘秀芷也期待假日的到來;平時在農林廳上班的父親,一到星期日,就會帶著她和姐姐、弟弟到植物園辨識各種花草植物。「濃烈的香茅草;帶點腥臭味的金魚花;麵包樹又高又大;鐵莧一年到頭火紅火紅的。每種植物面前,都有木標標明科別、名稱、產地等等。爸爸總不准我們看木標,老遠就指著:『前面那棵灌木是什麼科,什麼名稱?』〔註80〕」當時的植物園,還設有「馬場」,偶而會看到有人騎馬遛蹄;但最吸引丘秀芷的是「幾輛廢坦克」,每次總要爬上去玩玩,弄得滿手鐵鏽。「植物園」也像是丘秀芷童年的後院庭園,是課後玩耍的秘密天地:

> 植物園沒有鐵柵,好像連所謂的牆都沒有。我們在那兒撿蟬殼,打野戰、攀爬樹木、撿樹葉。有一種樹的花托,好長好長,我們可以慢慢搓揉,中間變空的,吹氣進去,也覺得十分有趣。小樹葉,可以捲起來,吹出嗶嗶聲音,這更常玩了大半天。還有地上,摘不盡的莎草科野草花軸,挑粗的、老的,然後把花穗都打成結子,兩人各拿花軸對穿再拉,誰先斷誰輸!〔註81〕

〔註78〕丘秀芷,〈髫齡舊夢〉,《綠野寂寥》,頁2。
〔註79〕丘秀芷,〈訪舊〉,《悲歡歲月》,頁140。
〔註80〕丘秀芷,〈髫齡舊夢〉,《綠野寂寥》,頁6。
〔註81〕丘秀芷,〈訪舊〉,《悲歡歲月》,頁139。

五○年代中葉以後，台北植物園架起鐵柵欄，園內陸續增設國立歷史博館、國立台灣藝術教育館、國立教育資料館等建築館區，結合成為「南海學園」，馬場馬兒奔馳的身影，和廢棄坦克的蹤跡，皆已不復見。然而，植物園依舊擁有喧囂台北市區中，難得的參天樹木、芊綿綠草；到了七○年代，謝霜天也常帶孩子來到寧靜安詳、與世塵隔絕的植物園，「隨著孩子野馬似的奔跑，我們信步走向一座紅漆小亭。亭前一汪曲折的池塘，幾叢荷裳飄舉其中，而燭然其上的，是一莖莖粉紅荷瓣。〔註82〕」寫出了植物園荷塘蓮花，迎著夏日陽光的綽約姿態，這裡也是植物園最吸引遊人駐足的景點。而真正讓謝霜天心醉的，並非荷風飄來的清香，亦非兒子追逐飛舞蜻蜓的活潑身影，而是悠悠的清雅箏聲──「一陣空靈而清越的聲音，恍如淙淙的流水，漫過綠蔭而來，遙遠但十分清晰。我不覺凝神傾聽，啊！那是箏聲，我所喜愛的箏聲！〔註83〕」年近古稀的老人，端坐在石凳上，撫揉著箏絃，「隔著青青的草地，諦聽老人彈奏的箏曲，──『千聲佛』、『蕉窗夜雨』、『錦上花』……。〔註84〕」老人彈箏的清音繼續著，圍觀的人群越來越多，每個人都肅穆靜默的聆聽著，形成都市中難得一見的閒雅畫面。

　　謝霜天喜愛「荷」特立獨行的高潔品格，常在城市中找尋「荷」的蹤影。〈心畫〉中一節，便記述了往「芝山岩」迷途中與大片翠綠荷田的巧遇──

> 起先，我震撼於荷葉的壯傲和它特殊的綠，沒有看到花。一陣風吹疏了葉子，始看見兩朵荷花，高離水面尺許，一含苞，一盛放；粉嫩的顏色，瓣尖細緻地描著淺紅的輪廓和脈絡，端莊清逸，不著一絲塵寰氣息。它們獨立在高昂的直莖上，頂著悠悠的時空，各自成為一個軸心，一個世界，毫無假借和依附。〔註85〕

台北市區常見的荷花，往往植栽在公園裡供人觀賞；當謝霜天在三面環山的台北村郊不知所向，眼前望去，竟是一整片廣闊的荷田，心神皆被滿眼荷綠所統攝。田疇間的荷田與植物園的荷塘，在謝霜天心中筆下各有其儷人或曼妙的姿態。

　　小學三年級後，家裡搬到萬華，丘秀芷和四姐沒有轉學，每天必須從萬

〔註82〕謝霜天，〈植物園聞箏〉，原載於「新生副刊」，1974 年 7 月 11 日，《抹不去的蒼翠》，頁 1。

〔註83〕同上，頁 2。

〔註84〕同上，頁 3。

〔註85〕謝霜天，〈心畫〉，《心畫》，頁 86。

華走路到小北門的福星國小。姊妹天天一大早就摸黑出門上學，因當沿途多是難走的泥巴路或碎石子路，兩人便順著「清爽舒適」的鐵軌走，邊走邊玩，數數枕木，或比誰在鐵軌上走得久；沿途必經西門町段的三線路（中華路），當時還是寬闊的碎石子路，「鐵路欄柵外，到北門這一段有不少棕櫚樹。那時還沒有中華商場，但是違章建築漸漸增加。有的用鐵皮，有的用木板，更有的用蔗板就那麼七拼八湊的弄成一個小房子遮風雨。〔註86〕」放學後時間充裕，丘秀芷常喜歡繞路看看新奇的事物，有時鑽進電影院當小觀眾，有時走到熱鬧的西寧南路，華西街夜市一帶，看蛇店殺蛇：「像那蛇店主人殺蛇，打開籠子一下子就抓一條蛇——說確切些是『捏』一條蛇上來，然後蛇頭套在壁上的繩圈上，用刀子在繩圈下劃一圈，整張皮就由上往下慢慢撕了下來，然後又開膛破肚，然後……。〔註87〕」丘秀芷的童年時光正值戰後初期，萬華尚能延續「艋舺」時期以來的熱鬧景象；遷居萬華後，她們一家就住在廣州街警察學校後面〔註88〕；警察學校的校園裡種了很多高大樹木，到了夏季，樹頭蟬兒唧唧復唧唧，丘秀芷便準備好細長竹竿，「頂端黏上燒得膠黏黏的橡膠，由這棵樹尋到那棵樹，把那引吭高歌的知了請了下來。〔註89〕」三十年後丘秀芷重返舊地，警校改建為「龍門國民中學」，拆除了滿是塵泥青苔的古樸石牆，圍牆內外和巷道兩旁，也不見高大樹蔭，原來的小巷弄，則拓建為寬闊大馬路。

「一府二鹿三艋舺」舊稱艋舺的萬華地區，在清治時期曾是北部重要港口、首善之區；日治時期以後，都市重心逐漸移往「城中區」和「延平區」，戰後初期到五〇年代間，萬華區和這兩區，都還是台北最熱鬧的地帶。到了六〇年代，丘秀芷由台中重回台北，隨著「中興橋」通車，「西門町」取而代之成為新興「鬧區」，但「西門町」的「鬧區」地位也維持不久，丘秀芷在散文作品中，一語道盡台北市區「鑽石地段」變化之迅速：「『去西門町』變成

〔註86〕丘秀芷，〈童騃歷程〉，《悲歡歲月》，頁127。
〔註87〕同上，頁127～128。
〔註88〕此處丘秀芷文中所稱的「警察學校」，正式名稱原為「臺灣省警察訓練所」，1948年改為「中央警官學校臺灣警官訓練班」，1954年「中央警官學校」亦於此地復校；1976年中央警官學校遷移至桃園龜山，原址改建為「台北市立龍門國民中學」。參自劉惠璇，〈日治時期之「臺灣總督府警察官及司獄官練習所」～臺灣警察專科學校校史探源上篇〉（《臺灣警察專科學校警專學報》，第4卷第8期，2010年10月），頁73～75。
〔註89〕丘秀芷，〈髫齡舊夢〉，《綠野寂寥》，頁7。

週末許多人的消遣……『西門鬧區』這名詞還未能完全取代『西門町』之前，西門鬧區開始冷了，電影街的熱潮開始減了，這兩年，換忠孝東路、民生社區那邊新興。〔註90〕」西門町曾是台北六、七〇年代繁華、喧鬧的代表，但即將進入八〇年代之際，東區慢慢興起，西門商圈的地位逐日遞減；作者感慨，今日的黃金、鑽石地段，不經幾時，便可能如艋舺、西門町一般，由鑽石變泥沙或一堆廢鐵鏽鋼，這便是都市迅速變遷之驚人與無情。

　　謝霜天於六〇年代前後，初到台北求學，而後在此工作、結婚生子，直至七〇年代末葉，已定居台北大直十餘年。新婚兩年的一個〈假日的早晨〉，懷著三個月身孕的謝霜天，和丈夫在大直附近的基隆河畔散步，細細打量身旁這位平日乏味卻又體貼、踏實的丈夫，藉由沿途細微言行的描寫，展現男人粗枝大葉底下的愛與關懷；也記敘了七〇年代初基隆河畔的風光、進行中的跨河大橋工程：

> 基隆河上細粼粼的波光，和水中奇幻的倒影——長滿青草的堤岸，
> 紅磚砌起的幾柱烟囪，湛藍的天幕，數朵停滯的蟹雲，交綴成一幅
> 絕美的畫面。可是，當一葉扁舟緩緩移來，搖櫓人的木漿打在水面
> 上，那幅靜止深遠的畫面，便碎裂成片片段段彎彎曲曲，倒像是新
> 穎的抽象畫了。〔註91〕

謝霜天揣測著船上兩人的打扮，應為捕魚漁人或撈煤工人，顯見七〇年代初，仍有一些人在基隆河岸，以捕魚或打撈上游沖刷下來的煤渣為業。而就在前路被起重機所擋，繞路經過一戶農家時，謝霜天又被自幼熟悉的農具吸引住目光，不自覺的往裡頭探望，「土階上堆著一疊籬筐。每個筐上都畫有作記號的紅圈，旁邊擺著鋤、犁、簸箕等農具。〔註92〕」丈夫則是眯著眼，眺望基隆河上正在進行的打樁工程，臨時木橋已搭建完成，串連兩岸交通的跨河大橋工程即將開工；謝霜天的視線卻仍停留在農舍籬笆內——「一隻咯咯覓食的母雞，和牠的一大群孩子。時聚時散的黃絨球，個個都那麼嬌小渾圓，亦步亦趨的跟隨著母親。想必是破殼未久，乍見如此亮朗的天地，不免詫異吧？〔註93〕」男人總是關注大環境的改變，期待改變後帶來的繁榮與進步；女人

〔註90〕丘秀芷，〈訪舊〉，《悲歡歲月》，頁140～141。
〔註91〕謝霜天，〈假日的早晨〉，原載於「聯合副刊」，1972年11月15日，收入《綠樹》，頁215～216。
〔註92〕同上，頁217。
〔註93〕謝霜天，〈假日的早晨〉，《綠樹》，頁217。

則專注於平凡景物，或生活體驗中的細微感動，惋惜文明進步對原始田野和
人情趣味的破壞，正如她文中所心想：「大橋完工以後，這裏勢將成為交通的
要道，泥土路立刻就要翻修成柏油路，兩旁的農舍都要拆除。往來臺北的車
輛絡繹不絕，那些山羊還能優雅地徜徉在草叢裏吃草嗎？這些雞群還能安閒
地在路上散步覓食嗎？〔註94〕」謝霜天和丈夫對現代化建設、文明進步的不
同見解與觀點，雖未透過實際對話相互辯詰，卻在文章中，形成男女不同視
角的強烈對比。

　　〈到上塔悠去〉是謝霜天帶著兒子們，於週日清早造訪「上塔悠」的探
幽紀實。「上塔悠〔註95〕」位於松山區，七〇年代時「馬路破破爛爛，只有幾
間零落的紅瓦房！〔註96〕」謝霜天和兩個讀小學的兒子，搭上二十一號公車，
「車子過大直橋，向左一拐，路面果如外子說的，破破爛爛，又窄又顛簸。」
「馬路兩邊的民房、商店或工廠，參差錯落，排列得實在不夠整齊，但間或
出現的碧綠稻田和畦行分明的菜圃，卻又使人心神一爽，畢竟這裏還是帶著
自然風味的鄉村……」〔註97〕車過濱江國小站，還見到不少人披著淡金色的
朝陽，圍坐在大池塘邊垂釣。二十一號公車通往終點「上塔悠」的沿途，路
面顛頗、風沙滾滾；接近終點時，兩個孩子雀躍的喊著：「媽！這裏可以看到
好大的飛機！」「原來這裏是松山機場的邊邊！」於是她們下車找地方看飛
機，「不多遠，竟讓我們尋到一塊與飛機場鐵絲網近在咫尺的空地，網那一邊
的寬闊跑道和滑行中的龐大飛機都可看得一清二楚。」孩子們就地野餐，專
注的盯著飛機起降，謝霜天則被鐵絲網這頭的田園景觀所吸引：

　　　那是利用水圳兩岸的狹長土地做成的，一邊種著深綠的空心菜、黃

〔註94〕謝霜天，〈假日的早晨〉，《綠樹》，頁218。

〔註95〕三百多年前塔塔悠社、里族社、貓里錫口社等平埔族人聚居在台北盆地東緣
　　　的古松山，與基隆河相伴共生。清康熙年間，大加蚋堡的漢人進入「下塔悠」
　　　墾荒（松山機場、濱江街一帶），群聚成「塔塔悠庄」。往昔，人們習慣將「塔
　　　塔悠」以東稱「上塔悠」，以西稱「下塔悠」。下塔悠是漢人最早進入松山開
　　　墾之地，「上塔悠」在三〇年代前，是大稻埕通往內湖必經之地，早期有橫跨
　　　內湖的吊橋，橋下尚有十多戶潘姓人家，應為平埔族後裔。今日的塔悠路大
　　　致是「上塔悠」的範圍。謝霜天文中的「上塔悠」，於2000年左右，正式命
　　　名為「塔悠路」。參自周德潤，〈塔悠路──見證古蹟歷史〉，《台北畫刊》（台
　　　北：台北市政府觀光傳播局，2003年11月），頁21。

〔註96〕謝霜天，〈到上塔悠去〉，原載於「新生副刊」，1978年8月25日，收入《無
　　　聲之聲》，頁183。

〔註97〕同上，頁184。

綠的莧菜、紫紅的茄子、粉青的嫩蔥……另一邊依網搭上絲瓜架，
肥大的綠葉間正綴著朵朵黃花；架畔彌蔓的是濃青帶粉的大芋葉，
在晨風裏窸窣低語，撥弄著掌中的大小銀珠；紫牽牛爬過綱頂，纖
纖卷鬚隨著風探頭探腦，似乎還想攀高一層。〔註98〕

一路望去，扶桑短籬後，還有幾戶紅瓦農家，「曬穀上晾著紅紅綠綠的數竿衣
裳，門前散佈著一隻隻覓食的雞鴨，那份熱稔，那份親切，讓我無端地悵惘
起來。〔註99〕」工商興盛的現代化台北都市中，保有這片兒時熟悉的農村景
致，讓謝霜天湧起一股特殊情感。當她視線轉移，望見興建中的中山高速公
路，「出現在我眼域中的是那條畢直光滑的高速公路，它被舖設於土石墊實的
高隴上，猛看有如一道堅厚的城牆，只有穿梭飛馳的車輛上半部露出石欄外。
〔註100〕」這條即將疏通台灣南、北的交通大動脈，此時已分段完成、陸續通
車。每當她回鄉追憶往昔，見到高速公路苗栗銅鑼路段工程，從芎蕉灣老家
切穿而過，曾為那片山林田野被踐踏心生不捨；但眼前這座台北圓山段，凌
越基隆河的大橋，兩端橋墩所支撐的橋面在空際會合，絲毫不差，卻又讓謝
霜天為現代土木建築技術之先進而讚嘆。

　　由大直住家出發，沿著自圓山迤邐而來的彎曲巷道，通往台北啟聰學校，
便是謝霜天每天上班必經之路。她喜歡慢慢步行，涵泳於涼潤晨光中，沿途
賞翫各具特色的景物，即使行過千百回，仍可領略不同感受。其散文〈巷道
晨光〉，便描繪出七○年代大直、圓山到天母一帶，朝陽下清新的巷弄街景─
─先是經過圓山動物園，「動物園『尼奧！尼奧！』的鳥語首先掠過耳際，我
總想像成老鷹們的骯叫，那份尖銳有力，使我想見牠睜圓怒眼，張開彎喙的
模樣，彷彿要趁看晨興啄斷腳上的圈套，振翅衝天。〔註101〕」；之後，轉個彎
便是「大鵬劇校」，偶而會聽見由大門內洩出細幽幽的吊嗓子聲；「走前幾步，
這兒路顯得窄了，不知何時增建了這些小吃館？正是早餐時刻，剛起鍋的酥
黃通條冒著油泡，熱騰騰的肉餃噴著膩香，一條香味的河蜿蜒著，浮在香河
上的卻是各種鄉音。〔註102〕」迎客、下廚的四、五十歲老闆們，操著不同地

〔註98〕謝霜天，〈到上塔悠去〉，《無聲之聲》，頁187～188。
〔註99〕同上，頁188。
〔註100〕同上，頁189。
〔註101〕謝霜天，〈巷道晨光〉，原載於「新生副刊」，1976年8月9日，《抹不去的蒼
　　　　翠》，頁167。
〔註102〕同上，頁168。

方特色的鄉音腔韻，聊起山東、河南，閒話往事辛酸，思鄉情愁在油煙中繚
繞不散；再經過一道緩緩斜坡後，則是「臨濟護國禪寺」，「門側豎立一塊年
代久遠的巨石，上面刻著『無住生心』四個大字。往寺院走去，靜謐的氣氛，
潔淨的殿宇，扶疏的花木和兩、三灰衣修行者的安閒身影，像一幅古畫展現
眼睫間，令人頓生出塵之想。〔註103〕」寧靜清修的寺院側面，一牆之隔，即
爲凡人百姓聚集的淡水線火車鐵路；「過了禪寺，路寬敞了些，右面是櫛比的
低矮屋舍，左邊沿鐵柵欄是一塊畸零地，有人在那兒搭了木屋、木棚或竹架，
羅列著蓊茸的花草盆栽，盎然的綠意從板縫間濺瀉出來，給路人以幾分舒爽。
〔註104〕」還有露出棚架外的木瓜樹、芭樂樹、聖誕紅和扶桑，讓謝霜天懷想
起童年的鄉野風光；踏步前行，尚有一座古老小廟，每天清晨謝霜天經過，
香爐總有三、五柱新插上的清香在金色神龕裊繞；隨著一陣車輪滾動聲，傳
來一對賣菜夫婦沈重踏實的腳步聲和喘息聲，他們推著載滿蔬果的兩輪木板
車，費力上坡後，經過一處平交道口，到了下斜稍寬的柏油路，輕鬆地讓木
車快捷向下俯衝，將謝霜天遠遠拋在後頭，他們賣菜的菜市場，黎謝霜天工
作地僅一路之隔；走到了「國民就業輔導處」的圍牆，如今馬路平坦、建築
整齊美觀，卻讓謝霜天懷念起兩三年前這裡原是一片綠地：

> 這兒的路很窄，等於田邊的一道高埂，右側盡是菜園與稻田。……
> 每早都會看到三五農夫在畦間忙著，不是舉鋤，便是種菜或拔菜。
> 那一行行的青蔬，隔些日子就改換了姿態或種類，爛漫的菜苗從濕
> 潤的泥土裏抽長、壯大，以黃綠青爲基調，變幻出深深淺淺不同的
> 色彩，宛似一波一波的綠浪……。菜園旁連著四五椽農舍。紅磚壘
> 成的牆壁，藍漆的小方窗，沒有庭院……農舍對面亂竹叢下嬉戲的
> 一群孩子……在在充滿了農村悠閒的情趣。〔註105〕

而今，稻田、菜園成了馬路和磚石、水泥建築，農舍屋瓦也已拆除殆盡；來
自苗栗農村的謝霜天，不免懷念都市中日漸淡薄的農村情趣，同篇文中卻以
「時代在進步著，社會在繁榮中」的簡單字句，表現七〇年代台灣社會不斷
迅速「現代化」與「都市化」，但「進步」、「繁榮」的正面表述之餘，仍難掩

〔註103〕謝霜天，〈巷道晨光〉，原載於「新生副刊」，1976 年 8 月 9 日，《抹不去的蒼
翠》，頁 169。
〔註104〕同上，頁 170。
〔註105〕同上，頁 172～173。

對農業社會和舊時代的不捨與失落。

　　一番駐足與感嘆後，謝霜天加快腳步，先經過「大龍國小」，接著走入停滿計程車、摩托車的小巷，這裡有專賣學生用品的文具店，從四面八方載來蔬果的「三輪人力車」、「兩輪木拖車」，也會經由這條小巷弄，拉到市場旁準備佈置攤位，開始一天的買賣——從巷口出來，便是謝霜天服務的台北啓聰學校，攤販們勤勉的身影、花攤散發出的香味秀色，正好作為她每天步行結束前的動人句點。

　　謝霜天也以〈尋幽不在遠〉之圓山半日遊，留下七〇年代圓山林木蔥翠的風貌。趁著大嫂和大姐從苗栗北上，謝霜天帶著她們到大直住家附近的圓山踏青，登山遠眺台北市景。她們乘車到了「碧海山莊」，走入一條林蔭小徑，「踩著舖地落葉，走了一段上坡路，已微有汗意。仰頭但見蔥翠的林木間，散置著供人休憩的石桌、石凳，更有不少給人打拳、拍網球或羽毛球的健身場地。〔註106〕」沿途小亭中有婦女聚集野餐聊天，有老人早覺會的小屋，也有京劇愛好者拉琴、引吭高唱；「我們踅向左邊山道繼續前進。時而上山，時而下坡，沿途亭臺處處，有的隱在濃密的樹影裏，有的就近在路旁。〔註107〕」登至圓山山頂，視野頓然開闊，台北市繁華街景，盡收眼底：「那麼密集的高樓大廈，橫的方向是綿廷無盡，豎的方向是盤空錯結，像煞覆蓋了濃厚而凹凸不平灰色岩槳的荒漠，簡直不敢相信那就是都市人行坐臥息其間的安樂窩。幸喜盆地邊緣仍有一脈青山護持著，才給我們這些賞眺者的視界注入了一抹新的彩顏。〔註108〕」當她們回程順小徑蜿蜒而下，途中有座庭前豎立蔣中正銅像，裏面奉祀「鄭成功」的寺廟——「國姓殿」；廟旁石階土坡上，謝霜天的大嫂發現了狀似雜草，垂著大串細密綠色子實的「西谷米」——

> 煮粥時放一把西谷米，便會稠稠的、呈半透明狀，潤滑爽口。說著，
> 跨上去採了一串，然後邊走邊捻，吹落淡綠色的殼，剩下一撮菜子
> 般的小黑豆。她覺得奇怪，並不像她童年所見的，是白色的圓子。
> 是否認錯了呢？她也惘然了。人總是念舊的，對兒時吃過的食物尤
> 其眷戀不已。〔註109〕

〔註106〕謝霜天，〈尋幽不在遠〉，《霜天小品》，頁221。
〔註107〕同上，頁224。
〔註108〕同上。
〔註109〕同上，頁225。

於是一路談著昔時家鄉苦日子的蕃薯簽、醬冬瓜和臭鹹魚，一路輕鬆閒適的踏遍圓山，從東側走到西側，從前山轉到後山，出口便位於今日劍潭捷運站附近的「劍潭公園」；謝霜天也記下當時「劍潭公園」到「北安公園」的大略景致：「陽光煦麗，公園裏盛開的黃花鮮妍照眼，襯著彩色磁片貼製的農家豐收巨畫……。留連片刻，又沿紅磚人行道走向北安公園。小孩們快樂地順著傾斜的草坡翻滾，我們都坐下來絮絮地話起家常。」圓山山腳下的風景區入口處，便是劍潭公園，公園右側步道通往圓山大飯店，左側石階是圓山登山步道的起點；而「北安公園」，則位處中山北路四段與北安路間，圓山飯店東側的圓山隧道旁，於 1973 年開闢而成。此外，文中所提到「農家豐收巨畫」，正是劍潭公園坡崁牆上的精細馬賽克壁畫，由台灣前輩畫家顏水龍先生設計規劃，於 1969 年完成；這巨幅彩色壁畫，實名為〈從農業社會到工業社會〉，但因壁畫中出現許多水牛，而被俗稱為「水牛圖」──描繪田園農忙之美，牧牛、播種、收割、打穀、三合院埕中曬穀，呈現五○年代老台北的田園風光。歷經三十五年後，台北市政府已於 2004 年，以三個月時間刮去表面青苔，修補剝落的馬賽克。

在寒冷冬夜，謝霜天一家到重慶南路書店街買完書後，則會穿過台北新公園（今二二八紀念公園），到火車站對面的地下城吃小吃：「走下階梯，只見一片氤氳霧氣，升騰於每一個小吃攤的爐灶上，暖烘烘的，與外面成了迥然的對比。」「不久，湯圓上桌。真精緻！皮薄餡實，勻細晶瑩，吃起來軟滑可口……。」〔註110〕七○年代末期的台北火車站尚未翻新，周邊也不似今日交通網絡密集；而當時的地下城小吃街，早已高樓林立，唯小吃攤的熱氣蒸騰，猶在謝霜天的散文作品中，留下一縷煦煦暖意。

1974 年 2 月 27 日，「氣象預告臺北氣溫最高九度，最低五度，這是一個反常的冷天，人們被凍得又是訝異，又是詛咒。〔註111〕」謝霜天寫下〈賞雪圖〉，描繪台北市陽明山史上難得出現的「雪景」。她和友人懷著賞雪的憧憬和興奮，到了陽明山後山公園，在通往竹子湖的山路上已經擠滿「朝雪」人潮。近中午時分，從山上下來的人們，人手一袋白雪；回程的計程車或自用車，除乘客抱著滿袋的雪，車頂、車蓋也堆著雪人、砌著雪獅〔註112〕。尚未

〔註110〕謝霜天，〈一縷暖意〉，原載於「中央副刊」，1979 年 3 月 3 日，收入《霜天小品》，頁 133～134。

〔註111〕謝霜天，〈賞雪圖〉，原載於「中央副刊」，1974 年 2 月 28 日，收入《心畫》，頁 145。

〔註112〕同上，頁 147。

目睹白雪，卻已看到鮮活的賞雪百態。「越登越高，勁厲的霜風撲山而來，忽兒左，忽兒右，忽兒使人緩步，忽兒推人向前，戴著手套的手已凍僵發麻，面頰感覺有如利刃割膚。」「俄頃，高山華巔已經在望，光禿禿的山脊覆蓋著一層白雪，雖然不夠濃厚，卻足以讓爬山者歡躍了。低頭看，路旁也有有雪跡，點綴在落葉斷梗上……想瑞雪初降，路上舖滿皎潔的玉屑，洩有輪轍，沒有人蹤，那該是何等渾樸壯麗！」〔註 113〕居住在南國台灣，除登上千公尺以上的高山，很難體驗霜風刺骨之感受，更難親眼見得皚皚白雪，即使雪停了，積雪仍留駐在陽明山山間；當她們步行到竹子山腹的一座村莊，更見到美麗的「雪屋」景致──「屋頂、石階、庭院，全遮沒在數寸厚的白雪裡，尋常的磚牆瓦屋竟被裝點得如此清瑩、高華、姿彩曳妙，眞是筆筆皆可入畫！〔註 114〕」再往山上望去，已是一片白茫茫的銀色世界，但路被軍方封鎖，無緣上到山頂的雪地上吻雪、嚐雪和堆雪；同行一位友人出身中國北方，說起北方家鄉印象深刻的美好雪景，勾起謝霜天對「祖國失土」的無限遐想，行文間，又出現延續自反共文藝的口號式字眼──「我們總會有收復失土的一天」、「且讓我們滌盡污腥，插一面勝利的大纛。」不知她在八○年代末期以後，回到先夫中國北方老家探親，親炙玉樹瓊枝、寒光激射的浩瀚雪景，是否眞如想像中愣動與讚嘆？

　　而位於台北市郊，今日木柵動物園園址的那片山麓，在六○年代前，曾是荒蕪的「石頭山」，經丘秀芷二哥和父親勞心費力墾植成果園；到了七○年代初，政府決定將圓山動物園遷至木柵，丘秀芷二哥的果園，地勢起伏、水源充足且徵購容易，正是未來「台北市立自然動物園」最佳用地，他們不擔心被政府徵收賠錢，只期待「我們過去種的果園，可以保留大部分，充做鳥獸的家園。……養獅子、老虎、豹、熊都好，上面有梨花、梅花，底下有野獸，這動物園多漂亮！〔註 115〕」當時，丘秀芷竊竊冀盼著，希望這片山園能因成為動物園的一部份，長保園林之勝，並長久留下兄嫂、父親手植的果樹、梨花與梅花。

〔註 113〕謝霜天，〈賞雪圖〉，原載於「中央副刊」，1974 年 2 月 28 日，收入《心畫》，頁 147。
〔註 114〕同上，頁 148。
〔註 115〕丘秀芷，〈墾植十年〉，原載於「新生副刊」，1974 年 4 月 15 日，收入《綠野寂寥》，頁 43。

　　子敏稱劉靜娟是「樹的散文作家」〔註116〕，樹是劉靜娟散文作品重要主題之一。她在〈紅磚道上的樹〉中，植出一道深長的七〇年代台北市街道樹樹影——從住家所在的民生東路寫起，兩旁透明嫩綠的菩提樹，爲樹下等車的劉靜娟，隔絕了夏日烈陽、城市噪音和灰頭灰臉的市容，她便以「菩提樹街」爲這條路重新命名；上了公車，坐在靠窗位子，劉靜娟專注看著窗外一列列熟悉樹影，並依行道樹之不同，爲台北市街道改換一個個新路名：

> 車子駛過菩提樹街，然後轉彎，經過「樟樹北路」。樟樹很秀氣，葉子細細碎碎的，聲音也是細細碎碎的。再轉彎，有一些空地，有人放風箏；有一小片稻田，還沒被建築公司釘起木樁的。接著是一條很長的「招牌街」然後轉入「橡樹路」。橡樹的葉子又大又厚，是墨綠色的，新長出的葉子卻是水亮的紅。……。車子又轉彎，進入「白千層街」。這一路白千層的年紀比較大，多半有兩丈高了，一派「長者」的安詳。可又顯得有些世故，風不易吹動它們那細緻的葉子。〔註117〕

車行沿途，她描繪了不同行道樹的枝葉特色、搖曳姿態，也模擬出它們或穩重堅定、或老態安詳，亦或快樂活潑的獨特性格；對劉靜娟而言，行道樹儼然是活生生的人、是每天相見的朋友，它們佇立台北街頭，爲台北人撐起遮蔽烈陽、灰濛天空的一把把大綠傘。

　　待她下車步行，並又走入她每天期待的「紅磚道」，可以得到短暫的閒逸之樂——路邊有十幾棵老樹頂起的華蓋，搭出一徑的蔭涼；另一邊的院牆裡，更有二十多棵榕樹枝枒交錯，猶如市區內少見的小小樹林。每天走在這些老樹底下，抬頭仰望它們，劉靜娟直覺它們都是有「深度」的樹，「我常覺得建築物是物質文明，樹卻是精神文明。〔註118〕」想起每日在公車上看著「台塑大樓」從興建到完工，「我看著粗大的角鋼一根根豎起來，我看著大樓一層層加高；我看著它興建，看著它完成。還是一棟看起來很堅固的大樓，但卻平平板板的，沒有表情……那大樓，像個孤獨的巨人，只能仰望一無遮攔的天空。」在劉靜娟眼中，大樓巨人的孤獨正是「物質文明」；偏偏那些有著整齊畫一窗口的灰色建築，仍不斷由四面八方撲向她的眼瞼、她的

〔註116〕子敏，〈一棵樹不只是一棵樹〉，收入劉靜娟著，《眼眸深處》，頁2。
〔註117〕劉靜娟，〈紅磚道上的樹〉，《眼眸深處》，頁114。
〔註118〕同上，頁115。

心頭──「良士大廈、敦化大廈、太平洋大廈、南陽大廈、光武大廈、華美大廈……〔註119〕」「大廈」這兩個字對劉靜娟而言，猶如「龐然大物」，壓得人透不過氣；她也曾將台北的公寓、大樓，形容為新作物：「住在臺北，你常會驚訝的發現『不久前』才見過的一片雜草地或稻田已不見了；新種下的是另一種作物──四層公寓或更高的大樓。〔註120〕」而這份物質文明的孤獨，在台灣經濟高度成長，城市快速現代化的六、七○年代，已悄悄潛入每個都市人心中；筆下平板無表情的市容，也反映出七○年代台北人，只為前途打拚的共同面貌。

　　除用心欣賞行道樹，劉靜娟也愛散步，在散步中體驗台北。她常和家人沿著住家的民生東路散步，在一排排平板無奇的四層公寓建築中，欣賞眷村新社區家家戶戶用心調理的庭院，「一排一排連綿下去的都是平頭平臉的四層建築。平頭平臉，而且也是灰頭灰臉。只有樓下住戶有一方小小的綠意。聯合二村那邊的院子比較大。住公寓房子而牆裡牆外都有一片泥土，多麼幸運！……有樹有草有花，有古雅的燈，垂蔭之下還有鳥雀喞啾……〔註121〕」他們在庭院裡種植花草，挖水池、造假山，在同一條巷弄裡，卻享有獨特的安詳；但四層公寓是六、七○年代主要的住宅區形式，「很多人家冷冷地豎起冷冷的欄杆，讓欄裡欄外的兩片地長著一二尺高的草。也有人讓欄外一片地種植荒蕪而迷攔裡種植水泥。看到野草看到水泥地，我總不免惘然。〔註122〕」劉靜娟將這些冰冷的住家環境，喻為矗立於都市台北的「貝殼」，這些沒有泥土、花草的水泥公寓，稱不上房子──人們有如躲在殼裡寄居的「寄居蟹」；都市裡的寄居蟹更是可悲，殼與殼並列在一起，絲毫沒有空隙，僅能在隔絕外界噪音與炎熱的密閉殼裡，「靜享」都市的孤獨。

　　台北市「重慶南路」在七、八○年代，是愛書人常逛的「書店之路」。劉靜娟常怡然自在的〈從書店出來〉，感受精神生活之豐盈與滿足。「還沒上十樓的遠東，樓下一間書店的人群即吸住了我。風漬書大廉售。大紅布上貼著白紙剪成的字。店門口兩邊很顯眼地疊著一落高高的相簿。〔註123〕」原預訂在遠東書店購買梁實秋新書的她，最後卻買了三本相簿；次日重回書店街，

〔註119〕劉靜娟，〈下了一陣雨〉，《心底有根絃》，頁49。
〔註120〕劉靜娟，「熔岩」之外〉，《心底有根絃》，頁104。
〔註121〕劉靜娟，〈寄居蟹的聯想〉，《心底有根絃》，頁103～104。
〔註122〕同上，頁104。
〔註123〕劉靜娟，〈從書店出來〉，《心底有根絃》，頁169。

花了更充裕的時間逛書店：「買了『槐園夢憶』和『西雅圖雜記』，又另買了一本散文集。想必是沙漏裡沙粒的累積，我越來越傾心平實的東西。平實的文字，不雕琢不瑰麗。平實的生活，平實內朋友。……思果的散文和梁實秋的雅舍小品是我百讀不厭的。〔註124〕」記下新買的書名，也透露著她的閱讀喜好與平實的文學觀；在劉靜娟的散文作品中，我們也能讀出些許略帶梁實秋、思果風格的文字和韻味。當她回到前日所見「風漬書大廉售」的紅布前，和很多在書堆中挖寶、淘金者一樣，停留在攤子邊佇足兩小時──「不是所有被散亂地堆在大攤子上的書都是命定要淘汰的，有不少好書的確因為『風漬』或略為污舊而被廉售。它們只是必須被書店剔除，而在愛書的人的書櫥裡，它們仍會閃耀著內在的光輝。〔註125〕」也愛在大拍賣時逛百貨公司、在路邊攤殺價買衣服的劉靜娟，在書店的風漬書拍賣攤上，得到在商店緊張式搶購所沒有的心靈寧靜與充實；逛百貨公司可能空手敗興而歸，逛完書店卻必能增長知識與靈智。

「榮星花園」的草地和樹蔭，是台北市區中，能同時滿足劉靜娟愛「靜」、兒子們好「動」的戶外場所；那裡有很大的草地孩子放風箏、投棒球，也有不少樹蔭讓大人乘涼休憩。「上回我去榮星花園是在四月裏。那是早春，我還穿長袖衣服。那時候一畦一畦花圃以及拱門形的花架上開滿鮮艷的花。三色菫像小貓的臉，每一朵的表情都不一樣。……夏末的榮星花園則顯然地比較缺乏顏色，只見一圃一圃單色的雞冠花。〔註126〕」夏季的花園雖不如春季錦繡燦爛，但至少保有綠樹和草地，在漸漸水泥叢林化的台北都會裡，已屬難得；兒子們快樂的在草地上玩耍，劉靜娟在大花園裡，倚坐在白千層樹下，悠閒詩意的抬頭「賞雲」──「透過枝椏、樹葉望上去，藍天白雲就不再那麼光禿禿了。夏天的雲本來是那種坦坦然然的沒遮沒攔的美；不像秋天的，像飄泊的吟遊詩人那般耐人遐思。〔註127〕」移到花園的另一頭草原上，劉靜娟的兒子們溜滑梯、盪鞦韆、坐轉轉椅、翹翹板，以及精力充沛的拉著鳥形風箏奔跑，儘管那是個不適合放風箏的早晨，他們能如此自在奔放地在草地上享有童年歡樂，是其他台北小孩窩居在公寓裡少有的幸福。

〔註124〕劉靜娟，〈從書店出來〉，《心底有根絃》，頁169。

〔註125〕同上，頁169～170。

〔註126〕劉靜娟，〈腳趾上的青苔〉，《歲月像一個球》，頁74～75。

〔註127〕同上，頁76。

季季則在一次隨意搭車，自我放逐於台北市區的歷程中，隨性走入新公園：

> 我走進新公園，首先聽到的是「老鷹之歌」飛揚起落。遠遠的看去，
> 角落裏的一棵麵包樹下，圍坐著幾個光頭男生。坐在中間的一手抱
> 吉他，圍坐的幾個跟著使勁吼唱。你一聽就知道他們只是即興⋯⋯。
> 他們也許是高中生，也許是南昌街或南陽街或館前路的學生，然而，
> 看到他們吼唱得那麼青春喜樂，你最好什麼也別多想。

七○年代正也是民歌的年代，彈吉他唱美國鄉村民歌，成為那個時代年輕人
的「流行時尚」，而當時的新公園，也是大部分高中生聚集、交友和聯誼的活
動地點。「有婦人來兜售汽水、口香糖和獎券，這三樣全是我不甚喜愛之物。
特別是獎券，我從沒買過。〔註128〕」愛國獎券也是台灣七、八○年代盛行一
時的「發財夢」，在台北市街頭，隨處都可遇到兜售愛國獎券業者，季季原受
不了兜售的搔擾，而走出衡陽路口，迎面卻又來了一位兜售者：「那疊獎券昇
上來，我得俯下身才能看清號碼。我俯下身，但是我的眼睛卻看到了他的腳。
他有一雙奇怪的腳。說得更徹底一些，他根本是沒有腳的人。〔註129〕」當時
販賣愛國獎券，是身心障礙者少數能維生的途徑；季季生平第一張愛國獎券，
便出於一顆憐憫與感恩之心，能擁有一雙健全可以上山下海、浪跡天涯的腳，
就是她人生中最幸運的號碼。

「臺北盆地越來越像一處泥鰍居住的地方〔註130〕」，季季和友人阿山決定
搭北淡線火車〔註131〕，展開〈丟丟銅仔的旅程〉，暫離台北市區擁擠之苦。「記
憶裏，每一節車廂都坐滿了人甚至站滿了人的。然而北淡線，真像是一朵清幽
的奇葩，竟是空曠少人；一車廂一車廂都裝滿了流浪的清風。〔註132〕」北淡線
火車的鐵軌和中山北路平行，車廂裡稀稀落落只坐了幾個人，季季和友人悠閒
的坐在窗邊，欣賞中山北路的街道即景；然而窗外景象，卻和遠處中山北路的
巨大廣告招牌，形成突兀對比──「火車就像在穿越中山北路的後窗。有著豪
華的觀光飯店、高級皮鞋店、大使館、七條通、古玩店、航空公司、兒童樂園、

〔註128〕季季，〈獎券〉，收入《攝氏20～25》，頁116。

〔註129〕同上。

〔註130〕季季，〈丟丟銅仔的旅程〉，《夜歌》，頁174。

〔註131〕北淡線火車從台北到淡水，是台灣第一條鐵路支線，於 1901 年開通，1988
　　　　年停駛後廢線，1997 年蛻變成為台北捷運北淡線。

〔註132〕季季，〈丟丟銅仔的旅程〉，《夜歌》，頁175。

林蔭大道等等既富現代文明又不失自然典雅風采的中山北路，它的的後窗竟是骯髒、零亂；與『落後』不能分隔。〔註133〕」沿途中山北路「後窗」之令人不忍卒睹的景象，季季除了感傷與無奈，基於缺乏勇氣，也無力改變，便在書寫上選擇逃避；隨著火車駛過，散文中窗外景致也通過基隆河上的鐵橋，進入士林——「這一路上看的，也仍是新、舊色彩塗就的一張尷尬的城市的臉，怎麼看都不讓人覺得可喜的：一個女人，身穿露背裝、腳登紡花鞋，這是哪一種美呢？〔註134〕」七○年代處於急速轉型期的台北市，繁華市區與暗巷或市郊間，便是如此新舊雜陳、現代文明和落後破舊，奇異並存。

　　火車過了石牌後，在石牌和北投間，出現大片原野景色，種植大片的「蓮田」。這些蓮花並非嬌羞、不事生產的觀賞用睡蓮；季季形容它們是高大、健美的女人，是農民寶貴的資產：「她們的根莖蓮藕是夏季消暑的好菜；可燒湯、可涼拌、可清蒸。她們開了花後結的蓮子，是大宴席上、大馬路邊都可吃到的甜品。」當時台北人吃的蓮藕，多數出自此地。這些圓而肥大的蓮葉，頂著夏日豔陽，在靜止中，帶有一股堅韌的生命張力，承擔熾熱的考驗。接著經過忠義，鐵道兩邊盡是金黃稻田，有幾處已在收割，讓季季聯想起記憶中，家鄉的收割季節。駛過一片金黃，駛出關渡車站，一眼就可望見淡水和觀音山，火車也駛進山洞，車廂裡則響起一陣「丟丟銅仔」的歌聲。下了淡水車站，走在當時沒落的海港街道，昔日氣派的洋樓，已風韻不再，唯有聞名的海鮮店，展示著活生生的魚蝦海產。然後，他們穿過狹小陰暗的菜市場，走上斜坡探訪清水祖師廟的「落鼻祖師」。更往上走後，坐在短牆上看觀音山、看淡水河出海口，他們在這旅程的終點，聊起關於淡水河的許多故事：荷蘭人與鄭成功、馬偕的貢獻、行船人的故事、八七水災……等等；面對淡水河，猶如面對一部台灣幽長、沈重的歷史，但這僅是短短北淡之旅中的小部分；真正的感慨或體悟，都已在北淡線沿途中觸發、領略。

　　季季一向擅長於散文中，犀利刻畫出對人性的敏銳觀察。〈站牌〉便藉由台北市公車聯營制度甫施行之初，新舊站牌更移，造成人們因相信「多數」，而久立舊站牌下，卻苦等公車不至——反映外地人來到陌生都市的盲從心態；也寫出七○年代大批鄉村人口移入台北都會謀生、打工的社會現象——「臺北的公車聯營剛開始不久，聽說有許多站牌都移動了位置，我走到館前

〔註133〕季季，〈丟丟銅仔的旅程〉，《夜歌》，頁175。
〔註134〕同上，頁176。

街，看到舊站牌還在，上面加寫了聯營的新號碼，站牌下站了一大堆人，我覺得很放心。這是孤獨的個人在現代社會裏的一個普遍的弱點：容易相信『多數』……」「他們中的幾個中年男子還戴著竹編的斗笠，時不時的取下來拿在手，手中搧動。至於女子，有些是戴著尼龍帽，有些是撐著花布洋傘。」〔註135〕，季季從這些排隊等車人們的樸素簡陋穿著，猜測他們是剛從鄉下老家來到或回到台北，準備集體到一家工廠上班，這也正是六、七〇年代，台灣由農村社會步入工商社會的常見現象。季季自忖不同於盲從的人群，她懂得深思「多數」的準確性；但她仍如其他排隊人潮，始終相信矗立在眼前的「舊」站牌，因為它並未被移走，也未註明遷往何處。直到一輛「欣欣」客運來了，引起一陣騷動：

> 「這輛是不是？」
>
> 「哎呀，不是啦，人家阿祥說是臺北客運的。」所有提到手上的行
> 李又都頹然放下來。
>
> 「到底還要等多久呢？」一個中年婦人喃喃說著，也許因為站得太
> 累，她索性在站牌下蹲下來了。
>
> 「誰知道？」一個年輕男子說：「幹伊娘，這叫都市！車子這樣少，
> 要叫人在這裏晒乾嗎？」〔註136〕

騷動中的對話，讓季季心感不安，才想起公車聯營的消息，醒悟自己對社會變革不關心，遭致在廢棄站牌下傻等的後果。懷著找到新站牌的渴望，她丟下一起排隊的「外鄉人」，在火車站斜對面發現了新站牌，「我搖搖擺擺找個座位坐下來時，發現車子已轉進了館前路……車子正經過站在那支舊站牌下翹首以待的那群人面前！……我頻頻回首，只見他們在炎陽下的疲憊身影，在我眼前晃成一團巨大而朦朧的黑影。〔註137〕」即使回到家，季季腦海中仍不時浮現那群疲憊身影，以及彷若默默責怪她的眼神；她自責自己為何不向他們點明真相，自私的只顧自己回家，也點出事件的原始錯誤：公車處未能在舊站牌上註明新站牌移往何地——季季不歸咎責任誰屬，僅耿耿於懷自己倉促下，「漠視了在困境中的同胞」；但真正對民眾關心不夠的，應是漠視基

〔註135〕季季，〈站牌〉，原載於「聯合副刊」，1977 年 7 月 19 日，收入《攝氏 20～25》，
　　　　頁 119。

〔註136〕同上，頁 121。

〔註137〕同上，頁 123～124。

層群眾靠各路公車網絡，往返台北都會各角落的政府單位。站牌下不知所措的人們，代表了七〇年代不斷由各地北上的打工潮，作為台灣政經中心的台北各角落，充斥著都市陌生人（或可稱為異鄉人），產生了都市的疏離現象；而對於拋下不知情、苦苦候車的同胞，季季事後雖心感不安，但她當下所表現自私、事不關己的態度，卻也反射出都市人漸趨冷漠、疏離的性格。

　　心岱則於散文〈初夜〉中，記起她常和一些大孩子們，在長橋上守望台北夜空的片斷回憶。「長橋名副其實的長，從這一頭到那一頭，很可能就會讓白日落入黑夜。我們不喜歡橋上上滾滾來去的汽車，卻極愛橋面兩旁鋪鑲的每一塊紅磚……橋燈亮起後，這世界轉換了另一番姿色，處處是耀眼的繁華……。〔註138〕」向晚時分，他們就帶著純真稚情，走到橋下，穿過蘆葦、茭圍覆蓋的河床，走近大海、走向大自然。晚風拂過、四周蕭條，唯有靜默和磁釉般的月光灑落，「但屬于夜的豐盛卻在我的心中醞釀，臉上常常閃過苔般的青綠，或者寶石的藍，這些顏色很可能是一種反射，是跟夜交談的語言。〔註139〕」他們就這樣在長橋下，抬頭望著台北的夜，讓夜色在臉上畫染色彩；他們聊心岱最新發表的作品，談各人對文學的見解——他們真誠地陪伴心岱走出喪偶低潮，期待她步上新生命的開端。

　　同樣寫台北夜色，季季的〈山中燈火〉，描寫在頂樓陽台遠眺台北盆地夜景，細數盆地邊緣的山中燈火，也回憶幾度日間登上山丘所俯瞰的台北盆地；從盆地底萬家沉睡的稀落燈火，到游移煙靄籠罩的盆地白畫，再到盆地邊緣明亮閃爍的山中燈火，季季心中的台北盆地意象愈發清晰。

> 我登上陽臺時，大都是夜將深……有些樓房熄了燈火就沉入暗夜，
> 有些則在窗上透出一抹淡淡的紅暈，隱隱綽綽還閃著浪漫而且溫暖
> 的氣韻。到了夜漸深時，盆地的燈火就疏疏落落了，有月光的晚上，
> 天空總是特別深藍，看得見臺北盆地彷彿罩在一層薄薄的藍色紗網
> 裏：喧嘩了一天的百萬市民沉睡了；上演著許多人間小故事的一幢
> 幢屋宇沉睡了，只餘那間隔遠遠的一盞盞路燈；偶爾自視野裏一閃
> 而過的車燈；橋上的燈；間或還明滅著一些賭徒之家的燈、夜讀者
> 的燈；或如我一般夜歌者的燈……。〔註140〕

〔註138〕心岱，〈初夜〉，《致伊書簡》，頁52。
〔註139〕同上。
〔註140〕季季，〈山中燈火〉，《攝氏20～25》，頁139～140。

愛好「夜歌」的季季，寫出深夜靜靜沈睡的七○年代台北夜色，路燈、車燈、橋上之燈……這些微淡燈火，是城市少數不眠的守夜者，那戒嚴時代的都會台北，只有白晝的繁華，而無夜裡的狂歡縱慾；不似九○年代的台北，越夜越活躍、越夜越美麗。初到台北定居的季季，走在河堤散步，所見到四周遠山朦朧，但卻習焉而不察，尚未認知到自己所處的台北，是個「盆地」，直到爬上木柵指南宮，從廟前朝下望去，才驚訝於台北盆地就在腳下的五里霧中：

> 整個臺北城在腳下彷彿靜靜沉睡，沒有車聲，沒有人影。然而，依稀靜寂之中，卻有一種淡灰色的煙霧在昇騰游移。淡水河映著燦燦日光，蜿蜒在一片灰茫之中，就如一條閃灤生輝的銀色緞帶。再極目環視四野，層層群山勁挺聳立，蒼翠有如一隻綠色大盆；只是盆底的城市罩著煙靄罷了。〔註141〕

於此之前，她只知走在城市裡，馬路縱橫、人車喧囂；如今登高一望，方知自己和許許多多人都在無聲無息、籠罩著煙霧的盆子裡「滾來滾去」。待日後爬陽明山、登圓通寺或走上碧山岩，在這煙塵中居住多年，對盆底煙霧中的城市，已漸次麻木。唯在某個黃昏向晚時分，於「白雲臺」坐看山下的城鎮和基隆河，「暮靄四合中，淡金色的夕暉漸沉，盆地的灰煙似乎被晚風吹淡了，看得見一幢幢方形屋宇開始亮起燈火，一直看到月明星閃，盆地又被藍煙籠罩，萬家燈火都在朦朧藍煙中，迷離閃爍，似有若無。〔註142〕」季季開始愛上這城市華燈初上的燈火，搬到公寓四樓後，再度邂逅台北盆地夜裡的另一番面貌，每夜在頂樓陽台欣賞盆地裡的燈火，特別是邊緣幾處格外明亮的「山中燈火」。

　　另一處是指南宮的燈，「遠遠的望過去，夜晚深藍色的天空總和暗沉的山影疊合成一大片黑幕，指南宮的燈在那黑幕裏就如一頂輝煌的后冠。它的燈是金黃色的，一盞一盞都如后冠，聽說是仙跡岩。雲層多的晚上，仙跡岩的燈火是看不見的。〔註143〕」夜裡的燈光，猶如指南宮皇冠上，鑲著無數燦爛耀眼的寶石；另一處是中和的圓通寺，「一盞一盞剔透玲瓏，一直亮到山頂上。山頂上另有兩三盞燈是金黃色的，大概是廟門口的燈吧，我時常數這幾盞燈。〔註144〕」這幾處長年在山間閃爍、不曾冥滅的佛門燈火，彷彿

〔註141〕季季，〈山中燈火〉，《攝氏20～25》，頁141～142。

〔註142〕同上，頁142～143。

〔註143〕季季，〈山中燈火〉，《攝氏20～25》，頁144。

〔註144〕同上。

世世代代都在人間天上恆亮。白日，她登上指南宮、圓通寺，低頭俯視山下都市人盲目打滾的盆地世塵；黑夜，季季遠眺這些佛門之地錯落山間的點點燈火，總在心境哀悽、迷惘時，為她撥開雲霧，看見明月。

在季季眺望的範圍內，陽明山、天母和北投一帶的燈火最密，築在半山腰或濃蔭掩映裡的飯店、洋房和別墅，形成一大片耀眼的燈海，「彷彿山上覆蓋著一大塊大明鏡，把滿天繁星都映閃而出了。〔註145〕」當年北投風化區和萬華寶斗里，同屬「紅燈區」，而陽明山、北投和天母，對七○年代台北人而言，自有某種程度的臆想與象徵。

但城市持續、迅速開發中，季季要清楚眺望台北盆地燈火的難度，越來越高；新的高樓一棟棟蓋起來，逼近眼前，擋住原本一覽無遺的視線。然而，即使勉強從眼前大樓與大樓間的縫隙，望見熟悉燈火，她也發現，山上的燈火越來越多，「一些以前在黑夜裏隱入天際、睡成一隻龐然大物的山，如今都睜開了好幾隻晶亮的眼睛。在盆底的城鎮越來越擁擠的時候，原本居住飛鳥野禽的山林都將住進人類了；都將在那裏亮起一盞一盞文明的燈火。〔註146〕」季季以為，在擁擠的台北街頭，看到盆地邊緣的山，便覺台北仍充滿希望；而今開發越來越迅速，能在頂樓看到的盆地燈火卻越來越少；要想再遠眺盆地點點燈火，除非住得更高，直至天空與星辰為鄰，或住得更低，接近泥土地與長草飛螢為伍──不可達成的想像與企盼，透露著面對都市無止盡開發的幾許無奈和感懷。

白慈飄雖長期居住台中、南投鄉間，但年年上台北三、五次，她愛台北的朝氣和文藝氣息，也曾在台北租居數月。她以〈過客〉一文，書寫自己置身百萬人口的都市中，從被孤獨、陌生侵襲，到隱隱愛上這個城市，並將之視為心靈上的第二個故鄉──「我浮在絢爛繽紛的光海中──商店五花八門的裝飾，霓虹燈的亮麗以及熙來攘往、華衣美服的人群。陸橋宛若一條巨龍傲然的匍匐在寬闊的道路上，我一級級的蹬上去，佇立正中。俯視橋底下川流不息的人和車。〔註147〕」這段幾近典型八○年代都市散文的文字，卻是白慈飄於1971年初抵台北，目睹城市「繁華」的最直覺感受，也是「過客」目光下的冷眼觀察。

〔註145〕季季，〈山中燈火〉，《攝氏20～25》，頁147。
〔註146〕同上，頁149。
〔註147〕白慈飄，〈過客〉，《乘著樂聲的翅膀》，頁63。

　　七〇年代初的台北，已經是個喧囂的擁擠城市，「行路聲、車子呼嘯聲、喇叭聲、叫賣聲，還有那勢如破竹、直闖而入的火車聲。〔註148〕」白慈飄試圖強迫自己融入這個城市，周遭充斥著光海囂張、人情冷漠，「匆忙、冷漠是每一個人共有的型式，甚至他們新穎華麗的裝扮都飽含示威的意味。〔註149〕」她與這一切顯得格格不入，難以適應。想起剛踏上這個城市的第一個夜晚，火車站前兩個赤身大漢扭打的恐怖景象，隻身在冷清街頭捱到天明，白慈飄曾想立刻離開這個「可怕」的城市；她選擇留下一段時日，因為「台北」讓她體會到生存是件嚴肅的事，都市生活驗證了生存競爭下，「適者生存，不適者淘汰」的殘酷現實；但當她想到有百萬人能夠在這個城市持續奮鬥下去，她也嘗試接受這個冷酷競爭環境的考驗。即使最後失敗，認清自己對冷漠、熱鬧、喧囂的厭倦，不願再當「台北人」，但在此停泊的短暫時光，仍成就她生命中寶貴的體驗。

　　丘秀芷筆下五〇年代前的「老台北」，到處是孩子們「打游擊」、親近大自然的未開發「處女地」；沒什麼柏油路，中華路上常見牛車經過；淡水河有清淨的河水，水肥船來往兩岸間，還有乾淨的沙灘、河蟹和河蜆；植物園裡還有馬場和廢坦克；六、七〇年代，隨著中興橋完工，丘秀芷見證萬華、延平與城中區，從繁華到沒落，也見到西門町興起又旋即為東區所取代，看透城市重心的無情更迭。

　　到了七〇年代，愛蓮的謝霜天仍可在北投芝山岩，遇見大片翠綠荷田；當她漫步基隆河邊，尚能見到工人、漁夫在河上划槳，撈煤渣、捕魚蝦維生；高速公路跨河工程旁，還隱匿著一戶養雞農家，在城市中點綴一小片農村風光；假日往松山區尋訪上塔悠聚落，在都市邊緣，驚見稻田、菜圃錯落的鄉村景致；於每天上班一成不變的路徑中，細心觀察、體驗，紀錄下沿路連流的景象與街道風貌；圓山半日遊，踏遍圓山前後山景點，勾勒出七〇年代圓山、劍潭一帶的都市公園景觀；踏在陽明山雪地上，描繪七〇年代中，百年難得一見的台北市郊「賞雪圖」。

　　劉靜娟放眼七〇年代的台北街頭，盡是滿眼灰色水泥建築，行道樹是難得的綠色點綴，因此她以樹為名，為沒有生命的台北市街道，取了一個個翠綠鮮活的新名字；在灰冷色調的水泥公寓間，尋找用心佈置的庭園綠景；開

〔註148〕白慈飄，〈過客〉，《乘著樂聲的翅膀》，頁63。
〔註149〕同上。

逛書店街，寫下七、八○年代愛書人眼中的重慶南路書店即景；和孩子在榮星花園，共享都市中難得的草原、綠蔭。

　　季季隨性走入新公園，記敘下七○年代充滿年輕朝氣、青春歌聲的新公園；在「北淡線」乘客稀落的火車上，季季沿途目睹了中山北路後窗的髒亂與不堪，看見台北市在七○年代文明與落後並存的矛盾景致，也在石牌北投間和謝霜天同樣遇見一大片蓮田，在關渡喜見即將收割的黃金稻穗；寫下人們盲從的普遍弱點，以及台北市公車站牌讓一群外鄉到都市謀生者枯等的無情；她更以長篇幅，細膩地描繪台北盆地深夜燈火與白晝塵霾籠罩的市景，道出都市不斷開發，寶石般山中燈火即將於視線消失的無奈。

　　心岱則在長橋下望夜，留下七○年代城市繁華燈火中，寧靜的河床夜色與柔和月光。白慈飄初到台北，迷炫於台北的絢爛霓虹、人車川流，被陌生與孤獨所籠罩，直到慢慢愛上台北緊湊步調和濃厚文藝氣息；然短暫的數月居留，她終究厭倦都市生活的擁擠、喧鬧，放棄當台北人的追求，重返家鄉的大自然懷抱。

　　懷念童年鄉土成長經驗的台籍女作家們，置身七○年代公寓、大樓林立的台北，只能走進植物園、榮星花園，或往近郊探幽，尋找都市水泥叢林少有的自然色彩、田園風光。但「日久他鄉成故鄉」，久居台北後，她們嘗試在熟悉的都市生活中，留意細微的脈動與變遷；於每天必經的街道巷弄裡，發掘可愛動人的生命百態——城市裡零碎的晝夜景致，平凡細索的都市人群生活，共構出七○年代都市台北的文明孤獨特質；在女作家們多感、溫暖的細密心思營造下，七○年代的女性鄉土散文中，這座城市的空間與性格是多向度的，呈現出雖冰冷、疏離卻又可親的複雜性格。

第四節　小結

　　童年與鄉土一樣，當它們在社會現實中瀕臨絕跡，就會變成人們懷舊的焦點，成為被思考的主題。在文學作品中，童年的那段年少時光，往往充滿豐富感懷、細緻的追憶；在緬懷或歌詠兒時情景時，童稚的歡樂與無憂，滋潤了形將枯槁的心田。戰後第一代的台籍女性散文作家，在七○年代的鄉土散文中，記述著她們在台灣鄉間野地上打滾的童年，描繪下家鄉如烏托邦般的難忘景象。透過書寫「童年」，這群台籍女作家，在追憶童年與重構家鄉印

象的創作中，記錄了尋找生命依歸的歷程。

　　「童年」是文學創作中，無分性別、族群和地域的共通主題；因此，在七○年代的鄉土散文和女性散文中，「童年」都是重要題材；其中，台籍兩性鄉土散文作家，皆共同擁有採野菓、挖蕃薯、烤蕃薯、去田裏撿田螺、到河裏篩河蜆，與生長土地親密相連的童年記憶。然而，台籍男性散文作家的童年書寫，僅是眷戀農村生活、歌詠鄉土美好的點綴；台籍女作家則是以綿密微妙的情感、深刻細膩的描摩，寫出童年經驗與成年生命的緊密關係。再相較於同時期遷台女作家張曉風等人的童年書寫，戰後第一代台籍女性散文作家的童年，是在「台灣」這塊土地上打滾、嬉戲中渡過；而張曉風的童年敘事，卻是八歲之前在中國的模糊印象──那個在江南小鎮，採花、爬樹、溪裡打滾的小女孩，那個坐在南京郊野草地上撿拾落葉的小女孩──如藍培甄所分析：「對於張曉風來說，那些童年所經歷生活過的地方，在其來台定居，長久遠離故土而回不去的情形之下，彼岸的一切人、事、物、地，其實都已經變成了『故鄉』的象徵。〔註150〕」張曉風的童年記敘，是中國情懷的象徵，是建構祖國故土想像的依憑，象徵意義的「中國童年」便和台籍女作家與土地相擁的「台灣童年」，形成明顯對比。

　　在回歸風潮下的七○年代，身處都市、揮別家鄉的台籍女作家們，經由鄉土散文書寫，走上尋返往日時光的旅程，回歸記憶與夢境的故土家園，讓她們心靈暫歇，重新看見生命希望，聞到昔日泥土的芳香，掘取更豐沛的創作泉源。「地方感的保存或建構，是一種從記憶到希望，從過往到未來的旅途中的積極時刻。地方的重構可以揭露隱藏的記憶，替不同的未來提供前景。〔註151〕」戰後第一代台籍女作家們，透過散文作品，在童年往事與追憶故鄉間，描繪各自的「思鄉地圖」，重構記憶中的家鄉印象，也讓深埋心底或早已遺忘的記憶重現，抒解胸臆間，濃得化不開的綿綿鄉愁。七○年代，台籍女性鄉土散文所形構的「思鄉地圖」，記載了這群本土女作家於年少時期，在台灣這塊土地上踩踏、生活的真實足跡，關於家鄉的所有印象，皆是她們親身所感、所知。這張七○年代台籍女作家的「思鄉地圖」──丘秀芷的老台北、謝霜天的苗栗苳蕉灣、劉靜娟的南投水里、季季的雲林永定村、心岱的彰化鹿港

〔註150〕藍培甄，《張曉風抒情散文研究（1966～2003）》，國立中山大學中國文學系碩士在職專班碩士論文，2005年，頁61～62。

〔註151〕Mike Crang 著，王志弘等譯，《文化地理學》，頁101。

——重現了七〇年代以前，台灣中南部鄉村的地理風貌，也展現人與地方真實互動下，所產生完整而深刻的地方認同感，以及對家鄉的情感歸屬。

同時期生長於眷村的遷台女作家張曉風、陳幸蕙，皆是七〇年代女性散文的主流作家，在那回歸文化中國的年代，其散文作品所流露的「中國鄉愁」，覆蓋了台籍女性鄉土散文「在地鄉愁」的微弱聲音。中國對遷台女作家而言，非僅僅是地理上的中國，也是歷史的、文化的、文學的，更是同文同種同一民族的中國，也是她們的精神故鄉，身為古老民族、炎黃子孫後代，她們深感驕傲而優越。在陳幸蕙筆下，台灣嘉南平原上極鄉土的「夾竹桃」，只是小家碧玉，永遠激不起她熱烈有情的迴響，乃因「它不是桃花江畔真正的桃花，不是詩經『灼灼其華』、動人心魄的佳卉，也不是陶淵明筆下，令武陵人為之錯愕的一片片粉紅織錦。〔註152〕」反而讓她思念起有真正桃花的中國故土，一個她未曾真實感知過的土地，卻是她濃烈思慕的地方，當她眺望台灣鄉土，眼底所見，卻仍是對中國古老大地和故園的無限遐思。

而同樣關於味覺上的思鄉，台籍女作家寫的是炒蜆肉、炒田螺、客家粄條、客家鹹湯圓等，台灣在地滋味；張曉風所尋找可以咀嚼的鄉愁，則是母親口中的「上海、南京、湯包、肴肉」〔註153〕、中國北方大餅、山東煎餅、韭菜合子——「合子是北方的食物，一口咬下彷彿能咀嚼整個河套平原〔註154〕」她試圖在台灣這塊南方島嶼上，咀嚼出中國北方的鄉愁滋味；因此，在十月慶典觀禮台上，張曉風的中國鄉愁也無端湧現，「我的淚水奪眶而出，我想起了南京……不是地理上的南京，是詩裏的，詞裏的，魂夢裏的，母親的鄉音裏的南京……〔註155〕」基本上，張曉風和陳幸蕙，懷著遷台第二代女性與中國文人雙重身份，以中國為中心的視野，在她們散文作品中，建構了一個美好的中國意象。

人文主義地理學家 Mike Crang 認為，文學能夠主觀性的表達地方與空間的意義，因此，不同的城市書寫方式，以及不同時期、不同地方的不同故事或記敘，都共同訴說著都市生活的特質〔註156〕。邱秀芷、劉靜娟、季季、謝

〔註152〕陳幸蕙，〈夾竹桃〉，《群樹之歌》，頁86。
〔註153〕詳見張曉風，〈母親的羽衣〉，《步下紅毯之後》（台北：九歌出版社，1979年），頁138。
〔註154〕張曉風，〈飲啄篇〉，《步下紅毯之後》，頁160。
〔註155〕張曉風，〈步下紅毯之後〉，《步下紅毯之後》，頁57。
〔註156〕詳見 Mike Crang 著，王志弘等譯，《文化地理學》，頁58～59。

霜天和心岱等幾位定居台北的台籍女作家，置身水泥鑄成如「熔岩」般，遠離陽光、自然和原野的都市台北，除了在植物園、公園裡尋找些許綠意，也留意城市不起眼角落隱藏的農村小聚落；同時，她們亦細心體察都市日常生活的點滴變化與特殊感受，在街道巷弄中，覺識生命動人的風景。在她們不同的書寫特質、殊異的觀察視角下，拼湊出屬於七〇年代的台北都市生活特質：急速開發、人口驚人成長、吸聚大量中南部打工潮、滿眼水泥建築，人的腳步與心靈少有喘息空間。心思細密的女作家們，在都市生活中，細心捕捉平凡生活中的小小感動，訴說散佈街巷的可愛人事；並透過文字書寫，為台北冰冷、灰白的水泥色調，增添綠化眼簾、洗滌心靈的鮮綠色彩。

　　丘秀芷、劉靜娟等台籍女作家，於童年記憶和尋常生活中，透過都市空間書寫，在七〇年代的散文作品中，描繪出四〇至七〇年代間不斷變遷的台北市景。有別於眷戀鄉村、批判都市的七〇年代男性鄉土散文；這群台籍女作家的台北書寫，先於男性作家，開啟鄉土散文之「都市書寫」先例。在七〇年代其他女性散文作品中，關於台北的地景書寫亦不多見。如張曉風在七〇年代散文作品中，若提及台北市街道，也多為滿足其咀嚼鄉愁的慾望，而缺乏實際地景和空間意象的描述，如：中華路的中國北方大餅和台中蜜豆冰、永康街上的牛肉麵和蚵仔麵線、漳州街的山東煎餅，以及信義路四段的韭菜合子；其中永康街的台灣小吃「蚵仔麵線」，是張曉風小女兒的最愛，「一碗蚵仔麵線裏，有我們對這塊土地的愛。〔註 157〕」張曉風難得地說出對台灣的愛，張瑞芬便認為，七〇至八〇年代間，張曉風的文字中，已開始觸及「在地化」〔註 158〕；然而，台北街道伸出去所環抱的，依舊是中國的版圖，「環著永康的是連雲，是臨沂，是麗水，是青田……而稍遠的地方有屬於孩子媽媽原籍的那條銅山街，更遠一點，有屬於孩子父親的長沙街，我出生的地方金華，金華如今是一條街，我住過的地方是重慶和南京和柳州，重慶、南京和柳州各是一條路……〔註 159〕」台北已非台北，而是遷台女作家暫託中國鄉愁的寄居之地，而張曉風對台灣初初萌發的愛意，也抵不過內心深處對中國故土的顧盼之情。

　　在城鄉變遷最劇烈的七〇年代，戰後第一代台籍女性散文作家們，也和

〔註 157〕張曉風，〈步下紅毯之後〉，《步下紅毯之後》，頁 57。
〔註 158〕張瑞芬，《臺灣當代女性散文史論》，頁 337。
〔註 159〕張曉風，〈飲啄篇〉，《步下紅毯之後》，頁 164。

當時北上打拼的台灣人一樣，身心處於「城市」、「鄉村」重疊交錯的生活時空；她們置身城市台北，心靈依託於年少成長的家鄉故園，現實的城市居所與記憶的童年家鄉，都是她們生命歷程中的重要「地方」。對家鄉的認同與歸屬感，早以深入生命底層；而在台北開展的人生新階段，也日漸成熟，她們眞誠地融入台北「在地生活」，深化居處台北的「地方經驗」，細心觀察這座城市的晝夜變化、市景地貌、街道巷弄，乃至尋常的生活脈動，試圖掌握台北的複雜都市性格，正如 Mike Crang 所言：「身爲人類，就是要活在充滿意義地方的世界中：人就是要擁有並瞭解自己的地方。〔註160〕」她們踏實的在生活中熟識所居處的城市，以作爲產生地方認同感的重要憑藉，一旦「日久他鄉作故鄉」，歸屬感與地方感建立後，城市台北便成爲她們遠離童年家鄉後的「第二個故鄉」。

〔註160〕Mike Crang 著，王志弘等譯，《文化地理學》，頁 144。

第五章　台灣人文風土記事

　　現代地理學家 Richard Peet 認為，「對於地方的本眞感受，牽涉身為個人和社區成員，置身且歸屬於某個地方（家園、家鄉或區域），而且可以不假思索地知道。這種本眞而不自覺的地方感，一直提供個人和社區認同的重要來源，並呈現地方風土和地方的多樣性。〔註1〕」社群和地方之間，存在著彼此強化對方認同的緊密關係，「所以人就是他們的地方，而地方就是人〔註2〕」，在特定地方或族群的共同經驗和個人經驗裡，經常會有一種「我們的根」的緊密依附。台灣戰後第一代的台籍女作家們，除了在七〇年代的鄉土散文作品，表露出對老家、家鄉與土地的依戀和綿密的情感連繫；也透過自己對於所屬族群生活、習俗和語言的體認，在陳舊記憶與逝去年代中翻找，將自小熟悉的台灣閩客風俗文化，融入懷舊篇章，在文字間展現對族群文化的深切感受與認同。

　　從實質空間意義的家鄉，到對族群文化的歸屬感，這群台灣戰後第一代的閩、客族群的本土女作家，在成長過程中，潛移默化的吸收族群文化內涵，散文作品中，自然流露獨特的閩客族群色彩，有習俗儀禮的描寫、有母語俗諺的引用，也在對話中加入母語詞彙，增添散文語言的靈活與寫實；而基於對鄉土情懷，走踏台灣大小角落的人事風情，也成為她們七〇年代鄉土散文作品的重要主題。前章所呈現的，是戰後第一代台籍女作家對家鄉、田野的土地認同；本章第一節則將探討，她們如何在文本中，將日漸流失的台灣閩客習俗、母語文化，留下彌足珍貴的烙印——除表現生活經驗中自然流露的

〔註 1〕Mike Crang 著，王志弘等譯，《文化地理學》，頁 78。
〔註 2〕同上，頁 79。

文化認同外，也某種程度回應了七〇年代的鄉土回歸運動。第二、三節則分析散文作品中，對台灣各地地理風情的勾勒，以及對平凡小人物的描摩，展露出七〇年代的台灣地方景致，以及社會底層的眾生圖像。

第一節　台灣閩客文化

　　目前人文科學與文化研究中，最具影響力的「文化」基礎定義，爲社會學家 Williams 所提出：「一個社會群體或整個社會的整體生活方式〔註3〕」，指涉了社會群體表現性的生活與傳統；而「文化」的形成，需要長遠的時間歷程，以及大量群體的安定生活。文化地理學家 Mike Crang 也認爲，「文化乃藉象徵而習得和傳達的行爲模式所構成，文化的基本核心包含傳統、觀念以及價值。〔註4〕」文化藉由共同的語言和習俗、行爲與思考習慣，將我們整合進社群、社會乃至整個世界。

　　根據人文社會科學對「文化」概念的普遍界義，李喬進一步爲「台灣文化」下了定義：「台灣文化就是台灣人的群體生活，經驗的整體特質。」「台灣文化是台灣人在台灣這個地方：形成、創造出來，並共同擁有的文化。」〔註5〕本章所論及之「台灣閩客文化」，意即 1945 年以前，由中國廣東、福建等地，遷移來台的漢族及族裔（亦即台灣閩南與台灣客家族群），長期生活在台灣這塊土地上，並經歷人與自然、人與人、人與社群之間的相處和適應過程，形成台灣閩客社群特有的風俗、習慣、思考方式、宗教觀、行爲模式和生活型態。

　　戰後第一代台籍女作家中，謝霜天父母皆是苗栗客家人，自小在苗栗銅鑼的客家山庄長大，不少作品都流露或濃或淡的客家風情；同屬客籍的丘秀芷，父族曾是台中客家望族，但母親則爲台灣閩南人，台灣閩客族群的習俗文化和語言，都是她慣常熟識的生活經驗，也在文學作品中留下刻痕。劉靜娟、白慈飄、季季和心岱，則都是中南部的台灣閩南兒女，台灣閩南族群的

〔註3〕轉引自 Peter Brooker 著，王志宏、李根芳譯，《文化理論詞彙～第二版》（台北：巨流圖書，2004 年），頁 90。

〔註4〕Mike Crang 著，王志弘等譯，《文化地理學》，頁 22。

〔註5〕李喬所指涉的「台灣人」，包括各族原住民、平埔族及其與和漢族移民的混血後裔、一九四五年由中國廣東福建等地渡海來台的漢族及其後人、一九四九年以後由中國各地來台的中國人及其後裔，以及歸化台灣的外國人士及其後代。詳見李喬，《文化、台灣文化、新國家》（高雄：春暉出版社，2001 年），頁 61～62。

風俗舊慣、家人鄉人口中的台語、俚諺，已成為她們生命成長的重要部分，也融為散文寫作的獨特素材。

一、風俗舊慣

　　台灣以閩、客為主的漢人社會，早期自開台先祖傳承而下的風俗習慣，主要以中國祖居地福建漳洲、泉洲的閩南習俗，和廣東潮州、惠洲、梅洲等地的客家習俗，為主要源頭。但隨著遷台羅漢腳與台灣原住民平埔族通婚、平埔族漢化，部分平埔族的風俗習慣，也融入台灣漢人的習俗生活中；傳承自中國閩粵的傳統習俗，也因應台灣移民環境的不同，漸漸發展出符合台灣自然與人文環境的「台灣閩客習俗」，而有別於中國閩粵發源地的民俗文化。

　　然台灣歷經日治時期殖民者的「習俗改良」與「皇民化」運動、國民政府「大中國」本位的去台灣化教育、六〇年代以後社會的「現代化」變遷，造成老祖先數百年來在台灣遺留下的傳統習俗與特有文化，已逐漸失去原貌甚或早被遺忘。出生於四〇年代的戰後第一代台籍女性散文作家，童年階段皆處於戰後初期，彼時以農業為主的台灣社會，仍保留不少傳統台灣閩客習俗。在她們的散文中，關於台灣閩客風俗文化之描寫，正可窺見台灣先民的生活智慧，以及對文化傳承的重視。

1. 年節習俗

　　「對於過年，我一向抱著虔敬的態度，一來這是傳統的、充滿溫馨的節日。二來它是新舊年交接的重要日子。」過年是白慈飄最重視且喜愛的歲時節俗，她以〈過新年〉寫下新年時節的喜悅心情。從歲末大掃除後，將一切舊有不好的事同灰塵垃圾一起清掉的舒暢心情；到全家團聚圍爐吃年夜飯的興奮，闔家妙語如珠，配著一道道美味年菜：「炸蝦丸」、「高粱麻油雞」、「香菇燉草魚」……還要小酌紹興酒，最後才在歡愉和樂與酒足飯飽中散宴。接著就是領壓歲錢、發紅包，以及為家中長輩守歲。「守歲是老祖母那一代人的故事，然而年輕的我們，也不願放棄這權利。我們沏了一大壺『龍井』，準備了瓜子、花生、橘子，點一根蠟燭，圍坐在圓桌前，談著各人一年來的許多遭遇以及理想的實踐……〔註6〕」直到言歡盡興後，才結束一年來難得的秉燭夜話，準備迎接新年到來。

〔註 6〕白慈飄，〈過新年〉，《乘著樂聲的翅膀》，頁 52。

〈外祖母的壓歲錢〉則記敘白慈飄兒時，年夜飯後回外祖母家的溫馨回憶，透露著父親對長輩的敬重，也傳達出外祖母對白慈飄一家人的關懷與愛護。每年除夕夜吃完年夜飯，白慈飄便跟著母親回外祖母家拜年，除了帶去父親特地為外祖母準備的紅包，也領取外祖母祝福外孫們「快快長大」的壓歲錢；想起外祖母的話：「新正年頭拜神祈平安，也謝謝祂年來的保佑。〔註7〕」體悟到新年是個教人感恩的節日，一家人能在除夕夜圍爐吃年夜飯，互遞壓歲錢，所共享的是超乎物質之外的親情與幸福。

大年初一，往往在乍然響起的嘹亮鞭炮聲中到臨——兒時的劉靜娟，初一清早就聽到父親播放的北管樂唱片——鑼鼓喧天的「賀新年」；傳統習俗中，新年頭一天，每個人都要穿上最新的衣服。劉靜娟便在散文中提到，祖父在世時，大年初一的「拜天公大典〔註8〕」，一定要穿上媳婦親手縫製的緞料長袍馬掛〔註9〕。

「神桌上的紅燭高燒，敬供神祇的肥大橘子閃著紅光，香煙繚繞，顯出莊嚴肅穆的氣氛……，客廳佈置得煥然一新，新的窗帘，新的椅墊，鮮紅的大理花，還有地上盆栽的盛開的螃蟹蘭和萬壽菊。〔註10〕」大人忙著向左鄰右舍拜年問好，小孩們穿新衣、戴新帽，在街頭上放鞭炮、玩玻璃珠。白慈飄於1972年新春，寫下這篇充滿歡欣和樂氛圍的〈過新年〉，讓七〇年代初，台灣民間社會濃郁且尚未流失的傳統年味，得以在鄉土散文中留下印記。

新春初一到大廟祈福，祈求來年順利平安，也是台灣閩南社會常見的慣例。心岱的〈春節〉，主要描寫大年初一，陪伴母親去寺廟燒香祈福的情景。「在我們小鎮唯一的一條大街上，往來熙攘的人群中，除了走進街旁的電影院外，大部份人都是趕往北頭街的寺廟去。……我們便隨著磨肩擦踵的人潮走進媽祖廟」「寶殿香煙裊裊，神案上堆滿豐盛的瓜果、牲禮等祭品，看了那些虔誠的男女老幼在菩薩前許願，真是令人感動極了。」〔註11〕在熱鬧的廟前廣場，心岱也看到新年「官賭」的聚賭與圍觀人潮；新春的賭博風氣，在

〔註7〕 白慈飄，〈外祖母的壓歲錢〉，《乘著樂聲的翅膀》，頁50。
〔註8〕 初一天明時要準備冰糖茶、敬品三果，供在門口高腳桌上，焚香、燒金紙，向玉皇大帝行三跪九叩，迎接新年。詳參片岡巖著，陳金田譯，《臺灣風俗誌》（台北：眾文圖書公司，1980年），頁37。
〔註9〕 詳見劉靜娟，〈寂寞的感覺〉，《眼眸深處》，頁138。
〔註10〕白慈飄，〈過新年〉，《乘著樂聲的翅膀》，頁52。
〔註11〕心岱，〈春節〉，《春天來時》，頁158。

日治時期前便已盛行，根據《臺灣風俗誌》記載，初一到元宵節期間，「官不禁賭」，以示官與民同樂。

　　「蒸盤上的艾粄，像一塊絲沉沉的寶玉，粲然有光，還未入口，我已摹擬到那股艾草特有的清香。〔註12〕」「艾粄」（艾草粿）是客家人清明祭祖掃墓的重要祭品，謝霜天在〈清香依舊〉中，咀嚼著艾粄的清香，回憶起童年清明節前上山採艾草的往事：「艾草呈多鋸形，正面青綠，反面淺白，遍布細絨似的白毛，揉一揉，便有一縷清芬飛上鼻端。我喜歡這份差事，綠蔭濃覆下，啁啾的鳥聲四面搖落，姊妹一面披開樹枝茅叢，找尋艾草，一面密密地談心……。〔註13〕」也想起大嫂做艾草粄的過程：「採來的艾葉，由大嫂把它煮熟、擰乾、曝晒，和在磨好的米漿裏，蒸製成甜軟的綠糕，吃起來齒頰生香，還含有一些古老鄉俗的野趣和風味。〔註14〕」到了清明節跟著父親去家塚掃墓，祭品旁一定會擺上兩盤艾粄；祭拜完返家路上，孩子們便嘴饞的將艾粄分食一光。十餘年後，謝霜天嚐著大嫂親製的艾粄，沈綠、清香依舊，但父親早已入葬家墓，僅剩人事無常的慨嘆。

2. 祭祖掃墓

　　台灣的閩客漢族社會，一向維持崇拜祖先的傳統觀念，以祭祀先祖為人倫要義。丘秀芷便在〈故鄉風物舊時情〉提及，家族族人相當重視祭祖事宜，每逢年節回老家祭祖，各房子孫都要準備三牲五禮回去祭拜；祭拜時，燒香後要上三遍酒和三次茶水〔註15〕。掃墓也是祭祖、悼念祖先的重要節日，李喬特別就台灣閩客族群掃墓習俗之異同，分別說明之〔註16〕：台灣閩南語稱掃墓為「培墓」，即墓上重土之意，時間為春草初長的三月清明節；客家人因多在外工作，從過年到清明時日甚久，未免曠日廢時，便將掃墓的日子訂在元宵節次日，即正月十六，並成為客家人的慣例；客家人稱掃墓為「掛紙」，乃因掃墓時除雜草之外，還要以「黃估紙」掛壓在墓碑頂上，以金紙掛「后土」上，表示「鋪屋頂」，故曰「掛紙」；台灣閩南人也會在墓頂「掛紙」，但用的是「五色紙」。謝霜天也在她的散文中提到，苗栗客家人之所以將掃墓訂

〔註12〕謝霜天，〈清香依舊〉，原載於「聯合副刊」，1973年5月3日，收入《心畫》，頁203。

〔註13〕同上。

〔註14〕同上，頁204。

〔註15〕詳見丘秀芷，〈故鄉風物舊時情〉，《蟇然回首》，頁60。

〔註16〕詳見李喬，《文化、台灣文化、新國家》，頁121。

在正月十六，乃因以往客家子弟多出外謀生，趁春節年假結束前，趕緊完成掃墓祭祖事宜，舊俗相傳便成為例常慣習。

劉靜娟的〈霽〉，其篇名字原義為「雨歇放晴」，但也蘊含著諧音「祭」奠之意。文中詳述週年祭後，全家第一次為父親掃墓的種種細節，將台灣閩南人清明掃墓的禁忌和習俗如實具現。「媽媽再三叮嚀著：『你們九時正才開始拜，地理師看好的時辰。拜的時候要跟你們爸爸說：今哪日，辦牲禮，來給你蓋（覆）厝。』〔註17〕」依據習俗，不到週年的墓不可以祭掃，新墓需在清明前祭掃，修墳墊土則一定要在清明節當天。「時辰到了，他們燃了香，先拜了土地公，再接著拜爸爸。……拜爸爸時，她小小聲地唒喃說著：『爸爸，今哪日，我們辦牲禮，來給你覆厝了。』〔註18〕」接著如李喬所言，台灣閩南人掃墓時，還要為先人的墓墊上新的墳土，「他們清除了墓丘上一些雜草，又在附近找到一些土塊，墊補好一些略凹陷的部份。〔註19〕」當墳前的香燒到一半，天也放晴，「他們把墓紙排在塋上，用小土塊鎮住，接著又把蛋殼剝了，撒在墳上。想必這就是蓋厝了。陽光溫煦地照在蛋殼上，照在草上。」清明時節太陽露了臉，先人在另一個世界，應也感受到子女親人們那份溫暖、和煦的思念與情意。

同為台灣閩南人的心岱，在〈上墳去〉描述母親在父親死後第一個清明節前，細心準備祭品的過程，也寫下自己未能在父親生前與之團聚承歡的遺憾。「明天是父親過第一個清明，但明天並不是掃墓節。媽說：我們是請風水先生看日子的；新墳不能同舊墳一塊兒過節，所以我們必須提早。〔註20〕」文中同樣提到，依循台灣閩南人的傳統習俗，新墳的要在清明節前擇良日掃祭。掃墓前一晚，母親細細點數要帶去祭拜的三牲、按習俗準備的十二碗菜，逐一擺滿兩籮筐。次日到了墳前，母親將十二碗為父親所做的菜餚，擺上小供桌，領著大家捻香膜拜後，扶墓碑而哭：「哭聲淒涼而單調的迴盪在這片沒有人煙，只有陽光、空氣、和風的世界裏。我和姐姐們把紅白兩色的紙錢一張張用土塊壓在凸起的墳上。〔註21〕」完成最後一道「壓墓紙」的程序，也依傳統慣例燃放鞭炮，住附近的孩子們便會聚集到墳前，分給他們每人一些錢幣，意謂希望他們不要來親人的墓地搗蛋；這項先人傳下的舊慣，和後文

〔註17〕劉靜娟，〈霽〉，《眼眸深處》，頁181。
〔註18〕同上，頁182。
〔註19〕同上。
〔註20〕心岱，〈上墳去〉，《春天來時》，頁99。
〔註21〕同上。

述及客家人掃完墓也會燃炮分贈「發財粄」的習俗相近。

「慎終追遠」的傳統客家思想,是謝霜天鄉土散文的重要意識,不少篇章皆提及掃墓祭祖的情景與細節;〈鄉居抒懷〉記述和大姊帶子女上山祭拜父親的情景——她們帶著一束香、一疊銀紙,前往西邊山郊的家塚:「上了墳堂,我們點香祭拜。在嬝嬝的青烟中,我驀然憶起小時隨著父親掃墓的情景。那時家塚未建,曾祖父母和祖父母的墳各在一方,父親在每位祖先墓前,都虔敬地領著後生小輩跪叩如儀,肅穆的氣氛籠罩四週。〔註22〕」焦黑冥紙在風中飛揚,她想起先父在家墓先祖前誠懇、感恩的謙遜面容,那正是心目中客家男子的真情表現。

謝霜天更以饒富詩意的筆觸,在〈海濱掛紙〉中,詳盡描述客家祭祖大典的莊重儀式與尋根意涵。中國學者趙遐秋便以「一首令人動容的輓詩〔註23〕」,讚許這篇祭奠先祖亡靈、遙思文化根源的作品。正月十六當天,客家子孫必須分別祭拜散處各地的歷代祖先,謝霜天和大姊被分派赴「海邊掛紙」,參與謝氏來台各房子孫前往濱海白沙墩祭祖的行列,一行縱隊長達數百尺,猶如謝氏開台先祖數百年來在這片土地上,蔓延而成的血脈長河。到了謝氏開台先祖墳前,「每家擺出了各色牲品、、糕點,羅列了酒壺、酒杯。青塚上遍撒方塊狀的金箔,墓碑上方掛起長形的黃紙,石台兩側燃起一對白燭。海風陣陣,紙搖焰晃。我們就看燭火點紅了香束,每人各分三支。頓時,站滿了人的墳堂飄起縷縷青煙,隨風徐徐向空中逸散。〔註24〕」第一炷香祭告謝氏開台先祖,感恩先祖篳路藍縷、以啓山林,與惡劣環境搏鬥的堅毅精神;第二炷香祭拜皇天與更杳遠的西方故土,遙拜謝氏祖先的中國發源地,謝霜天期待有朝一日能回到中國,祭拜謝氏列祖列宗;第三炷香敬拜守護開台祖墳的「后土」,庇佑早日「光復中國故土」。「三遍酒斟過,燒罷銀箔,長長的鞭炮逐在寂靜的海陬村野驚天動地的爆響,引來了附近孩子們好奇的張望。我們揮手招他們過來,將祭過的糕點分贈給他們。這種鬆軟的甜糕習俗稱之為『發財粄』,據說施受雙方都會沾上好運的。〔註25〕」謝霜天在祭祖過程中,

〔註22〕謝霜天,〈鄉居抒懷〉,原載於「中央副刊」,1973年8月19日,收入《心畫》,頁50。
〔註23〕趙遐秋,〈謝霜天作品的鄉情〉,收入莫渝編,《認識謝霜天》(苗栗:苗栗縣立文化中心,1993年),頁97。
〔註24〕謝霜天,〈海濱掛紙〉,《熒熒燈火中》,頁60。
〔註25〕同上,頁62。

滿懷對中國原鄉的「血緣鄉愁」，以及對中原文化的孺慕和懷想；直到八○年代赴中國探親，回到被祖先視爲故鄉的「祖國」，謝霜天以自認流離的書寫照見中國，旅遊意義大於「返鄉」〔註26〕——文化祖國之於「返鄉」的謝霜天，竟顯得異質、陌生，從而意識到，唯有回到生養孕育她的台灣土地上，方能掌握眞實的生命意義。

3. 婚喪彌月

丘秀芷在〈羽翼下〉中提到，她未依母親希望嫁給門當戶對的人家，還打破大家族慣例，嫁給一窮二白的外省籍軍人作家，在父母默許下，簡單的婚禮，沒有傳統婚俗應有的聘金、沒有家族例習應有的三牲六果十二禮，但母親仍堅持依照台灣舊俗，爲她準備「金首飾、布料、乃至針線盒、子孫棉什〔註27〕」等女方嫁妝。

丘秀芷童年的台北住家靠近鐵道，上學或放學途中，常在廣州街附近，碰上駭人的畫面——有人臥軌自殺，軌道上散佈著支離破碎、血肉模糊的屍體；改走另一條泥巴路，則遭遇被打撈上岸的溺死棄嬰，一堆人圍觀，「有人去叫『土公仔』來，然後大家你一毛錢我兩毛錢放在地下；準備給土公仔（專門收嬰兒屍體去埋葬的人）。我和四姐也各放一毛錢下去。」依丘秀芷對當時台灣民間習俗的了解，認爲「土公仔」是專門收嬰兒屍體埋葬的人；日治時期片岡巖所編撰的《臺灣風俗誌》，在第二集「第八章 臺灣人的雜業」中，將「土公」一職解釋爲：「埋葬人畜屍體或看護癩病患者的人，係一種賤業。〔註28〕」概括言之，過去台灣民間社會「土公仔」所處理的喪葬事宜，包括處理遺體（收屍）、入殮、停棺、扛棺、入葬，遷葬時勘查風水、墓地者也稱「土公仔」；以現代喪葬業型態反觀「土公仔」的角色，就是「殯葬專業人士」，亦即受過專業殯葬訓練的「禮儀師」。

劉靜娟在擬小說體的〈百日〉中〔註29〕，將父親驟逝、家人處理喪殯事宜的傷痛，寄託文中希如姊妹和母親的互動與交談，並簡單帶出台灣閩南社會的「做七」、「做百日」等喪家習俗。從和母親到市場挑選三隻雞當作做百

〔註26〕詳見劉維瑛，〈凝止的瞭望——論謝霜天散文中的空間語境〉，《第三屆苗栗縣文學‧靈山秀水‧研討會論文集》，頁39。

〔註27〕丘秀芷，〈羽翼下〉，原載於「新生副刊」，1974年6月16日，收入《綠野寂寥》，頁70。

〔註28〕片岡巖著，陳金田譯，《臺灣風俗誌》，頁120。

〔註29〕劉靜娟，〈百日〉，《眼眸深處》，頁69～78。

日時，已出嫁女兒祭拜用的「牲禮」，到憶及姊妹依習俗在「頭七」、「三七」和出殯時，燒給父親在往生世界花用的紙錢「何止千萬」〔註30〕，乃至百日當天，來幫忙誦經作法事的年輕兼職道士所言：「在生最要緊，現在不過做個過心的。」正是劉靜娟與家人在處理繁瑣喪葬儀俗中，所得的深切體會——若真有另一個靈界，希望父親真能從這些繁瑣儀式中得到好處；她們願以虔誠之心，盡心去完成所有儀軌。做完百日，母女前去墓地探父親的墳，發現日前清明種下的兩株劍蘭，已吐露新芽；再走到附近祖父的墳前探視，祖父墳前的劍蘭也長得很好——在生者彷彿得到往生者自彼岸稍來「一切安好」的訊息，失去親人的哀傷，也稍稍得到撫慰。

　　此外，劉靜娟也在〈霽〉一文中概略提及，依照台灣閩南的喪儀習俗，先人去世後，子女要由頭七做到週年祭，週年祭後可緊接著做「三年祭」：

> 二個月前做週年祭。當天上午緊接著做「三年祭」。中國人的禮俗竟是
> 這樣慈悲的，把「三年祭」壓縮到「一年」裏來，大概是要縮短人們
> 的悲哀吧？於是她們在師父的指示下燒去一些悲哀的標記，紅絨線取
> 代了綠絨線的「孝」，又把父親的牌位請上了一個新製的神桌上。然後
> 站在大門外，對著天公拜著，也告訴列祖列宗來接引父親。〔註31〕

習俗規定，做完「三年祭」，就表示孝期已滿，先人也可以歸入歷代列祖列宗的「神主排」行列，供奉於廳堂，接受後人朝夕焚香膜拜。一年多前活生生的父親，而今竟已成為神桌上的「祖先」，時光之倏忽、人事之無常，不過如是這般。

　　「將墓發掘開棺撿死者的枯骨，以甘草洗淨裝入『金斗』（陶製的缸），移到別處埋葬。俗稱『風水』就是馬蹄型的墳墓。〔註32〕」依據台灣漢族社會的傳統喪葬習俗，不分閩客族群，都是將先人以木棺入殮后土葬，待數年後再撿骨置入「金斗甕」，移入家塚或另做「風水」安置。謝霜天在〈鄉居抒懷〉便曾提到，父親去世六年餘，家人才將他的骨罈移入家塚。她也以〈那

〔註30〕依台灣閩南傳統習俗，先人往生後做的「三旬」、「五旬」，又稱「查某子七」。
　　　　《臺灣風俗誌》便記載：「三旬、五旬的時候，既嫁未嫁的女兒要製二十四孝
　　　　山及金銀山，這些東西是為壯瞻觀而安置在正廳。」待「滿七」或「百日」
　　　　請僧道做功德時，再和紙厝、靈厝等一併燒化，以為死者在靈界使用。參自
　　　　片岡巖著，陳金田譯，《臺灣風俗誌》，頁33。
〔註31〕劉靜娟，〈霽〉，《眼眸深處》，頁184。
〔註32〕片岡巖著，陳金田譯，《臺灣風俗誌》，頁33～34。

片青青園地〉，懷想座落於老家屋後的祖母墓園，並娓娓道出，將祖母從臨時墓地移葬到新墓園的詳細過程：「依照吾鄉客家人習俗，一個人物故後，先以木棺土葬，過了幾年，肉身化去，才請撿骨者來開墳，將遺骨刮拭乾淨，按人體構造順序盛於陶製的『金斗缸』中，加上蓋子，暫時挖一口小山洞厝放。等新的水泥墳堂築成，再擇吉日，把金斗缸置入墳穴。〔註33〕」新墓園完成前，風水師傅擇日將金斗缸移入墓穴安妥，最後封穴豎碑，墳堂也敷上水泥、以洗石子美化，一座堅固、宏偉的墓園方告完工。

關於台灣閩南社會的「滿月」禮俗〔註34〕，丘秀芷曾於〈這一家〉描述道，公寓二樓的鄰居曾太太滿月，送來婆婆親自為男孫準備的彌月油飯，「我把油飯收下來，然後依照習俗裝回一盤米，去馬路上找了個圓石頭，壓在米上，送回去。〔註35〕」〈一技在身〉中，惠娥不顧父母反對堅持嫁給小兒麻痺的阿明，第二年生下健康的男嬰，惠娥的母親也在外孫「十二朝」那天，送上十二隻雞和油飯〔註36〕。丘秀芷在〈回憶的軌道〉中也提到，二姐的次子結婚生子，孩子滿月時，她和兩位兄長也以嬰孩的「姨婆」和「舅公」身份，帶著紅包前去吃「滿月酒」〔註37〕。

有關家中新成員的成長儀式，尚有「做週歲」習俗，如《臺灣風俗誌》記載：

> 嬰兒初生滿一年稱「做週歲」(或稱試週之禮)，就是初次的生日……
> 此時帶小孩到廳堂拜祖先，然後準備筆、墨、書畫、雞肉、雞腿、
> 豬肉、算盤、秤、銀、蔥、田、包布等十二種東西，放在米篩內讓
> 小孩任意拿一種。如是拿著算盤與秤，將來會是商人；拿著筆墨則
> 可成書法家；拿著雞肉即身體會健康等，來預卜小孩將來。〔註38〕

〔註33〕謝霜天，〈那片青青園地〉，《熒熒燈火中》，頁145。

〔註34〕嬰兒出生滿一個月稱「滿月」，娘家親友致贈「童裝、鳳帽、獅帽、銀牌及香蕉、紅龜粿、紅餅、紅蠟燭等」，其中婆家香蕉僅收八成，餘二成加上油飯、米糕作為答禮，回給女方娘家。詳見片岡巖著，陳金田譯，《臺灣風俗誌》，頁6。

〔註35〕丘秀芷，〈這一家〉，原載於「新生副刊」，1975年12月18日，收入《綠野寂寥》，頁109。

〔註36〕丘秀芷，〈一技在身〉，原載《中國時報》「副刊」，1976年5月19日，收入《亮麗人生》，頁123。

〔註37〕詳見丘秀芷，〈回憶的軌道〉，《悲歡歲月》，頁17。

〔註38〕片岡巖著，陳金田譯，《臺灣風俗誌》，頁7。

此乃臺灣漢族社會沿襲久遠的生命儀俗，劉靜娟就在〈第一個孩子〉一文，提及長子「度晬」抓週的情景：「現在他穿著一套米黃色的衣服，坐在米籮裡『抓週』。他是長孫，所以祖母很重視他的週歲。拜了天公，又訂了一大簍『麵龜』，送給親友們，他用手指挖『麵龜』吃，接著，算盤、筆、雞腿、錢……什麼都抓了。〔註39〕」對初為人母的劉靜娟而言，不在乎孩子抓到什麼「職業」的象徵物，只期待他長大有志氣、知上進。

4. 民間信仰

台灣民間信仰是先民長期累積的多元民俗生活文化，其崇拜對象廣泛，舉凡宇宙、大自然、山川、生物、人鬼甚至器物等等，加上傳統生活民俗、禁忌、歲時節儀與豐富的神話、故事傳說等，形成龐大民間信仰文化的綜合體。

「土地神」、「福德正神」是台灣民間農業社會，不分閩客族群共通的重要地方信仰；台灣閩南有句俗諺：「田頭田尾土地公」，只要有農地的莊頭村落，都會祀奉守護地方鄉里的「福德正神」，以求社稷平安、五穀豐收。台灣客家族群稱「土地公」、「福德正神」為「伯公」，每座村莊都設有「伯公祠」，謝霜天在〈屬於鄉土的〉作品中，藉由與家鄉芎蕉灣「伯公祠」親切的土地情感，連繫起兒時農村社會無憂平靜的生活，也體驗到客家人虔誠供奉「伯公」的謙遜意識：

> 當時的祠設在河岸一個山灣裏，屋子很小，旁邊的「伯公樹」都大得突兀，蔽天的濃陰就像一簇夏日的烏雲。可見這尊土地公已不知被供養了多少歲月，而那兩棵樹木也連帶的保住了悠長的壽命。我在牲品、香燭的氣息間，也跟著大人敬拜如儀，但心裏頭是空的，是帶著好玩的情緒想出來溜躂的。拈香畢，照例的坐在祠旁的大鵝卵石上，享受祭拜過的糕餅。〔註40〕

芎蕉灣老屋旁的「伯公祠」倚在兩棵高大古老的「伯公樹」下，「每遇插秧或收割的日子，我常跟看爹來這兒上香。……伯公樹與河床近在咫尺，但每次洪水泛濫，濁浪吞噬著堤岸的時候，它們卻絲毫無損，像兩個頂天立地的巨漢，捍衛看炎盛哥的茅屋與果園。〔註41〕」巨漢般的「伯公樹」彷若「伯公」

〔註39〕劉靜娟，〈第一個孩子〉，《歲月像一顆球》，頁14。
〔註40〕謝霜天，〈屬於鄉土的〉，《無聲之聲》，頁160。
〔註41〕謝霜天，〈河岸上的足跡〉，《綠樹》，頁194。

化身，不畏風雨挺立著，庇護芎蕉灣的所有河岸人家。「伯公祠」是每個客家農村祈福謝天的信仰中心，也是三兩村人齊聚喝茶、閒話農事的社交中心，小孩也趁機結伴玩耍、戲水捉蝦。當謝霜天再次回到「伯公祠」前，凝視熟稔的「伯公」石雕神像，朝祂行了深深的三鞠躬禮後，沈思著社會型態改變後，客家民情的淳厚、質樸是否依舊？「伯公祠」的石爐香火是否依然裊娜？承載厚重客家文化歷史陳跡的「伯公」，是否仍受到客家子弟虔誠的敬奉？

「伯公」信仰自童年以來，便深植於謝霜天的潛在意識，也在其散文作品中，標示著她對客家文化的深厚認同感；如同在〈心畫〉提及參觀「客家文物展覽」時，「一框框圖片、遺墨、著作和物件，莫不閃耀著客族人士精神智慧的光輝，讓我也深感『與有榮焉』，滿室的親切鄉音，更使我浴在濃郁的情味裏。〔註42〕」置身客家文物的榮光中，聽著熟悉的客家鄉音，意識中那份熱切的族群認同感，令她興奮莫名。自發的客家意識與真淳的客家鄉情，讓謝霜天的鄉土散文，在七○年代的女性散文中獨樹一幟。

大自然崇拜是一般民間信仰的普遍現象，動物崇拜便屬其一。丘秀芷的〈井〉寫道，幼年在桃園住屋附近，有一條紅蛇日夜據守著一口公用井：「那條蛇從不爬上地面，只在井裏邊石縫中，偶爾伸出頭看看打水的人……附近的人家都說從沒看過紅色的蛇，因此認定這條蛇是神明，是守護這口井的神……大家還早晚各一柱香，向牠膜拜、禱告。〔註43〕」此外，台灣民間信仰中，家家戶戶都有一個重要的家神──「灶神」，主掌一家的生命福德。丘秀芷在〈炊煙〉中論及以前人家的「大灶」時〔註44〕，強調因灶有灶神，砌大灶前，要翻黃曆挑選適合起灶的日期，再請師傅動工，砌灶過程也有不少禁忌。

5. 其他習俗

《臺灣風俗誌》中台灣人的風俗習慣，尚包含居家生活和飲食衣著等。而衣著服飾也是表現族群文化的重要表徵之一，在七○年代台籍女作家的散文作品中，較少提及台灣閩客族群的衣著裝扮；僅謝霜天在〈磨〉一文中，除描寫三代客家婦女合力磨粄的操勞與繁忙，也細膩地鏤刻婆媳、祖孫──

〔註42〕 謝霜天，〈心畫〉，原載於「聯合副刊」，1973 年 11 月 9 日，收入《心畫》，頁 87。
〔註43〕 丘秀芷，〈井〉，原載於「台灣時報副刊」，1979 年 12 月 21 日，收入《悲歡歲月》，頁 130。
〔註44〕 詳見丘秀芷，〈炊煙〉，《悲歡歲月》，頁 70。

老中青三代，三種形式的農村客家婦女打扮：「母親穿的是小立領、布紐扣的大襟裳，直筒黑褲寬寬蕩蕩的，頭髮梳向後面，盤成柿餅樣的小圓髻。跟所有鄉村年長婦女一樣，這種裝束在一年四季裏除厚薄、顏色略有不同外，幾乎是一成不變。〔註45〕」散發寬厚、祥和的客家老婦風範，〈開興叔婆〉中，儀態威嚴、年登耆齡的叔婆，亦作如是打扮：「她長年穿著傳統的大襟裳和寬褲，顏色很深，但很稱身，很雅緻。頭頂頂縮起一個圓髻，梳理得光潔溜亮，絲毫不紊。〔註46〕」直到百歲壽辰，仍維持一身雅緻大襟裳的傳統裝扮；「大嫂穿的則是翻領、稍顯腰身的對紐上衣，洋式剪裁的長褲，厚密的頭髮在腦後捲一溜彎髻，看起來新派一些，也年輕的多。〔註47〕」文中大嫂的衣著，顯露客家長媳的幹練與俐落氣質；而大謝霜天將近十歲的姪女，眉目清秀，留著兩條光滑烏亮的長辮子，「她的衣著很樸素，黑褲和對紐上裝，樣式和大嫂的差不多，只是肩頭的袖峯打褶而蓬起。〔註48〕」一副客家少女溫馴、乖巧，惹人疼愛的模樣。謝霜天以簡鍊文字，具象速寫客家農婦平時素樸的打扮，也展現了傳統客家婦女的衣著特色。

謝霜天也在散文中，提到一項客家農業社會的傳統習俗活動——「做喜工」。「每逢年節、宴客或『做喜工』之前，婦女們在井邊殺雞宰鴨，小孩們便蹲在一旁幫忙拔毛，分類放置畚箕中。〔註49〕」客家農村在農忙時節，每個農戶都會互相支援、交換人力，即所謂「交工」；待收成後，農家們會互相邀宴或在廟埕前演出採茶戲，以示感謝之意，並藉此聯絡鄉親感情，稱為「做喜工」。文中提及，做喜工」前，客家農婦要殺雞宰鴨，正是為了準備宴請收割時互相幫忙的親友村人。

台灣傳統漢族社會都很注重生辰八字，每本黃曆上都可依生辰，對照出命有「幾兩幾錢重」。丘秀芷便在〈回憶的軌道〉寫道：「我回家問母親二姐的出生時辰，算一算vi總合竟然不到三兩，幾乎是『乞丐命』。大姐則有五兩二（愈重者命愈好，四兩算中等，我自己是四兩六）。〔註50〕」她回想二姐結

〔註45〕謝霜天，〈磨〉，《無聲之聲》，頁4。

〔註46〕謝霜天，〈開興叔婆〉，原載於「中央副刊」，1977年8月27日，收入《無聲之聲》，頁64。

〔註47〕謝霜天，〈磨〉，《無聲之聲》，頁4。

〔註48〕同上，頁5。

〔註49〕謝霜天，〈熒熒燈火中〉，《熒熒燈火中》，頁126。

〔註50〕丘秀芷，〈回憶的軌道〉，《悲歡歲月》，頁15。

婚後的際遇確實不佳，丈夫整日在外遊蕩不顧家中生計，算是命苦；但後來子女長大成人，二姐反倒成為「福祿雙修」的享福老太太。於同篇散文關於二姐的敘述中，丘秀芷也提及另一項中壢和台中客家人的習俗：娘家搬家時，出嫁的女兒一定要在數日內回去，若未能回去，則往後都不得踏進娘家大門；且必須每兩年回娘家一次，人不能回去，可以「衣服」代表「人」回娘家；她的二姐便因嫁到鄉下，農事家事艱苦繁忙，連續十年都只有「衣服回娘家」〔註51〕。凸顯了傳統漢族社會重男輕女的觀念與不平等的婚姻制度，在各項民間習俗中，女性總受到許多不合理的束縛與對待。

傳統台灣閩南習俗尚有不少禁忌，包括婦女懷孕時要格外小心，以免「觸動胎神」，《臺灣風俗誌》編者便認為「胎神」是迷信之說：「病子至順月的中間，衛生上並無甚麼應注意的事，只有二、三種迷信，胎兒是受胎神支配的，若是觸怒祂，胎兒會被奪去。胎神佔在孕婦房屋內，有時在箱，有時在桶、籠等並無定所，如孕婦動了所佔東西，都會伸犯胎神而生病。〔註52〕」但自認一向不迷信的劉靜娟，在懷〈第一個孩子〉時，因擔心生下不健康的嬰兒，仍牢記「胎神」之說：

> 有一次，臥室的帳子掉下來了。準爸爸在移開床之前，開玩笑地——也許存著寧可信其有的心理——以掃帚拍拍床，說：「請胎神讓一讓！」然後正要把釘子釘上天花板時，一陣急促的腳步聲從樓下上來，婆婆很緊急地問道：「釘了嗎？釘了嗎？」看到還沒釘，又聽說曾以掃帚拍床，她的臉色才平緩下來。〔註53〕

劉靜娟夫婦選擇相信胎神之說，是對未知新生命的憂心，害怕「百無禁忌」的心態會遺害孩子，而寧可信其有。禁忌，是族群社會長遠生活經驗累積的「智慧」，也是適應生存環境以及對生命來去不可知、無從掌握的應付「手段」。所幸祖先的習俗禁忌中，還傳下了破解禁忌的方法，讓後人不致完全被禁忌所束縛。

「第一個孩子」甫新生不久，白天晚上都在哭鬧，劉靜娟的婆婆帶回「符仔」，想讓嬰仔乖乖睡，「婆婆把那道符燒成灰，拌在第二道洗米水裏。她叫

〔註51〕詳見丘秀芷，〈回憶的軌道〉，《悲歡歲月》，頁16。

〔註52〕片岡巖著，陳金田譯，《臺灣風俗誌》，頁1。

〔註53〕劉靜娟，〈第一個孩子〉，《歲月像一顆球》（台北：爾雅出版社，1980年），頁6。

媳婦每隔一個鐘頭就在臥室灑一些符水，並且沾三滴在嬰仔的嘴裏。〔註54〕」劉靜娟想到要給嬰孩吃沒消毒過的洗米水，有些遲疑，但又不敢對「神水」不敬，於是——

> 她一次又一次地把水灑在床上梳粧臺上地上，好像水滴分佈越廣神
> 靈就越無所不在似的。也一次又一次沾三滴給娃娃吃。她很怕不誠
> 不靈，怕心中那個「不相信」的意識會冒上來；所以努力表現自己
> 的虔誠地喃喃唸著：「寶寶好乖哦，乖乖睡。寶寶要一覺四個鐘頭，
> 直到吃牛奶的時間才醒來噢。」〔註55〕

經過兩天觀察後，確定「神蹟」沒有顯靈，所幸丈夫得知後並未責怪，因為看到妻子被新生兒折騰得手足無措，他也寧可選擇「迷信」。

心岱則以〈迷信〉描寫台灣老一輩人「斬飛蛇」的習俗——未滿週歲的「君兒」，頭上長滿成雙成對的癤瘡日久不癒，母親和鄰家老人都認為必須敷草藥、唸咒祛邪，心岱雖嫌惡這種「迷信」療法，但為了母親一片好意，便姑且一試：「傍晚時分，媽媽用毛毯裹著你身子，我們到樓下田埂旁，對著落日，外婆邊唸咒語，邊舉起手裏的茉刀，把打成七個結綁著銀紙的麻繩，在你頭頂的鍋蓋上用力截斷，於是銀紙落在火堆裏，媽抱著你繞著火堆走一圈。〔註56〕」整個過程在心岱看來既荒誕又滑稽，但為順從母親「心誠則靈」的觀念，也以此自我安慰，希望糾纏「君兒」頭上的「飛蛇」真能斬斷，籠罩陰霾的邪氣也能隨之灰飛煙滅。

6. 民間說唱

「我們最主要的『視聽之娛』，還是夏夜在空曠地方看『打拳賣膏藥』、看『謝神戲』。〔註57〕」在電視臺尚未開播的五〇年代，廟埕街頭的傳統戲曲、說書、賣藝等民間說唱表演，是當時台灣社會主要的農閒娛樂。

丘秀芷的〈聽聽看看〉，便記敘了初中時期「聽善書」、「看大戲」的經驗。「在離家十幾二十分鐘的大街上，簷廊下有個人家把電燈移出來，擺了四五排長板凳，前頭有個木檯子，講善書的人就站在臺子上。……小孩子和老人坐板凳，大人們自動站在後頭，大家都能聽到也能看到說善書的聲音和動作

〔註54〕劉靜娟，〈生活〉，《心底有根絃》，頁196。
〔註55〕同上。
〔註56〕心岱，〈迷信〉，《萱草集》，頁66。
〔註57〕丘秀芷〈琥珀般的日子〉，《驀然回首》，頁42。

表情。〔註58〕」「講善書」的內容多半是自古相傳勸人向善、惡事莫爲的因果
報應故事,大人小孩都愛聽;每晚七點左右開始,約一個半小時後,便會突
如其來一句:「要知這壞子婿後果如何,明日晚,請再來聽我講善書!〔註59〕」
大家只好意猶未盡的散去,一邊討論著明天的下場結局會是如何。聽善書不
必捐錢也不用買藥,是鄉下男女老幼都喜愛的免費夜間消遣活動;丘秀芷也
相信,講善書的人除了以娛樂大家爲樂,更爲了勸世教化的理想。

此外,看「謝神戲」也是丘秀芷童年時期的主要娛樂。「謝神戲」有兩種,
一是逐漸式微的「大戲」,另一爲「布袋戲」。在〈聽聽看看〉一文中,丘秀
芷回憶起在「田心仔」看了三年大戲的深刻印象。初中時丘秀芷一家搬到台
中「田心仔」,是當地唯一一戶客家人,其他村人幾乎全屬台灣閩南籍;但每
年三月,都會邀請客家戲班子連演一個月風雨無阻的「大戲〔註60〕」。「大戲
不同於歌仔戲,其中除了花旦、小丑對白是閩南話,其餘的生角、青衣、淨、
末等角色,全用『正音』對白,唱的也是『正音』。有點類似京戲。父親說那
是一種子弟戲演化而來的正統藝術,全臺灣已經少見……。〔註61〕」她也曾
於另一篇作品中,略述自己對當年「大戲」的認知:「另一種是人演的『大戲』,
依我的眼光,算是『小號京戲』……唱的是『北管』、『亂彈』、『都馬調』之
類吧……〔註62〕」由以上關於演出型態之陳述,可推論當年丘秀芷所觀賞的
「大戲」,應爲融入閩南話後的北管(亂彈)戲。

台灣民間稱北管戲爲「大戲」或「正音」,自清領時期到終戰前,北管(亂
彈)戲曾是台灣民間最盛行的傳統戲劇,台灣有句俗諺:「吃肉吃三層,看戲
看亂彈。」北管戲也被視爲相當正式與隆重的劇種,舉凡重要的廟會活動,
多會請職業北管戲團演出。但到了戰後,北管戲盛況以不如前,「正音」腔的
的北管戲到了五○年代以後應已難得一見;因此,丘秀芷寫道,「遠遠近近的
農家,每晚必定報到,鎮上的『大戶』人家也常到。那演戲的每告一段落,

〔註58〕 丘秀芷,〈聽聽看看〉,原載於「中央副刊」,1979 年 3 月 22 日,收入《悲歡
　　　　歲月》,頁 75~76。

〔註59〕 同上,頁 75。

〔註60〕 臺灣的傳統劇種,可分爲大戲、歌舞小戲與偶戲。所謂「大戲」是指由演員
　　　　扮演各種腳色,裝扮各種人物,且情節完整,足以反映社會人生,藝術形式
　　　　完整之戲曲。參見曾永義,《我國的傳統戲曲》(臺北:漢光文化,1998 年),
　　　　頁 14。但台灣民間所謂「大戲」,主要指稱北管戲曲「亂彈」。

〔註61〕 丘秀芷,〈聽聽看看〉,《悲歡歲月》,頁 77。

〔註62〕 丘秀芷〈琥珀般的日子〉,《驀然回首》,頁 42。

就有鞭炮聲響，然後是某大戶上臺，貼上紅紙，紙上還濕墨淋漓的『張某某賞一百』『李某某賞兩百』的。〔註 63〕」「大戲」演出的一個月期間，丘秀芷每晚飯後，便和姊弟拿著板凳到戲棚下看戲；她認為，「大戲」的北管樂曲、唱腔，以及演員的舉手投足、文戲和武場，都具深厚水準，其藝術價值非一般歌仔戲所能相提並論。

「謝神戲」中，丘秀芷最不愛看「布袋戲」。「酬神費」是她記憶中對「布袋戲」的唯一印象──從「田心仔」搬離後的住家附近，有座土地公廟，每年大節都演出布袋戲酬神，會向各戶抽取「神明稅」，「『廟公』挨家挨戶照人口『抽錢』，我家人又多，每次都要負擔好幾十元。……我們姐弟姪兒們十分氣憤，常暗地裏說：『什麼酬神費？全酬到廟祝的五臟神去了！』〔註 64〕」丘秀芷眼中「無理」的酬神索費，讓她們全家大小拒看布袋戲，自然無從體驗土地公廟前布袋戲的演出盛況。

「王祿仔，另名王祿先。在路旁設攤，想盡方法吸收觀眾，宜傳功效，推鋪物品或藥品的人。〔註 65〕」季季在台北城市生活的夜晚，竟聽到鄉村農家晚飯後熟悉的「聲音」，「我靜坐著細聽了一會兒，終於認出來了。不會錯的，是他們！謎底一經揭開，我不禁又為他們憂愁起來。許久沒見到他們了，他們怎會來到這兒呢？這不是他們該來的地方啊！城市於他們，該是比鄉村更可怕、更具挑戰性的，他們為何要選擇一種較為艱困，而又於自己不利的生存環境呢？〔註 66〕」擴音器撕聲力竭「怒吼」著粗糙的國語流行歌，嗡嗡的吵雜聲，擾亂季季提筆改稿的思緒，她決定循著嗡嗡聲，找出不該在都市台北出現的「翁鑼仔」：「遠遠的我就看到了那支特大的擴音器，繫在一枝瘦高的竹竿上。他們仍然那麼一廂情願的迷信特大號擴音器的單邊效用……我原以為他們來到城市一角的現況，必是十分淒冷的，沒想到在那特大號的擴音器之下，卻圍著黑壓壓的人群，那人群還不時的爆出笑聲來。〔註 67〕」現場已經停止唱歌，改玩起猜謎遊戲，答對者就可以得到一枝新式牙刷；季季

〔註63〕丘秀芷，〈聽聽看看〉，《悲歡歲月》，頁 78。
〔註64〕同上，頁 78～79。
〔註65〕片岡嚴著，陳金田譯，《臺灣風俗誌》，頁 119。季季在文中稱「王祿仔」為「翁鑼仔」，二者以台灣閩南語呼之皆同音，所指涉者亦同，僅用字上不同。
〔註66〕季季，〈再見，翁鑼仔〉，原載於《中國時報》，「人間副刊」，1974 年 8 月 28 日，收入《夜歌》，頁 54。
〔註67〕同上，頁 56。

驚訝於「翁鑼仔」現身台北後的改變，竟從賣膏藥，改為推銷電動牙刷的「快樂康樂隊」，「我記憶中的他們，總是賣藥的：補腎丸，治婦女百病雜症的，跌打燙傷的膏藥，小孩子消化不良，肚子積蟲的打蟲藥，老年人吃的補藥酒，有病治病，無病補身那一類的……。〔註68〕」時髦衣裳、金色涼鞋、電吉他、擴音器、新式電動牙刷，以及莫測高深的說話技巧，皆非季季在鄉下所看到的「翁鑼仔」：

> 在我們鄉下，他們這些人的名稱是叫「翁鑼仔」，一直是很受歡迎的人物。尤其是在電視未侵入農村之前，「翁鑼仔」確實有過很長的一段黃金時代。……翁鑼仔總在人們尚未吃晚飯時就來了，他們的第一件事是掛起擴音器，向村人們問安，說幾句客套話，叫他們吃過晚飯就去捧場之類的。小孩子們照例是最興奮的，早就搬了椅子去佔位了。大人們吃過飯、洗淨了腳後，總要在口袋裏準備些錢買藥的。〔註69〕

「翁鑼仔」昔日在鄉下農村所扮演的角色，非僅是農閒生活的娛樂；在醫療資源缺乏的農村社會，「翁鑼仔」也是鄉下父老心目中，來到眼前出診的醫生或藥房化身。「翁鑼仔」擴音器傳出來的聲響，把沈寂的鄉村夜晚，點綴得熱鬧喧囂。季季也回憶道：「那時翁鑼仔表演的，都是整齣的歌仔戲，間或雜著魔術。他們總是先表演一小時的節目，就開始拿出他們要賣的藥來，說它如何有效，如何神靈，在價錢上也總是作了一番三級降的。人家買了藥，他們就把鈔票丟在鋪著的紅布上，蓬蓬鬆鬆的一大堆。〔註70〕」但隨著電視進入農村，「翁鑼仔」的黃金歲月也逐漸褪色，視覺傳播科技已經將鄉下人的視野帶出農村，電視上的綜藝節目娛樂性比他們的雜技表演更吸引人，電視的藥品廣告比他們賣的膏藥更可靠，「翁鑼仔」的生存空間被壓縮到極限。而季季來到台北後，也逾十年未再見到「翁鑼仔」的身影，現代化的城市不需要「翁鑼仔」。當他們來到城市與季季再見時，已改唱華語流行歌、說黃色笑話、表演低俗鬧劇，不唱歌仔戲，也不變魔術或雜耍特技了；唯有擴音器依舊高掛，但城市台北人受不了噪音搔擾。在季季看來，「來到城市的銅鑼仔」，已全然找不到傳統「翁鑼仔」純樸、詼諧、動人等特質。當她心中喊出〈再見，翁

〔註68〕季季，〈再見，翁鑼仔〉，《夜歌》，頁57。
〔註69〕同上，頁59。
〔註70〕同上，頁59～60。

鑼仔〉，也在向那消逝的純樸年代，以及都市化、文明化前的台灣農業社會告別。

二、母語入文

　　散文中語言、言詞的運用，依據鄭明娳觀點，散文的言詞描寫，是透過人物的言詞來間接暗示人物的心理狀態，透過正文中人物的獨白、對話或議論的方式，經過語言的交流和溝通過程以開啓人物心理的訊息〔註71〕。靈活、生動的語言運用，除能輔助人物情態和形象的描寫，也能展現事件描述的文化與時空背景，讓人物形象和事件情境具體而鮮明。因此，將符合書寫情境或作者自然表露的母語，融入人物的動作情態和日常對話的處理，可讓人物形象更加立體、生動，散文的語言運用也更加活潑、多元。

　　七○年代台籍女作家的散文作品中，台灣閩、客語之入文，多關乎童年生活、故鄉往事、父母長輩的言談，或市井小人物的口語、對話；而作者的現實生活或內心獨白，則以華語思考和表達。對作者而言，在鄉土散文中，襯托幾句華文無法精確表達的母語用詞或句法，也可凸顯現實當下與回憶中過往年代的今昔時空對比，分隔成年居處都市的「今我」和童年徜徉鄉間的「彼我」；而人物間的對話，以母語句式或用法呈現，則讓人物情態的描寫，更貼近眞實生活。

　　由於父母分屬客家與台灣閩南籍，台灣閩、客母語都是丘秀芷生活中耳熟能詳的語言；如她曾在〈琥珀般的日子〉回憶，兒時晚飯後，兄弟姊妹一起聽父親講故事、背唐詩、跟母親唸歌謠、講敘上兩代人的事，「我腦中記了不少故事，也背了不少唐詩……我也學了不少歌謠，如『火金姑、十六暝，叫你姨仔來吃茶』，如『月光嘛嘛，小妹炒茶』，客家語、閩南語都有。因爲父親是客家人，母親是閩南人。〔註72〕」同時吸納兩種台灣主要族群的母語文化，爲丘秀芷的散文增添豐富而多元的創作素材。

　　丘秀芷本名「丘淑女」，在〈鬌齡舊夢〉中述及，上小學第一天點名時，被老師戲謔的用閩南語叫成「哭笑妳」，她馬上搖頭解釋，自己有好幾個綽號，但沒有「哭笑妳」這名字，惹得全班哄堂大笑。〈心田裏的清流〉回憶兒時在溪流田溝捉魚蝦時，丘秀芷也以台灣閩南語寫出一些淡水魚的俗稱，如：「土

〔註71〕鄭明娳著，《現代散文構成論》（台北：大安出版社，1989年），頁149。
〔註72〕丘秀芷，〈琥珀般的日子〉，《驀然回首》，頁41。

蟲」（亦作土虱）、「甕公師」（淡水螃蟹的一種）、「魯鰻」（大黑鰻，作者並特別註明，流氓，臺語也是「魯鰻」）、「大肚仔魚」；並提及當時不小心捉到「長山鰻」，同伴們大呼叫她快放掉，丘秀芷卻想了好一會兒，才想到「長山鰻」就是蛇的台灣閩南語「代號」，自此，也才分辨出小蛇和鱔魚外觀上的不同。

　　台灣閩、客語都是丘秀芷家中通用的語言，但玩伴、左鄰右舍等，生活所接觸者仍以台灣閩南族群居多，台灣閩南語成為她童年時期，最容易聽到的台灣母語，如〈在萬華的日子〉描述鄰居家小孫兒直叫著：「阿媽！阿媽！雞母生鴨卵啦！」，惹得大人哈哈大笑。散文中，台灣閩南語最常出自丘秀芷母親日常的口語言談，如〈回憶的軌道〉：「養孩子養得『著猴〔註73〕』」，唉！、「不要只顧自己駱駝（亂遊蕩），家裏要多看顧點。」〔註74〕；又如〈浣衣〉的「二十幾歲人了，連衣服都洗不乾淨，看你以後嫁人怎麼『捧人家飯碗』？」〔註75〕；〈兩老〉中母親對父親的數落：「你阿爸啊！被人煮不熟的，一次又一次，教不精！」、「你阿爸都不湊半點手腳（幫忙），我又帶三個孫子，又要買菜煮飯，他啊！」、「你阿爸啊！……一點都不顧屋裏事，他哪，一世人不改，以前——」〔註76〕丘秀芷的母親，原是大戶人家女兒嫁給不懂營生的父親後，多數時間都是窮困清苦，但她很少發脾氣，反倒是年邁後，開始在兒女面前翻二、三十年的舊帳；透過生動的母語書寫，那台灣閩南口吻的絮絮叨叨，也同時帶出老母親數落、怨嘆時的神態——樣貌有無奈、有埋怨，但更有共度一甲子苦難艱辛的深長情意。

　　回憶童年窮蹇生活時，丘秀芷也以部分台灣閩南語彙或句法，表現她和母親、手足間的日常用語，如：兄妹拿著家裡種的瓜果蔬菜，在台北挨家挨戶的問：「要買菜沒？」、「要買葡萄沒？」「要買菜瓜？」〔註77〕母親稱讚二哥：「很會想」（懂事）；或母親看到子女成家後不知儉約，而勸說：「要存留後步，孩子馬上大的。」〔註78〕又如〈故鄉風物舊時情〉中提及，因兒時家養雞鴨，還被鄰居稱之「飼雞的」，但她和姊弟都不吃雞鴨，母親以台灣閩南

〔註73〕本節中加方框之語詞，代表在華語句中所夾雜的台灣閩南語用詞，如若是獨立閩南語詞彙則不另加框。
〔註74〕丘秀芷，〈回憶的軌道〉，《悲歡歲月》，頁14。
〔註75〕丘秀芷，〈浣衣〉，《悲歡歲月》，頁56。
〔註76〕丘秀芷，〈兩老〉，《悲歡歲月》，頁223～229。
〔註77〕丘秀芷，〈那個年頭〉，《悲歡歲月》，頁26～32。
〔註78〕丘秀芷，〈驀然回首〉，原載於「中央副刊」，1975年6月2日，收入《驀然回首》，頁22～27。

俚語訓誡：「乞丐身、皇帝嘴」〔註79〕。述及兒時零嘴、台灣民間飲食、小吃的用語或地名，也直接以台灣閩南語呈現，如：〈三代人〉中的「枝仔冰」、「金光糖」；〈故鄉風物舊時情〉的「拉仔肉！拉仔肉！」、「燒燙燙的螺肉」、「草仔粿」、「紅龜粿」、「米篩目」、「紅龜粿」、台中「竹管市仔」、「攤仔巷」等。

　　丘秀芷在〈兩樣情懷〉中，則運用台灣閩南語和華文夾雜的方式，表現老人家言談中對舊時代的懷念、對晚輩生活奢華不知節儉的教訓，如：「你們這些少年人太好命啦！想想以前的人，連飯都沒得吃……。」、「以前的布才真好！嗶嘰緞啦、綾羅紗啦，都是真絲織成的，府綢也是正府綢，現在都是攙這個龍那個龍的，才不好！」、「你們真討債啊！衣服好好的，就說什麼不流行，不要了！」、「我那幾個団仔都不吃三層肉（五花肉），怕肥！」〔註80〕這些融入台灣母語的文字，生動地表現出上一代人懷舊、儉樸與實在的性格，其語意所內涵的韻味，實非華文書寫所能表達。除日常生活用語外，丘秀芷也會透過台灣閩南俗諺，如：「吃蟲才會做人。〔註81〕」、「睡破三張蓆，還摸不透床頭人的心肝。〔註82〕」、「脹豬肥，脹狗瘦，脹団仔黃酸桶。〔註83〕」等，表現老一輩人面對生活環境的豁達態度，或對人間世情的無奈與感嘆。

　　當丘秀芷憶及小祖母的言行和相處時光，則會出現一些熟悉的客家語彙，如：客家人稱祖母（或外祖母）為「阿婆」、「地豆」（花生）、「做菜盤」（湊菜色）、「高毛妹仔」（調皮女孩）、「欠牯」（原意頑皮的小牛、客語也以稱頑皮的男孩）等。《月光光》是丘秀芷獲得 1977 年國家文藝獎章散文獎的作品集，其中同名小說化散文〈月光光〉，一開始便以客家族群最熟稔的客語童謠：「月光光，秀才郎，騎白馬，過南塘。南塘背，種韭菜，韭菜花，結親家。親家門口有……。」帶出她童年所處的母語文化情境，最後也以接續的「親家門口有池塘，養那鯉魚八尺長，長的拿來炒酒吃，短的拿來討新娘。」作結，前後呼應〔註84〕；丘秀芷雖未能以更符合客語特色的文字，記述這首童謠的原音原調，但具代表性的母語唸謠，已將整篇散文，包覆於童年熟悉的客語氛圍中。

〔註79〕丘秀芷，〈故鄉風物舊時情〉，《驀然回首》，頁55。
〔註80〕丘秀芷，〈兩樣情懷〉，《驀然回首》，頁10～13。
〔註81〕丘秀芷，〈三代人〉，《亮麗人生》（台北：中華日報社，1980年），頁24。
〔註82〕丘秀芷，〈璀璨的人生〉，《亮麗人生》，頁131。
〔註83〕丘秀芷，〈七分滿〉，《悲歡歲月》，頁170。
〔註84〕丘秀芷，〈月光光〉，《月光光》，頁119、128。

　　而成長於客家農庄的謝霜天，散文〈磨〉中曾提及，自小從母親和大嫂、姪女三代人的閒談話語間，習得「小暑東南風作旱」、「重陽無雨一冬晴」、「月中有霧水連天」之類〔註85〕，象徵天候的客家諺語。其他散文作品也會使用一些客家常用詞彙，如：〈開興叔婆〉中的「細妹人」、「細妹子」（女孩）、「後生」（年輕的）、「手指公」（拇指）、「手指尾」（小指）；〈男女有別〉的「伢仔」（嬰兒）等。在〈山城夜攤〉謝霜天以客家話「街憨」（城市鄉巴佬），形容孩子們第一次夜坐苗栗山城小吃攤的新鮮好奇模樣；〈父親健在時〉的「前頭」（以前）、〈清香依舊在〉的「艾粄」等。也在〈淡水一年〉中，也以一些不甚「對味」的台灣閩南語詞語、用字，表現她和高中同學，兩個完全不懂閩南話的客家女孩，與台灣閩南籍房東老太太的溝通趣事，如：

　　老太太叫我們去「洗新褲」，我們還勉強弄懂是「洗澡」的意思……問老太太有沒有熱水？她可能略略聽得懂國語，因此立刻回答我們說：「無。」我們一聽，返身就回屋裏，想稍等有了熱水再洗不遲。誰知老太太趕忙拉我們，連說：「無啦！無啦」我們一面點頭，一面往裡走。她無法表示，急得掀開鍋蓋，大聲叫我們來看：「無熱水啦！」這時，我倆才恍然大悟，原來閩南語的「有」，發音和國語的「無」一樣……。〔註86〕

雙方語言不通的問題，讓兩個客家女孩連想向房東太太借用東西，都難以表達；除了點頭微笑，她們兩人只會「聽講」一些簡單台灣閩南話：「出去啦」、「頓來啦」、「多謝」、「無灰啦！」（有信啦！）。但這些言語上略帶隔閡的文字，卻顯出房東太太的善良、親切，帶點天眞的可愛性格；在簡單的台灣閩南問候語中，也讓兩個離鄉在外的客家女孩，感受到如母親般的關懷和慈愛。

　　劉靜娟散文作品中，不少題材與靈感，來自和台灣閩南籍母親的閒聊話舊；如〈說往事〉一文，描述母親細瑣地聊敘著陳年往事，配合母親的言談和當年人物的口吻，使用不少台灣閩南語詞，如：阿公喜歡穿作者母親縫製的衣服——「阿桂做的衫好穿。」、「吃頭路」、「造流年」、「黑頭仔車」、「見笑」、「歹命」、「落葬」、「蔴衫」、「嶄執」（當機立斷）〔註87〕。侃侃而專注的

〔註85〕謝霜天，〈磨〉，《無聲之聲》，頁2～8。

〔註86〕謝霜天，〈淡水一年〉，原載於「新生副刊」，1973年1月24日，收入《綠樹》，頁62。

〔註87〕劉靜娟，〈說往事〉，《眼眸深處》，頁52～55。

母語對談中，流露出母親沈浸於往昔平凡樸實歲月的自在與安詳。又如〈眼眸深處〉，劉靜娟以閩南語「展寶」、「這猴山」〔註88〕寫出母親對旅居歐洲兒子的關愛與思念。〈不醒之夢〉和〈百日〉，則記敘母親處理父親後事、百日祭時的冷靜與感慨：「你們的爸爸一生做事 最頂眞 ，這些 零票 是準備過年時給孫子們發壓歲錢的。〔註89〕」、買「半仿仔」（非純正土雞）做百日牲禮、「未註生先註死」、「加看加艱苦！」〔註90〕。而〈第一個孩子〉、〈母親必須〉的育兒經驗中，曾被醫生以台灣閩南語訓斥「手腳『貓絲貓絲』」才讓嬰兒感冒、婆婆用「符仔」給嬰兒收驚、兒子週歲用手指頭挖「麵龜」〔註91〕、小兒子一歲多常便秘她心疼的直說「惜惜，媽媽惜惜。」〔註92〕……等等。劉靜娟也在〈小兒小弟〉中，記錄下兩個兒子用台灣閩南語吵架的言詞：「弟弟 最沒量 」（沒肚量）、「有聽也莫？」、「你那麼大漢，又細漢，又大漢。又細漢，又……」、「我看到你就『眞切』（討厭）！」、「我玩米『趕美賽』（難道不行）？」〔註93〕；從這些散文中母語之使用，顯見台灣閩南語是劉靜娟和父母、兒子們間的共通語言，母語連繫著她與上下兩代之間的親情互動；她也在家庭生活中，將台灣閩南族群的語言文化，繼續傳承給下一代；在母語的基礎上，讓代代相傳的文化認同感，綿延到下一世代。

雲林二崙鄉永定村長大的季季，也是台灣閩南籍，〈鄉下老婦〉、〈再見，翁鑼仔〉、〈丟丟銅仔的旅程〉等篇章，都以母語化的文字、句法呈現熟悉的台灣閩南鄉音。如：「失禮啦！」、「是誰的查某囝仔？」、「只剩我這老身囉！」、「我喚他，他不應啊。」、「阿姆，妳莫哭啊」〔註94〕、「是眠床啦。」〔註95〕、「莫要緊哪，下回就轉運了。」、「憨囝仔」〔註96〕等；在〈丟丟銅仔的旅程〉車廂中更響起一對公孫唱宜蘭閩南歌謠的歌聲：「火車行到呀伊都阿莫伊達丟哎唷磅孔內，磅孔的水伊都丟丟銅仔伊都阿莫伊達丟仔伊都滴落來──〔註97〕」沙啞

〔註88〕劉靜娟，〈眼眸深處〉，《眼眸深處》，頁 49～50。

〔註89〕劉靜娟，〈不醒之夢〉，《眼眸深處》，頁 65。

〔註90〕劉靜娟，〈百日〉，《眼眸深處》，頁 70、73、76。

〔註91〕劉靜娟，〈第一個孩子〉，《歲月像一顆球》，頁 11～14。

〔註92〕劉靜娟，〈母親必須〉，《歲月像一顆球》，頁 15。

〔註93〕劉靜娟，〈小兒小弟〉，《心底有根絃》，頁 61、68、69。

〔註94〕季季，〈鄉下老婦〉，《夜歌》，頁 42、44、47。

〔註95〕季季，〈再見，翁鑼仔〉，《夜歌》，頁 57。

〔註96〕季季，〈丟丟銅仔的旅程〉，《夜歌》，頁 183、184。

〔註97〕同上，頁 181。

的老聲和稚嫩的童音成爲特殊的二部合唱，最後全車廂十多人都陸陸續續跟著哼唱起來；「凡是在臺灣生長的人，大概都會唱這首『丟丟銅仔』吧？即使不會把那拗口的歌詞唱清楚，大概也會把那調子哼完整吧？即使不會哼完整，大概也都聽人唱過、知道有這麼一首歌吧？〔註98〕」這首許多台灣孩子，習自父母或祖父母，代代口耳相傳的台灣閩南童謠，承載著台灣閩南族群的集體記憶與共同情感，隨世代間的親情傳遞，在族群歷史中持續不斷的哼唱著──族群文化生命賴以爲繫的母語血脈，亦寄託於此，而得以延續。

由本節關於七○年代台灣風俗舊慣的散文書寫，顯見台灣漢族社群的閩客習俗慣例，可謂大同小異、幹同枝分；特定日子的所有習俗行爲或演出，皆是遷台先祖以降，歷代先民生活累積的行事節奏與思想內涵。然而，現代化與西化的社會變遷，台灣民間特有的傳統習俗文化，也隨上一世代凋零而瀕臨將死。由此觀之，文學之於文化意涵，其一便是──將逝去不復返的年代，以及被淡忘的族群集體記憶（語言、風俗舊慣和文化傳統），封存留駐於文本中，作爲人們重建地方或族群認同感的線索與依憑。

無論是台灣閩南語，或是客家語，各族群的母語，除了是同語族人彼此溝通、聯繫的工具，更涵有根本的文化、社會、心靈與精神傳承等深層意義。「母語」是族群認同的情感根源，也是創作者基本的思維工具；即便華語是台灣社會普遍的通用語言，若作者生長背景所使用的「母語」，是台灣閩南語，創作中自然而然會融入台灣閩南語的思維與表達方式，甚至出現台灣閩南語的用字、遣詞，或自小耳濡目染的俚語俗諺；換作以客家話爲母語的客籍作家亦同，字裡行間，自會流露客家話的思考方式，書寫內容也會與客家事物息息相關。

台灣閩南語入文，已是六、七○年代鄉土小說的重要特色之一，在王禎和、黃春明等人作品中，人物對話便常寫實地使用台灣閩南語句法和用語；然而，七○年代的男性鄉土散文，除阿盛在七○年代晚期，開始加入台灣閩南口語，吳晟則維持以華文書寫農村農事；在台灣現代散文發展中，一向以華文爲主要敘述語言，但在日治時期，賴和已在散文作品中，運用漢字寫出台灣母語；而戰後第一代的台籍女作家，承繼著三○年代台灣新文學的漢字書寫母語形式，從七○年代初期創作之始，便將眞實生活的台灣閩、客母語，以常用漢字來表現其獨特音義，在同世代以古典抒情美文的散文主流中，獨

〔註98〕季季，〈丟丟銅仔的旅程〉，《夜歌》，頁182。

樹一幟,展現台灣本土女性散文獨有的語言風格。其中,丘秀芷和謝霜天的客語入文,更在台灣現代散文史中,開啓客語書寫之先例。

第二節 地方采風

　　七○年代台籍女性鄉土散文,於文本中所塑造的台灣地景,除思鄉與懷舊根源的中南部家鄉,也書寫了她們在台灣其他地域、鄉鎮所觀看到的地理景觀、人文風貌。這些承載著台灣各地方人民生活的地景,猶如人文活動的記憶庫,印刻著隨時間流轉的變遷軌跡,也傳達出人與土地的緊密關係。

　　本節所欲析論者,便是七○年代台籍女性散文作家,如何走出她們日常生活的固定空間,包括熟悉的台北都市生活、記憶中的家鄉景致,而在遊歷台灣北中南、大城小鎮、山間濱海後,記錄她們對於各地地理景觀、生活方式以及人群活動的觀察;從這群女作家在鄉土散文中,對台灣不同地域地景、人文的描繪與再現,認識她們對台灣這片土地的理解與思考。

　　人們的「地方經驗」,意味著對經驗的表述、實際的生活方式,以及他們看待世界的眼光。人文主義地理學家發現,文學作品中關於地方的文字描繪、敘述地方經驗的段落,提供洞察人類地方經驗的線索。而且,文本真相超越單純事實,相較於實質的日常,可能包含更多真相〔註99〕。文學地景是文學與地景的結合,七○年代的台籍女性散文作家,透過她們個人書寫習慣、獨特風格與修辭,在鄉土散文中,描繪出她們看到的台灣風景與地方經驗。

　　〈山城車站〉以今昔對照方式,記述深鑴在謝霜天腦海中的苗栗老車站,在歷經幾番變遷的車站內外,尋找遺留在老車站的陳舊回憶。中學六年通勤時期,謝霜天是這座山城車站的常客,也是離鄉十餘年來每次返鄉必經的轉運站,對苗栗車站的印象,始終停留在記憶中的熟悉影像。直到她第一次走進水泥地下道,才正視苗栗車站幾年來的改建與變化——取代天橋連接兩個月台的地下道已完工、站前店攤拆除廣場整頓完成、月台的老樹和花圃已改建成圓形建築、三輪人力車已絕跡由成排計程車接替。但每當她想起年少通車歲月的老車站,映入眼瞳的,依舊是當年親切的樸拙面貌。

　　「老車站的外觀是有些古舊——鋼筋水泥的平頂房子,黃色的厚牆和圓柱,深褐色的窗櫺,配著環廊的木條長椅,走進去,不免予人深沉幽暗之感。

〔註 100〕」在年少的謝霜天眼中，山城車站陳舊的外貌，卻顯得敦實渾厚。兩千多個通車日子，每天清晨、黃昏等待列車的時光，謝霜天足跡踏遍老車站的每個角落，「而我最愛留連的地方，則是傳達室與辦公室之間成直角轉彎的一個隱蔽所在。那邊有一塊花圃，四周圍以密植的七里香叢，裏面種著幾株榕柏之類的常綠樹。濃陰下，各色花草雜生著，經常隨季節變換不同的風緻。〔註 101〕」這個角落冬暖夏涼，陽光熾熱有樹蔭遮蔽，下雨有擋雨屋簷，她和女同學們喜歡站在花圃前看書、聊天，消磨候車時間。

　　而當時站前廣場左側是各路客運車的起訖站，「每次橘黃色的客運汽車駛來時，便可以看見車掌小姐的矯捷身影……白上衣、黃卡其窄裙，蓬鬆的短髮斜簪一頂小船形帽，渾身散發著清純、活潑的少女氣息。〔註 102〕」八〇年代以後，客運車上，已難再見車掌小姐的身影和嘹亮的銀哨聲，這段文字難得地留下了客運史上車掌小姐的俐落身影和俏麗形象。廣場兩側的小巷牆蔭下，是當年（約五、六〇年代）三輪車聚集等待載客的地方，「那些面孔黝亮的車伕們閒來無事，索性掀掉笠帢，撐開車蓬，歪在車裏打盹，或是伊哦有韻的哼起了俚曲小調。深草綠的抽布蓬，宛似一顆顆不引人注意的大貝殼，靜靜地黏在灰色岩石邊……。〔註 103〕」車站前廣場的周圍，由不寬敞的街道、陳舊的紅瓦屋、參差錯落的電線桿、水果攤、冰果店，以及一些麵店和小吃攤所組成；向晚時分，「偏西的陽光給它們鍍上了一層溫和卻也黃舊的色彩，恰像懸掛壁上已久的一幅老畫，一筆一捺的線條都熟悉得令人幾乎忘記它的存在。〔註 104〕」除了車站內外及周圍的景物，謝霜天記憶深刻的，還有兩個看著她成長的站務人員，一是跛腳的剪票先生，一是負責廣播、嗓音渾厚的鍾老先生——每趟火車進站，都可聽到鍾老先生拿起話筒，操著濃濃客家腔調，用華語、台灣閩南語和客家話，重複三遍：「苗栗，苗栗站到了，各位下車的旅客……」。等到謝霜天上了車，望向窗外，左右兩面都是熟悉的人事、景物：「站上人來人往，非常熱鬧。跛腳先生在收票，路警在巡邏，鐵路人員在檢查火車機件，小販在高聲叫賣，北上的旅客匆匆奔向天橋，……那天橋是露天的，常見女士們的彩衫和陽傘，花一般的游過

〔註 100〕謝霜天，〈山城車站〉，《無聲之聲》，頁 116。
〔註 101〕同上。
〔註 102〕同上，頁 117。
〔註 103〕同上。
〔註 104〕同上，頁 118。

那條虹。〔註105〕」六年通學歲月，霎時成為過往，今昔對照，人事景物已非，擴音器傳出的廣播聲，顯得平板而職業化，不似當年如長輩般的親切叮嚀，站在燈火輝煌的新穎車站，謝霜天仍切切思念年少時期那個老友般的山城車站。

　　每年夏天，苗栗山上荔枝豐收，謝霜天大嫂便會歡喜的分贈給親友，也讓謝霜天有機會再探訪住在「烏眉坑〔註106〕」的舅舅和姨父，重新踏上母親自幼生長的故鄉。「車子沿狹窄的柏油路，斜斜駛上山裾，翻過山口，飛馳在無數轉折的『之』字形路上，穿破一叢綠蔭，又一叢綠蔭。〔註107〕」這條往烏眉的山路，對許多年沒來的謝霜天而言，既熟悉又陌生，想起當年隨母親前來，走在石礫纍纍泥土路上的情景，「母親撐著黑布傘，挽個花布包，我偎在傘影裏，一同遠途步行而來。依稀記得那棵老榕樹下，有我們拭汗歇息的身影；那片土阜上，有我們佇立眺望的履痕。寂靜的莽林綠野，承載過我稚氣的埋怨，驚喜的歡呼；也承載過母親溫和的勸慰，絮絮的叮嚀。〔註108〕」而今再踏上這條母親返鄉之路，昔日母女辛苦跋涉的足跡，已覆蓋上一層柏油，母親也已長眠青山。抵達坑底南窩，下車步行到田畦中間的農莊，「啊！烏眉坑，母親生長的地方！在這兒，母親曾有一段面頰紅潤的少女時代，和二十年清苦的茹素生涯。依母親口述，那時，她梳大髻，著大襟裳，赤著腳上山打柴，下田種甘蔗，五更天挑菜去街上賣，夜晚傍著一盞青燈唸佛經……〔註109〕」舅舅家和姨父家，就在飽滿的金黃色稻田間，都是土牆、禾埕、瓦屋的傳統農舍樣式，雜植幾株石蒜、瓊麻、燈籠花、美人蕉和桑樹。離開母親故居，謝霜天和二姐在站牌附近等公車時，發現另一處「桃花源」——「盡是肥美的良田，閃耀著金黃稻浪，紅瓦白牆的農莊掩翳在竹樹間，隔著冉冉晴絲望去，，像煞了梵谷氣韻靈動的油畫。……。那潑灑聲和泥土吸水聲，

〔註105〕謝霜天，〈山城車站〉，《無聲之聲》，頁120。

〔註106〕烏眉里位於通霄東面，與銅鑼鄉交界。原名「烏眉坑」，昔為平埔族道卡斯社群分布之地。烏眉是閩南語「烏牌」之音譯，為土官之名。另一說法乃烏眉坑由南北並行兩谷所組成，主谷位南，俗稱「大坑」，其形狀東狹西寬，成彎曲狀如眉形，山上樹木蒼翠如眉毛而得名。副谷在北，俗稱「校力坑」，因昔時遍地生長「校力樹」而得名。

〔註107〕謝霜天，〈夏日幽谷〉，原載於「聯合副刊」，1974年8月29日，收入《抹不去的蒼翠》，頁17。

〔註108〕謝霜天，〈夏日幽谷〉，《抹不去的蒼翠》，頁18。

〔註109〕同上，頁19。

正成了一種清新的天籟。而青蔬紫茄，襯著婦人矯健的身影，又是很好的水彩畫題材。」也愛繪畫的謝霜天，將意外偶遇的農村即景，描繪得恰如色彩豐潤飽滿的巨幅田園畫作。寧靜的〈夏日幽谷〉，是謝霜天母親成長的母土，也展現出七〇年代，苗栗通霄山村聚落的恬淡風光、純樸閒適的農家生活。

六〇年代考取淡江中文系的謝霜天，初履樸拙、空氣中微帶海味的淡水小鎮。當年淡水小鎮的清晨，寂靜而安詳——「只見高矮參差的屋脊間飄散著淺藍的炊煙，街上幾乎沒有什麼行人和車輛。寂靜裏，唯一迴盪在沁涼空氣中的，就是那賣油條者的叫聲，稚嫩的嗓子，卻拉得那麼悠長，揉和著一絲淒清的韻味，使人很難忘懷。〔註110〕」夏日晝長，她也會和室友一起登上山崗，到離修道院不遠的斜坡，欣賞浮貼在海面的殷紅落日，「渾圓而殷紅的落日，正浮貼在藍緞似的海平面上，好像貼得不夠牢靠，一陣宏亮的鐘聲，就把它振撼得岌岌欲墜。眼看著它逐漸煙沒，我們竟然忘形地向坡頂拔步飛奔，喘著氣目送最後一彎紅弓的隱沒。〔註111〕」淡水暮色中的落日餘暉，陪伴謝霜天渡過四年寒暑，安撫她面對大學生活的苦悶、徬徨與矛盾，重拾知足安適的本性，紮下文學創作的深厚根基。

畢業教書後，帶著啓明學校學生參加大學生舉辦的愛盲活動，體驗「夜行曉宿」的台灣北海岸之旅；傍晚出發，車經淡水時，再見學生時代熟悉的暮色——「天容漸開，夕陽給碎裂的灰雲鑲上燦黃的金邊。一抹淡霞橫過天際，落在山頭的幾橡白色建築物上。我攀窗回首，戀戀地望著那舊日的讀書之地，直到路轉峰迴。〔註112〕」車子在一行綠意中前行，兩側如湧浪般的稻禾，滿眼翠綠，可見七〇年代，淡水往三芝石門一帶，仍是農田遍佈的鄉村景象，尚未被都市開發所吞噬。他們在天色薄暗中，抵達小石門，周遭已暝暗，「海天難分，仰視只見流雲中偶現一鈎新月。正是小潮時節，海水與退落，露出一片嶙峋的岩灘，三、四盞漁燈在浪邊明滅。〔註113〕」常關注風光景致中人物動態的謝霜天，視線落在腋下挾著魚叉的漁人身上——注視著他捲起褲管、背著竹簍、電池燈的裝備，好奇的想看他如何捕魚，然捕漁人步履匆匆，倏忽便已走遠。一行人展開十餘公里的徒步健行，由明眼的大學生攙扶

〔註110〕謝霜天，〈淡水一年〉，《綠樹》，頁 66。

〔註111〕同上。

〔註112〕謝霜天，〈北海夜行〉，原載於「中央副刊」，1974 年 6 月 9 日，收入《心畫》，頁 189。

〔註113〕同上，頁 190。

盲生，夜遊於夜空下的山陬海角，穿梭於明亮與黑暗中，「有燈光處即有人家，幢幢人影引起小小的騷動，村犬猖吠……」「這天是閏四月的初四，上弦月無光也無華，羞澀地躲在雲層深處，只有幾顆淡淡的疏星，偶在雲際閃現。周圍看不清蔥籠的佳木，綠綢的豐草，但覺右側是默沉沉起伏的山巒，左側是白波捲蕩的大海……」〔註114〕漁村人家燈光稀落又無月光，黑黝黝的道路上，僅能憑感覺去揣測黑夜的山、海之別；更難得的是，台北都會中難見的螢火點點，全聚集在這海邊小村，螢火蟲在樹顛、草間、坡上、路旁，四處閃耀，謝霜天驚喜地認為，這清瑩綠光，即使是世間鑽石、翡翠、水晶等珍寶，都無可比擬。

踏著濤聲繼續前行，「此刻海上雲霧散盡，黑洞洞的恍似浮起一座高與天齊的大山，仰之彌高，視之空無。在萬頃茫然中，最美的是那遠處的漁舟燈火，乍看就如無數張殼的巨蚌，各含著一顆蘊輝的珍珠；而那止泊的輪船，則如華美的海市蜃樓了。〔註115〕」沿途浪濤、漁火、流螢隨行，走到一處堆積無數巨型水泥椿、一片新碼頭和一座臨時鋼橋時，謝霜天想起一篇關於興建核電廠的專訪，這眼前景象，便是正值興建中的台灣第一座核能發電廠（石門核一廠）。最後，在午夜一點多到達金山鄉，小鎮上的街彷人家早已酣睡入眠，悄無聲息；謝霜天一行人歷經五個多小時的沿海步行也告尾聲。這篇〈北海夜行〉記述著入夜後，沿著台灣北海岸步行，於黑漆黝暗中，感受夏夜大海的波濤、漁村的寧靜與夜空的寂寥，這些景致在濱海公路開通，漁村展開現代化建設後，漸漸沒入陳舊年代，殘留在人們的回憶中。

心岱則曾經由陽金公路，來到金山、萬里一帶。〈煦日〉文中的她，趁著好天氣，準備好豐盛的野餐籃，原預訂前往陽明山賞花，卻逢平常日不開放，丈夫盧克章便臨時起意，提議去金山海邊。「出了市區，迴旋的公路環著陽明山繞，遠近重疊的山巒，像一幅浮彫。襯于一片水藍的天空。〔註116〕」公車迴旋於陽金公路上，先漸漸往山頂攀登，接著梯田倚著彎曲山坡伸展開來，過了竹子圍到七星山，高聳的山巔還殘留皚皚白雪。途中，公車也經過了天然硫磺礦區、溫泉源頭和野溪溫泉，「褐色的岩石中，一縷一縷細小的流泉，

〔註114〕謝霜天，〈北海夜行〉，原載於「中央副刊」，1974 年 6 月 9 日，收入《心畫》，頁 192。

〔註115〕同上，頁 194。

〔註116〕心岱，〈煦日〉，《萱草集》，頁 132。

湍湍的噴出一種透明的綠色、或是發黑的膩膩的礦水。而山腳下的小河裏，石塊崢嶸，其中，潺潺游過乳白的溫泉，硫磺蒸氣冉冉的瀰漫了附近斑剝的場光。〔註117〕」抵達終點站「金山青年育樂中心」，在山下廟亭裡野餐，飲用沁涼的井水止渴，飽餐後徜徉於育樂中心的溜冰場、狩獵揚，射擊場、野營地、盆栽園，赤著腳在沙灘上，留下無數交錯足印。〈耀日〉則留下他們兩人在野柳「曬太陽」的足跡，也寫下七〇年代的小漁港的純樸、踏實：「好幾十條漁船靠集在小小的避風港裏，紅紅綠綠的漆斑剝不堪，那些桅桿及木艙呈現一種腐舊的灰黯。」「船首站了一個粗壯壯的少年，用一根篙竿引度，泛著水面粼粼的太陽……我看到船尾立著一具木刻神像，那神像在我看來是很陌生的，既不是觀音也不是媽祖。」〔註118〕漁民們在茫茫大海與自然力搏鬥，無依無靠，必須將信心寄託於神祇的護佑，尋求依皈。

　　白慈飄以〈在海之濱，在山之巔〉，寫下宜蘭南方澳的漁港風情，以及中橫支線沿途天然景觀之壯麗和鬼斧神工。於颱風剛過的日子，乘坐甫修復通行的北宜鐵路，前往宜蘭再轉車到梨山參觀中橫公路。火車通過幾個長長、空氣污濁的山洞，見到光亮的剎那，眼前頓時出現一片壯闊的藍，「海水在陽光下波光粼粼，海岸有稜有角的怪石羅列成林，為海鑲起了一道黑褐色的邊。〔註119〕」在海的不遠處，她看到了即將進入宜蘭的象徵地景──「龜山島」。在宜蘭市下車後，白慈飄在七〇年代造訪的宜蘭市，便是個街道寬敞，散發寧靜之美的迷人城市。在宜蘭市區午餐後，她搭了傍晚前的公車前往南方澳；到了南方澳，迎來的是流漾在空氣中的海洋氣息，以及正在擴建中的南方澳漁港；到了傍晚時分，另一側漁港正值一艘艘出海作業的漁船紛紛返航，守候在碼頭的魚販，爭相跳上漁船直接在船上交易新鮮魚貨──

> 捕魚人從艙裡撈出大把大把的魚，紅色的、藍色的、金色的、灰色的、長的、短的、圓的、扁的，每一條都郁亮澄澄地，叫人聯想到牠在水底活躍的美姿，也令人聯想到它在餐桌上時令人垂涎的顏彩。
>
> 捕魚人忙碌的和魚販子做買賣。也不管是什麼魚，魚販子看到魚就往尼龍袋裡裝……有的現金交易，有的記帳，船上，忙得不亦樂乎。
>
> 我在這南方澳的碼頭看到了一幅生之圖──生活充滿了緊張，人生

〔註117〕心岱，〈煦日〉，《萱草集》，頁134。
〔註118〕同上，頁136。
〔註119〕白慈飄，〈在海之濱，在山之巔〉，《慈心集》，頁84。

　　存在競爭。〔註120〕

當漁船一靠岸，魚販們就爭相湧上漁船交易，不分魚種大把大把的撈，與後
文中，季季在旗津漁港所見由漁會主持的拍賣景象，截然不同；在此交易中
不分魚之貴賤，無人在意魚的種類、名稱，唯一能分辨的，只有顏色和形狀。
入夜後，南方澳漁港結束白日的喧嚷，留下一片神秘與沈靜。白慈飄在公路
旁的媽祖廟，見到另一番景象——燈火輝煌，攤販林立；進到媽祖廟，懷著
敬仰之心，朝彩燈與諸神簇擁的媽祖神像深深一鞠躬，香煙繚繞的寺廟裡，
氤氳著古剎特有的氛圍。媽祖在台灣各地濱海地區或漁村，都是重要信仰中
心與精神支柱。

　　清晨自宜蘭市的旅館醒來，窗外傳來不遠處人聲鼎沸、叫賣聲、討價聲
和車鈴聲交織成的「市場交響樂」，白慈飄聽到一種幸福的聲音，不覺升起溫
暖的感受。她在中午離開旅館後，帶著麵包、汽水到龜山看海、遠眺龜山島。
「龜山島聳立在天水之間。它的確像一隻巨龜，沉默又穩重。據說那裡住有
人，都是捕魚人……我彷彿聽到，一個蒼老的聲音對我說：很久很久以前……
〔註121〕」因為無緣在海上親近龜山島，更為龜山島加深一層神秘色彩，望著
無垠大海，從山洞車來的一列火車正馳騁而過，拖著細長漸漸微邈的尾音；
廣闊天地間，白慈飄靜靜享受著絕對的孤獨與寂寞。

　　第三天搭上行經中橫宜蘭支線的公車進入梨山，初秋來到陽光清亮的梨
山，卻已是寒氣逼人的冷天了。白慈飄啃著梨山老榮民種植的蘋果和梨子，
望著梨山壯觀的山景，「一座一座連綿的山峯插入雲霄，天庭彷彿舉手可及。
而梨山的建築也是雅緻的，梨山賓館的古色古香，幾令人疑為仙宮，郵局的
壯麗也令人讚嘆。〔註122〕」隨著觀光業起飛，七〇年代的梨山山城，已陸續
出現大大小的的現代化建築。休息後，車子開始在狹窄崎嶇的公路上迴旋，
公路如銀帶般，將山與山連繫起來；車沿山谷而行，「雲山蒼蒼，峽谷聳天，
回首望去，銀帶公路，高懸在峭壁懸崖之間……被山峯夾住的一小方天，不
斷的湧下雲煙，谷底亦霧氣蒸騰，把山渲染得迷迷迷離離，宛如造物的一支
彩筆，揮灑自如，氣象萬千，意境高遠。〔註123〕」車過大禹嶺，濃霧遮掩了

〔註120〕白慈飄，〈在海之濱，在山之巔〉，《慈心集》，頁87。
〔註121〕同上，頁91。
〔註122〕同上，頁96。
〔註123〕同上，頁97。

山谷，路邊樹的淡墨身影，線條簡單分明。沿著雲霧蒸騰的山谷，車子徐徐前行，下午四點多抵達天祥；一下車，站立在高大的「巨石山」前，讓白慈飄頓感渺小，手撫堅硬之體，眼觀魁偉之形，敬服之心，油然而生。

　　走過稚暉橋和一座吊橋，白慈飄參拜祥德寺後，又登上七層寶塔一覽群山，最後夜宿天祥山莊。山谷濤聲環繞，白慈飄在寧靜中享有一生少有的美好之夜。次日，搭上早班車離開天祥，公車在中橫公路上峰迴路轉——

> 兩岸岩壁陡立，谷底怪石嶙峋，激流澎湃。山忽明忽暗，一似天祥，
> 公路上的山都為石頭砌成，光滑的表面，偶或有稀疏的綠葉點綴。
> 山洞是公路的特色之一，有的山洞連續著，像是山的深邃的眼睛；
> 有的山洞上，突出一個巨塊，像是撐著傘蓋。每一個山洞都是一個
> 神奇，當進入黑黝黝的洞內，透過洞開的懸崖面，望見對面褐色的
> 石頭山，幽遠沉靜。它原是自然的藝術品，在古老古老的年代，造
> 物者用祂偉大的手，將它一刀一刀的雕刻起來。〔註124〕

造物者的巧手，雕刻出山岩峭壁、氣勢迫人的神奇美景；白慈飄則以全文中最峻毅的筆法、最適切的修辭，鏤刻出中橫公路，最令人撼動震懾的壯麗景觀。她傾聽深谷迴音，發天地悠悠之慨嘆，思緒遁入大自然悠長無可推估的久遠歷史。

　　季季〈舊衣的聯想〉，聯想起黃格子呢洋裝的第一代童年，也回憶起第一次穿上這件洋裝和父親到台南遊覽，也是首次踏出家鄉，接觸廣闊的世界。到台南吃過午餐後，父親帶著她看運河、看安平港，「我只記得我們在一條窄巷裏走著，兩旁都是古老的磚房。出了窄巷是一個小小的廣場，兩棵在冬天顯得太綠的大樹，密密麻麻結著許多菓子。〔註125〕」這條兩旁都是古老磚房的狹窄小巷，可能便是「台灣第一街」——安平老街，父親也告訴季季那兩棵樹上結的是「橄欖」，當時她直覺想到暗紅色的糖漬橄欖，和草黃色的鹹橄欖，無法想像就是眼前鮮綠欲滴的果子。老街窄巷之後，季季的記憶裡，是一道長長的堤防，父親指著遠處的船隻和燈塔，向她解說燈塔的用途；提防兩旁有許多虱目魚塭，虱目魚養殖魚塭，至今仍遍佈台南沿海地帶。這次兒時的府城遊歷中，對台南古蹟「成功廟」（延平郡王祠）和赤崁樓，沒什麼特殊印象，記憶裡的赤崁樓就是很破舊，帶有一種古樸風貌；但季季回憶起數

〔註124〕白慈飄，〈在海之濱，在山之巔〉，《慈心集》，頁99。
〔註125〕季季，〈舊衣的聯想〉，《夜歌》，頁73。

年之後，她再度造訪台南，看到赤崁樓被上紅抹綠，改裝得既不和諧，也無法切合古蹟身份。季季已淡忘父親還帶她到過台南什麼地方，卻清楚記得上遊覽車回家前，他們父女在一個漆黑的騎樓底下，從竹簍裡挑了兩個桃紅色的蘋果；這兩顆蘋果，就成為這趟台南行的伴手禮，季季成為班上第一個吃過蘋果的人，也是第一個到過台南的人。

關於南台灣的印象，季季也以〈在旗津〉，描述搭渡輪到旗津逛魚市場、看海的經歷。她和友人在某個午後，搭上渡船，「小小的港灣裏擁擠著各型各類、五顏六色的漁船。渡船的馬達響起了，噗噗噗的穿越過那些漁船，旗津已經在望了。〔註126〕」當時船票一張才一塊錢，但是渡船很簡陋，碼頭的港面也浮著油污。她們到了旗津漁港，正巧碰上早上出海捕魚的漁船回來卸貨，「他們把一簍簍的魚分類倒在地上，放好標籤，等著讓漁會的人主持拍賣。每拍賣一堆魚，一群魚販子就擠在一起叫價，還伸出指頭比劃，像是一群人圍著一桌酒席在划拳取樂，不久就又換到另一桌去。〔註127〕」季季簡略記敘了旗津漁港的拍賣魚貨實況，不少傳統魚港或漁會設置的魚市場，仍維持這種獨特拍賣形式。走入魚市場後，季季感受到大海的鮮美氣息，樸拙親切，沒有一般魚市場的腥臭味——

> 地上一堆堆的馬加魚、黃花身、飛魚、紅魚、赤鯮、海鰻都不過才離水幾小時。皮刀魚和帶魚的身上都沒有鱗，卻有一層耀眼的銀色。……這些鮮活海魚給我們的喜悅不在於美味，而是美的視覺。
>
> 一堆堆的魚各有不同的顏色，這是「原色」，是自然的美。〔註128〕

清晨出海的漁船陸續返航，卸下了烏賊、大龍蝦，她們在拍賣的叫嚷聲中，走出魚市場，穿過街道，到海水浴場看海。冬季的沙灘顯得冷清寂寥，沙灘上擱著幾艘小船，似乎是許久未出海捕魚了；她們看見了幾個婦人蹲著補漁網，兩首不停擺動著，「以為她們在撿拾貝設，及至走近，才知她們之間攤著一張深褐色大魚網，一人分處一角，用尼龍線補著網上的破洞。那些婦人都包著頭巾，默默地、勤快地補著。在那刻板的動作裏，包含了多少的希望呢？〔註129〕」海浪翻滾，仍有一群人在垂釣，即使每次拉上來時，都是空蕩蕩，

〔註126〕季季，〈在旗津〉，原載於「聯合副刊」，1977 年 2 月 2 日，收入《攝氏 20～25》，頁 175。

〔註127〕同上，頁 176。

〔註128〕同上，頁 176～177。

〔註129〕同上，頁 178。

他們還是一次次耐心地鉤上海蟲，使勁將釣鉤拋進大海。望著海浪一波大過一波，季季將大海形容爲一部大書，永遠在翻著書頁的書，而海裡一尾尾小魚，便宛如在書頁裡活躍的文字，人們親近大海，閱覽這部潛藏無數大自然奧秘的書，能否參透宇宙玄機？

因爲二姑的邀請，謝霜天一家展開到南台灣旅遊的行程。坐著莒光號列車一路南行，先是經過中部鄉村的山巒起伏、翠綠田野、紅瓦農莊，勾起謝霜天對苗栗老家的淡淡鄉愁；車過彰化，平原越形遼闊，連綿稻田間，還有一片片香蕉園、甘蔗田；透過謝霜天散文中，對沿途窗外平原風光的描述可發現，到了七○年代，中南部平原已發展到「農業機械化」階段，農夫多使用耕耘機，僅有少部份仍維持牛隻耕作。到了傍晚時分，列車行駛於落日餘暉中，追逐著平野上的落日——「那偏西的太陽從一條墨帶般的橫雲間冉冉下墜，滑過幾片碎碎的白雲，有時嵌金鑲雲，有時漏出一弧橙黃光箭，有時被竹林籠罩著，有時跳躍在樹頂。〔註130〕」當他們在夜裡抵達高雄左營時，迎面的是兩旁種植高大鳳凰木的左營大道，二姑住在左營煉油廠宿舍區，僻靜如村莊，每排房子後植滿綠樹，每家院子種滿花草，巷道寬敞、屋宇相望，散發令人舒爽的氣息。第二天清晨，從宿舍窗口望去，芒果樹仍垂掛著晶瑩露滴，楊桃樹結實纍纍。進入當時規模宏大廣闊的煉油廠區，「四望只見一條條寬闊的柏油路，一排排高大的路樹，一幢幢建築物疏疏地散置其中，雖然偶爾會駛過長列的運油車，沿鐵軌開向烟囪林立的廠地去，而靜謐的氣氛，優美的畫面，都絲毫不受影響。〔註131〕」順著一排松蔭走去，腳下踩著柔軟的松針，謝霜天和孩子們忙著撿拾掉落一地的堅硬松果，當作這趟南行的紀念品。在〈聚〉這篇記敘南遊之旅的散文中，可從謝霜天明朗的文字間，看見南部田野風光，感受綠蔭拂疏，領略南部生活的紮實、安詳，完全不同於台北都市的擁擠與畸形的繁榮。

〈第一次飛〉是白慈飄第一次搭飛機的經驗，也是首次體驗由台灣海峽上空鳥瞰台灣島：

> 那綠一塊、青一塊、深一塊、淺一塊的稻田，是何等美麗的一幅圖
> 畫！……高雄市區也已入眼底，縱橫交錯的馬路，把偌大一個都市

〔註130〕謝霜天，〈聚〉，原載於「新生副刊」，1977 年 7 月 8 日，收入《無聲之聲》，頁 54。
〔註131〕同上，頁 59。

分割得那樣細緻，每一個方格裏面，形形色色的高樓大廈構造得更是巧妙。汽車有若小珠子在如帶的馬路上滴溜溜的轉。……那尖的、圓的、方的、長的、黃的、綠的建築，在陽光的照耀下，輝燦無比。一條不知名的河靜靜的躺在其間，河上行駛的小船，有若飄流的落葉。〔註132〕

生活在盆地都市裡，這次搭乘前往澎湖的飛機，當距離地面越來越遠，飛騰於天宇和大海之間，高空底下，人們生活的世界，竟是如此渺小而清晰。當飛機緩緩下降，長長的澎湖群島已羅列在海上。佇立澎湖觀音亭，讓白慈飄真正認識海的雄偉與壯闊，「啊啊！一定是什麼激怒了海！海的穿著藍色衣裝的龐大身軀從天之一角奔騰而來，張牙舞爪，咆哮怒吼，像要用他的巨口吞噬世界！像要用他的利爪搗毀世界！〔註133〕」她第一次見識到凶暴的海，浪濤一滾又一滾，湧上、落下，一艘漁船在遙遠海面，忽起忽落，「海像瘋狂的野獸高舉兩腿似的捲起一個高高的浪頭，撲向船身，船顛簸了幾下，隱入浪花……〔註134〕」當天色隱入黑暗，海的狂怒、海的咆哮，也歸乎沈寂；大地一片闃靜，夜裡的海港，只有海浪輕輕拍岸的聲音；走進漁船聚集的碼頭，幾個船老大蹲在甲板上垂釣，「一陣撲嗤撲嗤的響聲，他舉起釣竿，一條灰黑色亮閃閃的魚在空中撲搧兩鰭，躍動尾巴。〔註135〕」直接就地烤起魚來，邊釣邊烤，粗曠豪邁的直接啃咬剛釣起的戰利品。

站在五千多公尺的澎湖跨海大橋橋頭，往橋上望去，如一條銀帶，橋面寬闊平坦，走到橋中央，「前觀後望，白沙島和漁翁島濛濛之中，恍如距離離我們極為遙遠。〔註136〕」置身橋心，彷彿佇立於大海之上。從跨海長橋回到馬公，公路兩旁崎嶇地上長著稀疏綠葉，幾個戴斗笠、穿工作服的女人跪在地上，身手矯捷的採收花生；當暮靄低垂，天色漸暗，採花生的女人們，有的揹著竹筐，有的用推車載著滿滿的花生，那正是澎湖特產的香脆花生。澎湖長年受凜冽季風侵襲，鹹質的土壤難以種植作物，但男人勤奮、不畏風浪的在海上捕魚，女人在不利耕種的土地上，種出最好的花生和蕃薯。

心岱經歷失去至愛之痛，有一段時日難以走出傷慟，除了以遷居新環境

〔註132〕白慈飄，〈第一次飛〉，《乘著樂聲的翅膀》，頁96。
〔註133〕白慈飄，〈澎湖島上〉，《乘著樂聲的翅膀》，頁101。
〔註134〕同上，頁102。
〔註135〕同上。
〔註136 同上，頁106。

遠離傷心之地，也以流浪、自我放逐的方式，療傷止痛，重新省視生命與過往人聲，尋求重獲新生的力量；她懷著奔向大海、尋浪的單純渴望，離開居所，「從台北縱走到南台灣。我在城市、鄉村、山丘、平原流浪，我行過千哩的海灘，凝望那些歷盡滄桑的水。〔註137〕」她行腳走踏台灣西半部，沿著由北到南的細長海岸線，流浪、放逐；並選擇以書簡形式，將途中經歷和內心起伏、調節的過程，向虛擬的「伊人〔註138〕」娓娓訴說。行旅中，不經意路過、駐留的鄉鎮，都沒有名字；但如真似幻的人文景致描寫，卻彷彿塑造了七〇年代台灣所有純樸小鎮的共同縮影。

〈海鄉〉是心岱在旅程中，與一個濱海小鄉鎮的偶遇。當她決定下車在此駐留片刻，除那片藍藍海水，讓她的心靈猶如歸鄉般的熟識，其實這是個全然陌生的地方。「橫過小小街道，我看到那晒在廣告招牌上慵懶的陽光，午後的小鎮總是被收音機喧鬧著，不然就塗上濃濃的睡意……〔註139〕」七〇年代臨海小鎮的慵懶與酣睡，是屬於偏遠鄉鎮特有的午後。這裏只有一條大街和幾彎小巷，有騎樓下的雜貨鋪、投映著斑駁樹蔭光影的黃泥路，泥土路面隱約留下牛車的輪痕跡印，小鎮的簡陋、貧瘠和荒蕪，一如縈繞心岱夢中的兒時景象，「那穿木屐拖板的少女彷彿是我的姐妹，那矮屋的木門我似曾倚立過，連這舞著的風亦含了我家鄉的那股鹹味。〔註140〕」面臨人生巨變前，心岱熱愛台北擁擠、繁華的都市生活，就如她自己所言，「我有多愛城市，我的生命幾乎與那個盆地成了不可分割的親密，有一天城市毀滅，我也沒有了。〔註141〕」但遭逢至痛後，心底潛意識對家鄉的嚮望，讓她必須不斷接近大海，呼吸那宛如回到故鄉才有的鹹鹹海味，而自我放逐的南北行腳旅程中，也不斷

〔註137〕心岱，〈仲夏之逝〉，《致伊書簡》，頁67。

〔註138〕在〈初夜〉一文中，心岱提及那群身為她忠誠讀者的男孩們，曾問她：「我們都期待讀到下一篇，我們希望猜到這書簡到底寫給誰？」心岱驀然呵笑的回答：「那只是一種表現形式罷了，只有低俗的讀者才妄想從作品中探悉作者的隱私。文學表達的不是個人的情感或故事，應該是全人類的情感、故事……」詳參心岱，〈初夜〉，《致伊書簡》，頁54。筆者按，作者採用的書簡形式與敘述對象之設定，都是一種創作的表現形式；或是虛擬，或是生命中最重要的摯友，或是已逝的至愛，甚或是內心世界不斷的自我對話；對深陷哀痛絕望的心岱而言，《致伊書簡》的每篇散文所呈現者，無疑是她走出新生命前自我調適的心理治療歷程。

〔註139〕心岱，〈海鄉〉，《致伊書簡》，頁45。

〔註140〕同上，頁45～46。

〔註141〕同上，頁46。

被貧瘠的僻遠小鎮所吸引，以求尋覓生命所真正依恃的鄉愁和歸屬感。

〈初夜〉中後段，則描述她在流浪之途，因旅費透支，而困居於一座小城，不眠不休地打工數日，五夜未曾闔眼，終於湊足旅費，乘上巴士離開這無名小城，來到另一個不知名小鎮，「街道兩旁的房屋浸入於一種澄清的墨色中，剛才我在車上看見的五顏六色的廣告招牌變得相當單調而沉默，，每一戶騎樓前的樹木都長了一叢黑影，低矮的電桿上一圈微亮捕捉著小蛾子，這是我目之所及的全部景物……」她沿著筆直沒有鋪柏油的路面直走，但沿途只見屋舍、招牌、樹木，不見任何人影，來到一片還留著看似攤架、可能是市集的圓形空地，仍舊空無一人；在微弱星光下，她僅能辨識這小鎮大概就叫「夜」。最後她走向橋下沙地，那裡的岑寂和空曠，心岱將之比喻為無人荒島、撒哈拉沙漠，也是她在這望不無人跡的小鎮上，唯一可作為當夜闔眼、休息的「旅店」，她將在這名為「夜」的小鎮望夜，凝望墨藍、深森的夜空，並倚賴這片夜空伴她渡過露宿的初夜。

她也曾去到一個濱海漁村，原以為僅是路過暫歇，卻為了等待子夜隨漁人竹筏出海捕魚，而留宿過夜。在迷人的午夜三時，她隨漁人乘竹筏漂泊於海中，「竹筏被浸到木中，他們啟動了馬達，便一艘艘順著前方而進，一共是七艘，一半在前一半在後護衛著我所搭乘的……。那日出、日落、狂風、暴雨，甚至橫過眼際的凸出於海面的船，種種的出現在我生命中都是一椿奇蹟。〔註142〕」然而，當心岱望著竹筏上，漁人們捕捉上來活繃亂跳的小魚，卻覺得難受，想到這是大海孕育、滋養的年輕生命，悲憫萬物的母性，油然而生。有的人到處旅行，為了在別人臉上找到自己，心岱則是期待在流浪行旅中，重新認識自己，從自己身上尋到一面鏡子，儘管尋找鏡子在遙遠旅途中，漸漸成為模糊意識，但她終在旅途的放逐與書寫中，找到重生生命。

第三節　市井小人物

「在土地上工作的人被視為地景的一部分，猶如樹木和莊稼，本身不是觀看者。〔註143〕」那些在土地上工作的中下階級群眾，必須賣力工作謀生，

〔註142〕心岱，〈仲夏之逝〉，《致伊書簡》，頁 70。
〔註143〕Paul Cloke, Philip Crang, Mark Goodwin 著，王志宏等人譯，《人文地理概論》
（台北：巨流圖書，2007 年），頁 292。

毫無多餘閒情，去思考、看清、乃至享受周遭環境的美好與變化；也因為太貼近土地，在土地上辛勤工作的人們，無法像觀賞或遊覽者，客觀疏離的觀看他們腳下安身立命的鄉土。而戰後第一代台籍女性散文作家，多出身自台灣中下階層的農村社會；非書香門第也無文化優勢地位，卻讓她們更能感同身受的，注視社會各行各業底層，處於「地景幽暗面〔註144〕」的勞動身影，刻畫台灣中下階層社會的眾生群相。

台籍女作家在七〇年代鄉土散文中，刻畫出七〇年代隱身在台灣各階層的市井小民，替她們訴說平凡卻真誠感人的生命故事；這些被書寫對象，多與作者無甚深交往，甚至僅是擦肩而過或點頭之交，作者的立場，亦多採冷眼旁觀，以純粹人物素描方式，細膩地捕捉人物的神韻、心境或處境；並於平凡小事或細微動作舉止中，掌握到描寫對象的情緒反應與生活體驗。

散文中的人物描寫，即針對特定人物外在形象與內在心理之形塑與刻畫；不論概括描寫、速寫或者人物特寫，都是散文描寫人物的主要方式。鄭明娳即認為，「人物是藝術作品中的形象主體，也是所有審美及創作藝術性的核心，所以人物描寫往往最建散文家功力之處。〔註145〕」人物描寫相當複雜，作品不但要掌握人物外觀和行動作為，也須與其當時的心理狀態相吻合。散文作者，便透過音容衣帽、情態動作、言詞對話，和心理活動的描述，結合外在環境因素，表現出被描述者的身份、性格、特徵與心理變化。

丘秀芷在〈另一種歷程〉〔註146〕便是以「速寫」方式，分享送報僮、水果販、鄰居和公寓清潔員的自信、喜悅與歡笑，與他們「共同享有」平凡生活中自足與快樂。每天清晨，她總會看見一個「送報僮」，以表演「投籃」方式，將報紙投擲進各樓層訂戶家的陽台，尤其一旦準確投近四樓訂戶陽台，就會表現一付「我很行吧！」的神情，「自信」滿滿。她也在菜市場水果販「貨真價實話虛假」的反話中，分享到「嘻天哈地」的自得與快樂；這位「水果販」在菜市場裡招呼客人時，總愛在言語上耍花樣，如：「我這橘子最酸！一斤才一百塊，包你買回去吃了明天不要再來買。〔註147〕」他每天都嘻皮笑臉，

〔註144〕Paul Cloke, Philip Crang, Mark Goodwin 著，王志宏等人譯，《人文地理概論》（台北：巨流圖書，2007 年），頁 293。

〔註145〕鄭明娳，《當代散文構成論》（台北：大安出版社，1989 年），頁 146。

〔註146〕詳見丘秀芷，〈另一種歷程〉，原載於「新生副刊」，1977 年 12 月 3 日，收入《驀然回首》。

〔註147〕丘秀芷，〈另一種歷程〉，《驀然回首》，頁 187。

講反話做生意，很多家庭主婦也因此特別喜歡買他的水果。邱秀芷跟會的會首「曹太太」，也是位有趣的人，標會時常常講笑話、戲耍逗弄其他會員；曹太太每天上大夜班，早上六點下班還要照料孩子，仍整天笑嘻嘻，從未曾現出倦容，在忙與累中，她永遠笑口常開，讓丘秀芷也很想「偷」一份她為生家庭、為生活而奮鬥的快樂。而負責公寓清潔的「金老伯」，一大早就來掃街道、樓梯，掃得乾乾淨淨後，會以欣賞自己「傑作」的愉快表情，滿意地環顧四周。從這些生活周遭極其平凡的小人物身上，丘秀芷體悟到，生活的「藝術品」就在我們觸目可及的每個角落，而「傑作」成就於每個認真生活的人們手中，成就來自個人自我肯定，而非他人的評價。

　　丘秀芷於 1976 年年初起，為《中國時報》「家庭版」版固定撰寫專欄短文，以當時新興的報導文學筆法，描寫社會林林總總的人與事，以一兩千字的短小篇幅，寫真人實事，再將之文藝化〔註148〕。其中，丘秀芷以〈仁心仁術〉特寫生活淡泊、良心行醫的丁大夫，這是一名不開醫院、白天到朋友開的醫院看診，晚上和假日在家為鄰居看病的醫師。在丁大夫矮屋窄房的「醫生之家」，乾淨整齊，他的長相、衣著平凡普通，臉上永遠掛著慈祥和藹的笑容；看病時，如果檢查沒問題，絕不開藥、不取分文；他也很少為病人打針或開消炎、退燒藥，並告知病患這些藥多吃傷身；即使病患的確需要吃藥、打針，他也只收四、五十塊，一般醫院可能動不動就要一兩百塊，如果病人過意不去，認為這樣收太少，丁大夫也只會笑笑說：「我收這樣差不多了！差不多了，我看病，只是大家就近方便，我怎麼多收呢！〔註149〕」丁大夫行醫只為方便鄰近病患方便就醫，收入微薄，因此，他太太晚上還要到電子工廠當作業員，補貼家用；文中也特別提到，丁大夫是名虔誠天主教徒，丘秀芷認為，丁大人仁心仁術，是天主教中真正的信徒。

　　丁大夫可謂少數真正懸壺濟世的良醫，丘秀芷乃以另一篇散文〈天使，天使？〉，透過小護士「柳靜」在私人醫院的觀察，披露多數醫生「懸壺斂財」的醜態。『『多少錢？』那滿臉憂慮的婦人，邊綁著揹孩子的揹帶，邊問窗口裏的蜜斯王。『打兩針，一針退熱，一針消炎，加上藥粉和藥水，都是用外國來的特效藥，一共一百五十塊。明天還要來啊！』蜜斯王聲音冷漠地

〔註148〕詳見丘秀芷著，《亮麗人生》前言，頁 1。
〔註149〕丘秀芷，〈仁心仁術〉，原載於《中國時報》「家庭版」，1976 年 7 月 8 日，收
　　　　入《亮麗人生》，頁 187。

回答。〔註150〕」正在幫孩子量體溫的柳靜，很想叫這位來了好幾趟的婦人，到別處去，別浪費血汗錢了；然而她想想，去別的醫院也一樣，十個醫院九個「指甲深〔註151〕」，除非公立醫院，而且部份公立醫院，也要送紅包才能指定醫師。柳靜服務的私人綜合醫院，幾乎每個醫師都愛誇大病情，如：「氣管發炎，要用好藥，要不然就轉成肺炎！」「啊！喉嚨爛了！」「腦震盪！」等等，以增加額外醫藥費用；有時醫生不願對症下藥，讓病家來回醫院好幾次，甚至因此延誤病情，讓病家人財兩傷。看著家境貧寒、食指浩繁的窮苦人家，經不起動輒三、四百塊的醫療費，往往拖到病情嚴重不得不就醫，又只能任憑醫生開口斂財，柳靜心生悲憫，常覺得自己是院長的同謀。這家醫院的院長只有中醫執照，卻開啓綜合醫院，請了三名醫生，卻皆非正式醫學教育出身，兩名經過特考，一名只是學徒；而醫院的護士也只有柳靜和密斯王受過專業教育訓練。丘秀芷以爲，從日治時期以來，台灣人多存著在哪家醫院看病就在那裡取藥的觀念，讓開業醫生「大賺其錢」，打針維他命藥劑，就標榜是昂貴的特效藥，向病家索取高額費用。身處滿是弊端的台灣醫界，柳靜的無奈，也反映基層民眾任由黑心醫師剝削的無奈與悲哀。

除了專業醫師，丘秀芷更爲默默在社會底層辛勤工作的弱勢族群，刻鏤出更加鮮明、動人的生命塑像。如〈她的塑像〉是「撿字紙嫂」以拾荒、打掃爲業，獨力養育五名子女的生命故事。「不管冷或熱；不管雨或晴，她，『字紙嫂』，天天有人吩咐著『要過年啦，來幫我大掃除！』『來幫我洗被單哦！』『我的窗廉要仔細洗，別洗破了！』她的衣著是那麼地污穢，那張臉因飽經風霜，而永遠『髒髒』的模樣。〔註152〕」但是她洗衣服洗得雪白，做事做得乾淨俐落，而且收的工錢很低；或許因爲她的衣著污穢，讓人不太敢找她到家裡當臨時清潔工，因此她幫工的機會較少，平常都在街頭巷尾撿拾廢紙、塑膠袋和破銅爛鐵，即使眼睛不好、又有風濕症，仍不避風雨日曬地做著「人棄我取」的工作；「那一身衣服，當然因『工作』的關係而又黑又髒，那頭髮，也因營養不良、日曬雨淋而如同乾草，一雙手似寒多掉光了葉子的枯枝；腳

〔註150〕丘秀芷，〈天使，天使？〉，原載於《中國時報》「家庭版」，1976 年 3 月 17 日，收入《亮麗人生》，頁 134。

〔註151〕作者於文末註：「『指甲深』意指會刮錢」，參見丘秀芷，〈天使，天使？〉，《亮麗人生》，頁 137。

〔註152〕丘秀芷，〈她的塑像〉，原載於《中國時報》「家庭版」，1976 年 2 月 25 日，收入《亮麗人生》，頁 124。

板四周龜裂得一道道深痕。〔註153〕」四十多歲的實際年齡，卻因艱困生活和殘忍歲月，在她臉上、手上、腳上刻下一道道溝痕，讓她貌似六十多歲老婦。她的先生卻是個體面的公務員，但十多年來都在外面養女人，一年只回來看孩子一兩次，夫妻早已恩斷義絕。拾荒撿來的空瓶子、爛鐵片、破罐子、塑膠袋，賣給收破爛的大盤商後，繳房租、付米錢茶錢、清賒欠的帳，轉手又空了。由於視力差，又習慣性低著頭找尋地上的東西，在路上從不主動和熟人打招呼，經常一路撿、一路喃喃自語，說什麼沒人聽清楚，連回答自己二兒子考上「成功高中」，都說不清楚。但在丘秀芷眼中，她是個最「成功」的母親，雖然遇人不淑，卻憑藉自己雙手和勞動，挑起全家重擔，將子女一個個養育成人。無論處於任何時代，職業無分貴賤，只要勤奮認真、腳踏實地，都是值得敬重的典範。

丘秀芷筆下，另一群隱身黑暗角落的弱勢族群，則是「杜鵑窩」中的精神病患。〈被遺忘的一羣〉描寫被稱作「女瘋子」的女性精神病患──一名被性侵過的患者，「一天到晚洗手，像要洗去生命史上的污點，洗得手掌皮都爛了。〔註154〕」醫護人員糾正她，改摸頭髮後，便一直摸頭髮，心靈上的玷污不曾消除；另一名台大畢業高材生，無法與人妥協，整天用英、日語胡言亂語；更多的女病患是活在名利情慾的幻想世界。患者家屬將她們送來療養院後，有的會常來探望，但更多是從未曾探視，讓病患翹守空盼。安置在精神療養院的精神病患，比監獄犯人還不自由，她們無法計算自己何時可以回到正常人社會生活，犯人至少還能等待假釋、刑期屆滿出獄，她們顯然比犯人還不如。

謝霜天充滿懷舊色彩的〈山城車站〉，則速寫了令她難忘的車站老員工身影。「哈囉！浩度油度？」，這是「跛腳先生」的慣常招呼聲，「但見他反剪著手，站在窗畔，露出一口參差不齊的牙齒對我們笑著。⋯⋯他的一條腿似乎瘦小些，褲管顯得空落落、縐巴巴的，但長著一張白淨的臉，眼睛明亮而聰穎。〔註155〕」他喜歡和學生們開玩笑，也會熱心提供各項協助，剪票時間一到，便一拐一拐走到柵欄，認真執行任務，也愉快的和小女孩們擠眉弄眼，

〔註153〕丘秀芷，〈她的塑像〉，《亮麗人生》，頁125。

〔註154〕丘秀芷，〈被遺忘的一羣〉，原載於《中國時報》「家庭版」，1976年5月4日，收入《亮麗人生》，頁145。

〔註155〕謝霜天，〈山城車站〉，《無聲之聲》，頁119。

行動不便未曾造成他的心理負擔。在謝霜天的年少記憶中，每次火車進入苗栗老車站，總是由鍾老先生渾厚的喊話揭開序幕：「南下普通列車快要進站了，請各位旅客不要靠近月臺邊，以免危險！南下普通列車⋯⋯」「他執著灰色的洋鐵皮話筒，一面喊著話，一面沿月臺邊走來，並揮動左手示意旅客們退後幾步。」〔註156〕他特別留意月台的安全，就像嚴父保護子女一樣，他的面龐方潤端正，皺紋雖已不少，但威光依然不減，喊起話來更是中氣十足，老遠就可聽見。而當一聲長鳴後，火車緩緩開動，站長、路警、鍾老先生，以及未走進辦公間的站務員工們，都會筆直的站立在月台上，目送列車離站，好似在向每位乘客道別。

農村子弟出身的謝霜天，在通往上塔悠的二十一號公車上，會格外注意一些鄉土味十足、看似農夫打扮的中老年人，「他們戴著斗笠，挑著擔子，皮膚深褐，手腳筋脈畢現，一副標準的農夫形相。〔註157〕」在冬天時候經常見到的一位「古貌宛然」老人，更讓她對其所來自處——上塔悠，充滿好奇。

> 他瘦削而傴僂，咖啡色軟邊氈帽下的一張臉，被歲月的塵網罩得深深密密的。像晒乾的半截茄子。身上穿著老式的布紐對襟衣和黑色寬管長褲，腳上趿著後面踩癟了的黑布鞋。在車子裏，老愛支起一腳，抱膝而坐，將上街買的魚乾、冬粉、肥皂之類的雜物擺在垂下的那隻腳旁。〔註158〕

當她實地到訪一片農村景觀的上塔悠，方知每每在車上遇到這些農夫時，心中油然生起的特殊情感，源自他們所居住和賴以維生的農舍、田園和菜圃，那是謝雙天自小熟悉的農家環境與生活。在邁入工商業社會的都市中，他們默默「拙守田園」，擔任平凡的糧食生產者，其執著的精神值得敬重。

回到銅鑼家鄉，看見堅守河埔田園的老農「發馨哥」，也讓謝霜天見到生活中單純的滿足。「他口叼著煙，正悠閒地蹲在菜行間拔草。⋯⋯帽沿下的那張臉顯已得老氣了，刻劃著風霜的痕跡，年紀該有五十幾了吧？從我能記事起，他就是一位莊稼漢。〔註159〕」年年重複的農事，消磨他的大半生，三十多年過去，他仍堅守同一塊土地，繼續輪種稻穀、雜糧和蔬菜；即使到了七

〔註156〕謝霜天，〈山城車站〉，《無聲之聲》，頁120。
〔註157〕謝霜天，〈到上塔悠去〉，《無聲之聲》，頁185。
〔註158〕同上。
〔註159〕謝霜天，〈我不如老圃〉，原載於「中央副刊」，1979年5月5日，收入《霜天小品》，頁28。

○年代，子女全到都市從事工商業了，他仍樂於守著這塊土壤，種出一坵碧沉沉的綠色花茱，等待結成飽滿優秀的茱種，收穫後即可賣出好價錢。在三十年未曾改變園圃裡，老農「發馨哥」卻有著現代農業經營的頭腦和打算。

除了鄉間老農，都市中享受悠閒生活的老人，也是謝霜天重要描寫對象。如台北家附近的孔廟前苑，常見老人家們在此健身、閒聊，享受清風和陽光的照拂──「一眼望去，那些老人除高矮胖瘦稍有不同外，面貌已不再顯現美醜之別。因為公正無私的光陰在他們臉上都劃下了同等的刻紋。那一條條、一縷縷交錯縱橫的痕跡，成了他們共同的特徵，無怪乎看起來都有些相像，正如兄弟姊妹一樣。〔註 160〕」他們對坐石椅上，融洽的笑談著，年齡相仿、興趣相投，言談自然契合。也有一些老人，自動坐在一位老先生身旁，聽他誦讀閩南語勸世文，「榕樹下，經常看到一位老公公悠閒的坐看，從寬大的口袋掏出發黃的線裝小冊，彎腰、低首念念有詞的讀著，往往吸引其他老人的注意，自動坐在他身邊側耳靜聽。……幾個老人彷彿就在那一句句低沉、蒼老的誦唸聲中得到某種定心的安慰和慧覺。〔註 161〕」在謝霜天看來，這些老人無意中已履踐了盧梭名言：「人生不是呼吸，而是行動，要知道怎樣運用我們的感官、心意、才能，以及使我們意識到自己存在的身體每一部分。〔註 162〕」他們晚年的生命節拍依舊堅實有力，隨時隨地欣賞生活，領略每個值得歡欣的片刻。

謝霜天也在散文作品中，刻畫垃圾車清潔員、地下道打掃工人的勞動身影，如〈不怕髒的手〉、〈小小燭光〉。在黃昏夕照下，垃圾車的樂聲響起，車上壯漢們，動作敏捷的邊傾倒垃圾，邊分出紙張、塑膠袋、鐵罐等可再利用物，將這些雜物分類裝入四輪車的大麻袋中；垃圾車行過，地上殘留零星垃圾，立刻來了兩名女清潔工，迅速用竹帚清掃乾淨。謝霜天望著這幅都市街頭的基層勞動圖，心中充滿感念，「那一張張長期奔波在外、承受日晒風吹的黝黑面孔，那一雙雙與垃圾為伍、不怕骯髒的粗厚手掌，襯著蒙沙沾塵的一身舊衣裳，天天穿梭於長街小巷中，默默從事著卑微的工作。〔註 163〕」在浮

〔註 160〕謝霜天，〈滿園朝氣〉，原載於「中央副刊」，1979 年 5 月 26 日，收入《霜天小品》，頁 31。
〔註 161〕同上，頁 30。
〔註 162〕同上，頁 31。
〔註 163〕謝霜天，〈不怕髒的手〉，原載於「中央副刊」，1979 年 9 月 30 日，收入《霜天小品》，頁 40。

華爲尚的都市生活中，他們默默勞動、毫不起眼；這每日每個相同時刻，重複上演的忙碌片段，少有人注意到他們的重要性，也沒人會想到若少了這些不怕髒的手，居住環境的清潔如何維護。「如果說都市是一個有機體的話，那麼，剛才目睹的這一系列工作，便如同一管收受、運輸廢物的腸手，而在收運的過程中，又不斷分解出還有用處的東西，讓拖四輪車的人拉向再製工廠去，剩下的無用滓渣才徹底拋棄。〔註164〕」這群清潔工不怕髒的手，促進都市生活機能的新陳代謝，周而復始，讓市容維持清爽煥發。

另一篇〈小小燭光〉，則是速寫一名負責清掃地下道的跛腳工人。下過雨後動輒滲漏、淹水的地下道，水退後常留下一層黏膩、腥臭的黑色泥漿，謝霜天小心翼翼拉高褲管、緩緩挪步，「萬般無奈中，驀然看見水溝邊蹲著一個體型瘦小的中年男子，正奮力地沖洗拖把，污黑的水花澎澎地濺著……看到他，我心中覺得寬慰不少，儘管腳前污穢未除，但潔淨總是轉眼可期，我們這些以此處爲必經之路的行人，每天所最期待也就是潔淨二字。〔註165〕」而七○年代的台北地下道，經常有人隨地吐痰、吐檳榔汁、丟棄果皮紙屑，跛腳男子仍每天不厭其煩的清掃擦拭，「我常見他在階梯上一步一拐的，掃一下，停一回，讓走動不息的行人通過，才覷個空檔，再揮動掃把。」環境條件極差的地下道，在他勤奮維護下，終能保持一定程度的爽淨。無論是垃圾車清潔員或地下道打掃工人，即使他們爲謀生計而擔任清潔工作，但只要忠於職守、俯仰無愧，任何行業、職位，都在默默爲社會注入持續運轉的動力。

季季〈一天裏的兩件事〉第一篇「收垃圾的夫婦」，其描寫對象也是一對鎮日與垃圾爲伍、靠垃圾維生的夫婦；季季以虔敬感動的心，去觀照他們踏踏實實爲生存而掙扎的生命圖像。難得的清晨，讓季季有機會站在四樓陽台，靜靜觀察收垃圾的人，注視他們的每個細微動作，而短暫過程所帶來的心靈體驗，成就極難磨滅的深切印象。季季住家所在的垃圾車，是簡陋的人力三輪車改裝，「男人緩緩踩著車子過來時，女人是跟在車後搖著鈴噹的……等他拿了第一桶垃圾到車旁，女人早已站在那四面木板之中；她彎下身子，接過那桶垃圾，很快的倒了下去……女人就趁那短暫的空檔，把剛傾倒出來的垃

〔註164〕謝霜天，〈不怕髒的手〉，原載於「中央副刊」，1979 年 9 月 30 日，收入《霜天小品》，頁 40。

〔註165〕謝霜天，〈小小燭光〉，《霜天小品》，頁 155。

坂飛快地撥翻了幾下。〔註 166〕」三輪車後座加高的木板兩旁和後面，掛了三個竹籠，裝盛字紙、塑膠用品和破銅爛鐵，女人熟練的在垃圾中略撥幾下，就翻撿出還能再賣錢的東西，在常人眼裡骯髒、污穢的廢棄物，到了他們手中不做他想，只是每天例行且重複動作中的一部分。他們兩人搭配得極為圓熟，完全無須言語交談或溝通，每個動作與動作間，急促的循環著，展現一種日積月累的無形默契。季季由上往下俯視的角度，也讓她看清收垃圾人的衣著打扮，在寒冷冬季裡，「那男人只穿了一件寬大的長褲和單薄的長袖上衣。他戴了一項呢瑁，但腰間卻繫著一條汗巾。……那女人的頭上纏了一條花頭巾，連半邊的臉都擋住了，看不清她的臉孔是否姣美。然而，她的身子卻是高大粗壯的。〔註 167〕」對社會底層的勞動者而言，容貌是否姣好並不重要，健壯的身體才是厚實本錢。「她穿著紅色的毛衣，咖啡色長褲，繫著黑色的圍裙。當她彎著身，雙手急促地在別人丟棄的垃圾裏挑撿翻弄時，一些打扮整齊、趕著去上班的女人，陸續走了過去……她們總是冷漠的瞥了一眼，就趕緊繞到路邊才匆匆走過去。〔註 168〕」上班女郎的鄙夷眼光和態度，垃圾車上的女人當然看不到，即使見了也會視若無睹；因為，眼前她所專注的是，迅速且正確的區分垃圾和可回收物，這些才是她工作、生活中，真正在意且重要的部份。季季在短暫的觀察中，細細品味著這對收垃圾夫妻的生活態度，並深刻體會到勞動的深層意義。

　　無論小吃攤、菜販或水果販，都是台灣社會基層民眾最常接觸的人物，他們也是謝霜天鄉土散文中，最常描寫的對象。如〈一縷暖意〉裡賣湯圓、芋包攤位上的三位主事者——年輕女子掌杓、老太太洗碗、老先生走動招呼客人。「張顧間，見到一位女士來到攤前，低聲說了句什麼。老太太立即放下工作，掀開灶上的鋁製蒸籠，取出兩個像包子的東西擺在小碟上，一邊倒佐料，一邊微笑著說：『妳來得正好，再慢就沒有了！』〔註 169〕」探問下，方知蒸籠裡取出的是香菇芋包：「皮是用糯米和芋頭磨製的，餡是用香菇、冬筍、板魚切細和成的，很好吃！〔註 170〕」老太太像長輩得意的對家人解說自己的

〔註 166〕季季，〈一天裡的兩件事〉，《夜歌》，頁 118。

〔註 167〕同上，頁 120。

〔註 168〕同上。

〔註 169〕謝霜天，〈一縷暖意〉，原載於「中央副刊」，1979 年 3 月 3 日，收入《霜天小品》，頁 133。

〔註 170〕同上。

手藝，泛著皺紋的臉上，含著慈柔溫美的笑容。六十多歲的老先生，也走近和謝霜天一家人聊天，「身體微胖，衣著光潔，面容溫雅，言談舉止顯得舒坦而親切。〔註171〕」談話中提及，育有四兒一女，掌廚的正是未出嫁的女兒；老夫妻退休後，曾移民國外依靠旅外的兒子，最後因懷念台灣的人情味而返台，趁兩老身體還硬朗，便決定開小吃店，可以活動筋骨，也讓精神有所寄託。就如謝霜天所云，芸芸眾生中，這對老夫妻並不特別，但那份退而不休、老當益壯，且自得其樂的心境，讓他們在已屆黃昏之齡，持續散發生命動能。

〈山城夜攤〉則描寫三位在苗栗車站外，經營小吃攤的女攤販。毗連一起的三攤小吃中，謝霜天和家人選定中間的攤子，「繫著碎花圍裙」的老闆娘，滿臉笑容，「抓起一把米粉塞入透空的小竹杓，放在半圓蓋的鋁鍋裏煮時，左右兩家的掌攤婦人幾乎不約而同地，從爐邊投視到我們這兒來。〔註172〕」因為三個攤子只有她們這家食客，左右兩攤便顯得相對冷清；左右兩攤閒著的老闆娘，一直定定的注視著他們，但嘴角泛著淡淡微笑，絲毫沒有妒意。當一位計程車司機直衝衝往左攤走去，「那位滿頭踡曲短髮的老板娘，立刻轉身招呼客人，敏快地燃旺火爐，取下攤杆上的小竹杓來裝麵條。〔註173〕」右邊攤子也來了兩位女學生，「那稍微發福的老板娘喜孜孜地招待客人坐下後，便用俐落的手法剝粽葉倒佐料，端到客人前面。然後走出攤子，一手插腰，一手支著亞鉛皮的攤沿，望著廣場發愣。〔註174〕」吃完粄條的謝霜天，好整以暇地注視這三位女攤販——她們年約三十多歲，樣子都很平凡，「中央開扣的淺色花格子上衣，深色的老式長褲，臉上毫無妝扮，露出清純的淡黃色，額際、眼梢有些紋路，兩顴卻是發亮的，顯出一份堅強、獨立的特質。〔註175〕」她們表現出樸實耐勞的台灣婦女典型，在田間、菜市場、店鋪……隨處可見；她們默默奉獻時間、心力，維持家庭生計，即使到深夜時分，仍堅守攤位賺取小利，也餵飽饑渴的夜行人。

謝霜天每天上班走在〈巷道晨光〉裡，都會注意到一對賣菜夫妻，合力推動載滿筐筐籮籮蔬果的兩輪推車，「男的斗笠、汗衫、短褲，在前面使勁地

〔註171〕謝霜天，〈一縷暖意〉，原載於「中央副刊」，1979年3月3日，收入《霜天小品》，頁134。

〔註172〕謝霜天，〈山城夜攤〉，《抹不去的蒼翠》，頁185。

〔註173〕同上，頁188。

〔註174〕同上。

〔註175〕同上，頁188～189。

拉車邁進，棕色的強壯手膀沐著朝陽閃現起伏的黝光，彷彿寫著幹勁、寫著希望；女的一身樸素的農婦裝束，在後面用力地推著車子，那雙操勞的粗糙手掌，支托的是完全的信賴、唱隨的契合。〔註176〕」而當謝霜天走到菜販聚集的市場，發現那對夫妻的勤勉身影，已化散在每個攤販身上。上班途中還有一群工廠操作員，和謝霜天同時踏著長巷朝陽前進——

> 匆促的履聲中，我看到的幾乎全是年輕人的背影，男男女女，大半
> 穿著淺藍與深灰搭配的制服，簡樸中透著精神。……尤其是女孩子
> 們，三三五五的，前一群，後一簇，撐著小花傘，背著或拎著白的、
> 紅的、黃的皮包，有的直髮垂肩，有的梳著馬尾，繫以紗巾或鮮艷
> 的毛線，腳上穿的不是透空涼鞋，便是像船似的厚底鞋。〔註177〕

這群年輕工廠作業員、這幅結群湧入工廠上班的景象，正是六、七〇年代，台灣經濟起飛，大批鄉下農村青年流入都市，從事生產線勞動的時代縮影。

　　除上述小吃攤老闆娘、和菜販夫婦，謝霜天也將〈大鬍子〉中擺攤賣水果的退役老榮民，刻畫得猶如攤上瓜果般，形象鮮明、性格清晰。「蓬鬆的亂髮，摻看少許銀絲，滿腮新剃的短鬚樁，泛著一片青黑，濃眉、大眼，聲量寬宏如鐘，叫人忍不住要想到水滸傳裏的魯提轄。然而，他的瞳光和善，言語親切，一笑起來，露出被菸染黃了的大板牙……〔註178〕」「大鬍子」臉上其實沒留鬍子，而是因這副粗獷、不修邊幅的外形而得名。不像一般商人會鼓舌吹噓，如果當天水果品質欠佳，大鬍子會坦誠告知客人，甚至勸他們不要買，全無假飾；幾次與大鬍子的閒談中，得知他是1949年攜眷隨軍來台的徐州人，退役後不願折腰請人介紹工作，獨力運用微薄的退伍金，做起水果攤的生意。「剛開始做的時候，他只有一輛舊腳踏車，自個兒釘了一個木箱，不畏風吹、日晒和雨淋，在市場、在馬路、在巷陌，隨處兜售。後來稍有積蓄，買了一輛手推車，賣的水果種類也多了。〔註179〕」漸入佳境後，不久就改為腳踏拖車，接著進步為機車；幾年後在大直街上找到適當處所，正式開起規模較大的水果攤，十多年後的七〇年代，街道拓寬後，大鬍子的水果攤退到店鋪的廊沿下，他將水果攤布置得密集而美觀，吸引眾多顧客上門，談到其

〔註176〕謝霜天，〈晨光巷道〉，《抹不去的蒼翠》，頁171。
〔註177〕同上，頁173～174。
〔註178〕謝霜天，〈大鬍子〉，原載於「中央副刊」，1973年9月27日，收入《心畫》，頁60。
〔註179〕同上，頁61。

中秘訣，他眉飛色舞、裂口朗笑：「重要的是維持貨品的新鮮，其次是觀察消費市場，注意同業的競爭情勢。……對顧客嘛，我總堅持兩個原則，第一是好壞實說，絕不騙人；第二是不討價還價，說一不二──〔註180〕」大鬍子的眼睛閃爍著正直、坦誠和自信的光采，大鬍子太太則靜默坐在一旁，臉上微微露出溫和、滿足的笑意；他們攜手共創了平凡而自足的生活，最簡單的幸福，便展露在大鬍子的自豪和太太的祥和笑容裡。

攤販是生存在社會夾縫中的小小行業，但謝霜天對這項辛苦、沒有保障的行業，總投以特別關注。〈擺地攤的女人〉便是描寫七〇年代在台北街頭，仰賴擺地攤維生的小人物生活。謝霜天將整條商店街擺攤賣衣服的女人，稱為「一籮筐」、「二籮筐」，因為她們總是各色女裝，層層疊疊地鋪展在一只大紙箱的四周，「她們不單用一個大紙箱，還加上手推的藤製長方形嬰兒車，容量大，遇到警察突檢又可以惟推看跑，相當方便。這種種一車一箱相或一車兩箱、三箱的裝備，已成了這些女裝攤販的特色。〔註181〕」「二籮筐」是幾個攤位中，做生意比較實在，不要噱頭，且尊重並信賴顧客的女攤販，「這位女老闆大約四十歲上下，中等而略胖的身子，還算秀氣的臉上，有一雙圓亮的眼瞳，說話客客氣氣的，樸實而誠懇，使我頗生好感。〔註182〕」當謝霜天同時喜歡兩件樣式不錯的背心時，她率性且推心置腹的，讓她把兩件衣服都帶回去穿穿看，不滿意再退還，而且暫時不需付錢，讓謝霜天感受到，這不僅是單純銀貨兩訖的買賣交易，而是一份互信與情感交流。在與「二籮筐」交易過程中，顧客可以心平氣和、談笑風生，不必忍受百貨公司專櫃小姐的冰冷嘴臉。這些攤販不論在七〇年代，或今日現代化的二十一世紀，都一直存在各地的人潮來往處，雖影響市容景觀，謝霜天仍對她們寄予同情，畢竟她們甘於扮演社會中較卑微的角色，以改善家人生活，擺脫貧窮陰影；只要誠懇待人、實在做生意，都是謝霜天鄉土散文中，值得敬重的小人物。

「那孩子約四歲，長得頭臉方正，眉目清秀，一副聰明而解事的模樣。那少婦則像畫片中的安琪兒，純得不沾一絲人間煙火味。白哲的圓臉配著睫毛濃密的大眼，如果不瞎的話，必定是明眸善目的含春玉面。〔註183〕」這是一對

〔註180〕謝霜天，〈大鬍子〉，《心畫》，頁62。
〔註181〕謝霜天，〈擺地攤的女人〉，《熒熒燈火中》，頁158。
〔註182〕同上，頁159。
〔註183〕謝霜天，〈虔誠的祝福〉，原載於「中央副刊」，1979年2月17日，收入《霜天小品》，頁127。

謝霜天常在菜市場或地下道遇見的盲母幼子，盲婦的黑瞳渙散無神，空有美麗
的輪廓，且手腳細弱，身材嬌小單薄，丈夫也是盲胞，在盲校教書，夫妻生下
一子後，合力付出心血和劬勞，共同撫養這個兒子；在孩子一歲多會走路時，
母他親就牽著的小手一起上菜場，「男孩的腿短短胖胖的，走地下道來回要上
下四次階梯，一步一停，十分吃力。做母親的怕孩子摔跤，只好一手緊緊拉住
他，一手攀住扶手，緩緩探身而下。買菜，對一個體弱，又得拖著幼兒的盲婦
來說，真是一件艱辛無比的大事。〔註 184〕」而今，換作四歲的孩子，牽著、
呵護著母親，幫媽媽拖帶輪子的菜籃，牽著媽媽的手走在前頭，細心叮嚀母親
前有水溝或注意轉角；他也會帶領著媽媽到該去的菜攤，協助挑選，所有交易
過的攤販，都稱讚小男孩聰明有眼光。或許因為父母殘缺，必須提早學會照顧
自己，讓小男孩顯得比其他同齡孩子，更加早熟懂事；他也在生活中體會到，
父母是行動上的弱者，他要善用自己的「視力」，成為替父母領路的明燈。

　　白慈飄的〈在海之濱，在山之巔〉，也以簡短而悲憫的文字，描寫在宜蘭
旅館裡偶遇的吹笛盲者。「當我走近旅館的時候，那笛音驀然竄進耳鼓。抬起
頭，看到旅館前面一個戴墨鏡、持拐杖的男子，一手拿蒼銀色的長笛吹著。
啊，盲笛！他在旅館招呼按摩的生意呢。他的步履緩慢，步步都需要拐杖的
指引。〔註 185〕」當這位盲者走進旅館廊道，碰上另一名正從旅館出來的盲者，
他們停下笛聲，互相交談、彼此赤誠的關懷，當遠方也傳來起落、飄忽的笛
音，兩人再度吹起盲笛，陣陣聽來悲切的笛音，如同吹奏生命悲歌，幸賴盲
者之間真誠的互助與相待，淡化悲情，在黑暗前路上，繼續相扶而行。

　　在家鄉望著山腳下一抹晚煙，謝霜天想起「老木匠」和他的水煙壺，寫
下〈老木匠〉，將老木匠來到家裡添製家具的工作身影，鮮活地重現於紙上。
「老木匠一手提著裝工具的帆布袋，一手托著水煙壺，身上穿著似白似黃的
棉布對襟裳，長僅及膝下的同色寬褲，飄飄蕩蕩，悠哉悠哉的，沐著晞微朝
日來到我家。〔註 186〕」那年謝霜天老家蓋了一橡新瓦房，父親請來老木匠添
製家具。廳堂門口的空廊，就是老木匠經常工作的地方；老木匠沈重的帆布
袋，裝著各式各樣的工具，「那些工具不知在他手中使用了多少歲月，一件件

〔註 184〕謝霜天，〈虔誠的祝福〉，《霜天小品》，頁 128。
〔註 185〕白慈飄，〈在海之濱，在山之巔〉，《慈心集》，頁 88。
〔註 186〕謝霜天，〈老木匠〉，原載於「新生副刊」，1976 年 2 月 6 日，收入《抹不去
　　　　的蒼翠》，頁 119。

都像上了釉似的發著勻細的光澤,跟他那雙青脈浮凸的褐色手臂,幾乎沒有什麼分別。〔註187〕」他戴上眼鏡,透過鏡片,眼神如鷹似的外爍著光芒,彷彿一眼就能看穿木質良窳。選好木材,用墨斗量、鋸木、推鉋,「由鉋子往上移高視線,只見老木匠握鉋的手背,青筋隨他的使力而扭動,癟癟的嘴抿得緊緊的,臉部皺紋恰似百川歸海,自額上、眼角、頰邊奔赴嘴唇四周,老花眼鏡則漸漸滑向乾橘皮般滿佈凹點的鼻尖上。〔註188〕」謝霜天彷彿將鏡頭完全聚焦在老木匠的工作檯上,特寫老木匠工作的每個動作和專注神情:

> 他無暇調整眼鏡,他全副精力都貫注在鉋與木材間,彷彿那就是他
> 的整個世界,要著意理出一塊平坦光明的地方來。……我再細看,
> 那鉋也不復是謎語中趣味化的小動物,而是老木匠手臂的延伸,在
> 他心意的指揮下,自如地改造木材的外形,讓那些離根離土的植物
> 獲得了另一種生命,變成有用的東西。……〔註189〕

謝霜天將老木匠全神貫注鉋木的景象,寫得莊嚴肅穆,連四周空氣都充斥著令人屏息靜默的氛圍。等他工作一段落歇息時,隨手拿起水煙壺和火柴,「老木匠掀開煙罐的半蓋,掏出一撮菸絲捻入煙斗,點亮紙媒,一邊燒著菸絲,一邊就看壺嘴,呼嚕、呼嚕地吸了幾口煙。……隔著變幻的煙紗,他那多皺而帶著稜角的黝黑臉膛,意外的顯出了柔和的輪廓。〔註190〕」謝霜天好奇欣賞著老木匠吸吐水煙,也慢慢將描寫視線挪移到老木匠的臉部輪廓,他那微眯的笑眼,含著笑意卻又似乎帶著些許迷茫,藏著叫人猜不透的意緒。回憶兒時,謝霜天很喜歡老木匠在的日子,二十多年後又在家鄉牛背山畔,欣見他仍健在,和老伴對坐在紅瓦屋下悠閒談天;木匠工作時專注、肅穆的一舉一動,以及水煙壺的呼嚕聲,在謝霜天童年回憶裡,留下牢固的深刻印象。

　　劉靜娟身兼職業婦女與家庭主婦雙重身份,菜市場是她平日生活最熟悉的場所,其散文〈一沙一世界〉便以速寫方式,勾勒出菜市場的眾生浮世繪。菜市場在劉靜娟筆下,正如具體而微的大社會縮影——買菜的人,「這山望那山高」,眾人的手在各個攤位上交錯著,不論挑水果或挑蔬菜,總要將手伸得遠遠的;有和作者相互信任的忠厚菜販,也有話說不停的菜販,「『嗨,太太,

---

〔註187〕謝霜天,〈老木匠〉,原載於「新生副刊」,1976年2月6日,收入《抹不去的蒼翠》,頁120。

〔註188〕同上,頁121。

〔註189〕同上,頁121～122。

〔註190〕同上,頁122～123。

你好久沒有來我這兒買菜啦！』『好啦，好啦，老主顧啦，多拿你兩塊我也不會發財！』他幾乎沒有一分鐘不說話，手腳俐落，嘴裏也『配樂』似地喳呼個不停。」「一個婦人抓一把草菇，問他：『這東西怎麼煮？』他仰頭瞇眼一副『瘟』相，懶洋洋地說：『放在鍋裏煮。』」〔註191〕；除了多話的菜販，還有一個多話的魚販，只要有人挑剔兩句，他就發表政見似的滔滔辯解起來，甚至氣憤的說：「，如果你不信，你去別個攤位買好啦！〔註192〕」劉靜娟則體諒他是基於「疼愛」這些魚蝦，不容許有人挑剔他的「子女」，看在作者眼裡，倒也是有自信和敬業的表現。

這市場中最令劉靜娟印象深刻的，是位話不多但懂得自嘲的肉販子。「我固定買豬肉的攤子，是一個叫『胖子』的。你有沒有發現賣豬肉的鮮有不胖的？尤其夏天裏，一件背心，渾身都是『肉』。〔註193〕」和氣、帶幾分幽默感的「胖子」肉販，即使換了新攤位，顧客仍蜂擁而至；縱使面對跋扈客人無理指使與批評：「胖子，你這是什麼肉？爛爛的！」胖子仍不溫不火的回答：「死──豬──肉」〔註194〕胖子的幽默感，或許正是在客人有意無意的調侃中，培養得來的。劉靜娟認為，他的成功在於「人和」，既做好自己的本份，也賺到錢，即使以功利社會的金錢觀衡量之，「胖子」還是成功的豬肉攤老闆。

劉靜娟每篇散文或小品，總會在文末，寫出一段得自生活體驗的心得或小小哲理。在〈一沙一世界〉中，她身為在廚房和市場打轉的女人，卻深刻體悟到，「世界再大，無非是人與人。市場雖小，也是人與人。〔註195〕」市場裡「斤斤計較」的特質，讓它宛若探測「人性」的小型社會，人性在買賣間毫無遮掩的揭露，而攤販們辛勤奮鬥的人生故事，也不斷在此上演。

七○年代末期的台北，已經是個計程車滿街跑的時代，劉靜娟也以親身搭乘計程車的經驗，側寫〈快樂的司機〉為生活打拼的積極人生觀。「坐了下去，我更覺得這部車子不像一般計程車。寶藍車身黑車頂，沙發還有套子，是白布滾紅邊的。在臺北，還真不容易見到有布椅套的計程車，何況還是潔白的！〔註196〕」天色已黑，她看不清司機的臉，司機和氣的問候著，但劉靜

〔註191〕劉靜娟，〈一沙一世界〉，《眼眸深處》，頁161。
〔註192〕同上。
〔註193〕同上，頁162。
〔註194〕同上。
〔註195〕同上，頁165。
〔註196〕劉靜娟，〈快樂的司機〉，《眼眸深處》，頁175。

娟下意識希望他是「沈靜」的司機，藉著迎面而來的車燈，她方看清那是位清瘦、友善的中年司機，才放下心防和司機聊起來；他是個白天在機關擔任機械技工，下班後兼職開計程車的司機，白天開著這輛三年前以二十萬買下的車上班，下午下班才開出來載客；也許因為是兼差，他可以挑客人載，也可以好整以暇的和客人閒聊，「其實我白天的薪水，省著用也是夠的了。我三個孩子雖然很能吃，早上兩條吐司麵包也不過三十塊（一家五口吃兩條，真驚人）！穿嘛，臺灣的成衣又好又便宜。倒是老大讀五專，學費驚人。〔註197〕」本業收入足夠家庭基本生活開銷，但為了孩子唸書的學費，為了讓家人過更好的物質生活，他心曠神怡地日夜工作。車程中，這位快樂司機，津津樂道地分享教養孩子的經驗，話中充滿父愛的慈祥和成就感。整個乘車過程，劉靜娟愉快地沾染了他的快樂，「我喜歡碰到快樂的人。快樂像香水，連我也分沾了香氣。〔註198〕」七〇年代末期，台灣國民所得迅速攀升，中產階級的基本生活已漸漸寬裕；只是有人選擇衣食淡泊，有人積極為改善生活品質而努力。

　　陪酒、陪笑的「酒女」、「吧女」，在台灣傳統社會觀念中，難以受到尊重，甚至遭受歧視，更少成為七〇年代女性散文的描寫對象。但白慈飄因搬進有半數房客從事陪酒工作的公寓裡，而有機會輕觸那些女孩的幽暗內心世界，她對這群女孩的印象，也由厭惡、鄙視到體諒——「男人立刻笑了起來，聲音溢滿猥褻，海蒂也跟著浪蕩的大笑，笑聲未止，她倒下去嘔吐，男人們摀著鼻子，站得遠遠。海蒂站直，又哭又叫，『阿母，你哭什麼？我很好，不過陪他們喝幾杯而已。』〔註199〕」這句話讓白慈飄走進「吧女」海蒂的內心，「海蒂不是另一個世界的女孩，她跟任何一個我們一樣，有悲哀。她穿者白上衣、紅短褲的身材美得似女神——」白慈飄猜想，如果她能像其他同齡女孩一樣上大學，姣好的面容和身材，必定是顆耀眼的明月，靜待眾星拱月，無須戴著卑微的假笑面具，任由男人糟蹋。白慈飄的房客鄰居中，還有一位由來自到鄉下到城市打工、補習的純樸女孩；她高中畢業後，連考兩年大學都落榜，索性來到台中，白天在毛毯工廠工作，晚上到補習補習，賺得錢三分之二要寄回家，剩下的錢要繳房租、補習費和三餐的開銷，生活拮据、刻苦，日常

〔註197〕劉靜娟，〈快樂的司機〉，《眼眸深處》，頁177。
〔註198〕同上，頁178。
〔註199〕白慈飄，〈電壺〉，《慈心集》，頁16。

始終只有兩件洋裝輪流替換，平板的臉上滿是謙卑，怯於與人親近；但鄉下女孩比海蒂幸運的是，她擁有選擇自己生活方式的權利，更可以靠勞力和勤讀，創造屬於自己的未來。

〈阿巴桑〉是為心岱稚子擔任兩個月「保母」的慈藹老太太，年紀五十多歲，但精神飽滿，「看似瘦如枯枝的體格，卻硬朗健壯得很。不管天氣和暖或冷凍，天天一襲米灰的旗袍和一雙太空鞋，從不見她加過大衣或長襪，吃飯的時候，她總是客氣的等我們吃完才肯上桌，然後揀著一些剩菜下飯……〔註200〕」心岱的小「君兒」第一天見到老太太，就如見到老友般親近、契合；他們也將老太太視同長輩對待，相處融洽，「她真是個好人，一位很和祥的老太太，尤其是她的個性，完完是那種傳統舊禮教的典型，她最大的優點是沒脾氣，我猜到她有健康的體魄，是由於她那溫文柔和一絲不亂的修養所致……〔註201〕」但兩個月後，老太太兒子、媳婦經營的藥房生意正臨旺季，需要人手幫忙，便辭掉到心岱家照顧嬰孩工作；但短短兩個月，因為有老太太照顧、疼愛稚子，才讓他們夫妻可以在書房裡看書寫稿，這段時光在心岱育兒過程中，留下難得的美好回憶。

心岱住屋的左方，就是一座小型煤礦場，每天看著一、二十個礦工進進出出，她以〈礦工之死〉，描繪礦工賣力勞動的黝黑身影，也細述礦災現場的哀戚畫面。「他們赤著足，裸著胸，腰間繫有一個發電的盒子，額頭上戴著一盞燈，一臉一身的漆黑黑。他們這種賣力且冒險的生活常常使我感到無限的敬佩，做一名礦工，確要比常人多一分膽識和勇氣……〔註202〕」但某日午後，礦場響起淒烈哭聲，原本靜謐的礦區，人潮絡繹不絕，「有趕湊熱鬧的孩童，有哀悼的親朋同事，更有辦公事的調查人員，一會兒是派出所的警員，一會兒是刑事部門的驗屍官，一會兒是保險公司的人員，他們離去後，又來了道士，就在那臨時搭的蓬子裏為死者唸經超度。〔註203〕」接著整夜女人的哭泣聲，傳遞出無限悲哀，心岱不禁聯想起往後無依無靠的死者家屬——稚兒、寡妻、老母，從此失去羽翼的依怙，往後生活頓失支柱。直到次日見報，才得知是五十多歲老礦工被坑內落磐所擊斃；或許依死者年紀推算，子女應已

〔註200〕心岱，〈阿巴桑〉，《萱草集》，頁93。
〔註201〕同上，頁94。
〔註202〕心岱，〈礦工之死〉，《萱草集》，頁106。
〔註203〕同上，頁107。

成年，家中經濟不致中斷，心岱放下前一夜的擔憂，末段改以「有價值」、「偉大」、「奉獻」形容這名平凡礦工之死；然而，任何親人遭逢此番意外亡故，對任何家庭而言，皆是巨大、難以平復的傷慟，豈是「重于泰山」的價值所能撫慰，作者在文末對礦工之死的頌揚，便顯得不近人情。

〈一個雞胸的人〉可謂季季描寫人物散文之代表作，以敏銳的觀察力、溫婉寬柔的感受力，與極細膩的筆觸，懷著悲憫之心，描寫出雞胸擦鞋匠令人感嘆又感佩的生命故事。初中通車時，季季首見「雞胸的人」，除了驚駭，更在記憶中留下無可抹滅的印象。

> 他的背微微隆起，像是一座小山。駝背的人我是見過的，本不如何讓人驚奇。可是，當他替人擦完鞋站起來，並且轉過身來之際……他的胸部竟也是突起的；竟是背上揹負著一座山，胸前又盤據著一座山；二山之間，該是怎樣哭號的大河啊？因為那樣的前突後突，他的身材顯得特別的矮小，臉色也比一般人蒼黃。〔註204〕

她透過凝鍊的長句，以背上、胸前的兩座「大山」，表現初見「雞胸的人」時，那股如泰山壓頂般的巨大衝擊力。往後，讀中學六年，季季每天到車站通車上學，都可遇見雞胸的人，漸漸知道，他不只幫人擦鞋，也負責車站的清潔打掃工作。也開始探知他的生活背景，後車站一角的小店，就是他父親開的；當時已三十歲，小學畢業後，就在車站學擦皮鞋、看店招呼生意，「他的身子雖然瘦弱，擦鞋的手勢卻極強勁俐落，務必把鞋面給擦拭得油光淨亮。他一邊替人擦鞋，一邊和顧客聊天，聊至興起時就哈哈連笑數聲：那笑聲純淨宏亮；不像來自一個畸形的胸膛。〔註205〕」季季著意強調爽朗宏亮的笑聲，以凸顯「雞胸的人」在畸形身軀下，懷著一顆樂觀開朗的心。

然而，季季也細心觀察屬於雞胸者的孤獨與寂寞——當他不用擦鞋、掃地，也無須幫忙招呼生意時，「總是靜靜地坐在一隻高背的藤椅裏，右手支著臉頰、左手攔在他那突起的胸膛上，睜著眼睛發楞：彷若車站那熙來攘往的人群——甚至整個世界——全不在他眼裏；全都消失了，只剩下他一人寂寞地坐著。〔註206〕」似乎停下工作，他便失去自己應有的價值，也失去與外界對話的窗口，只能靜靜守著寂寞。每當他枯坐在一旁，季季總細細端詳他那

〔註204〕季季，〈一個雞胸的人〉，《夜歌》，頁91。
〔註205〕同上，頁93。
〔註206〕同上。

落寞的臉龐，酸楚地揣測著，推敲那前後聳立的二座山之間，是否暗藏著波盪不已的心事：「他的眼睛出奇的大而黑白分明，眉毛也非常的濃黑而粗獷。然而，他底眼神卻是呆滯的，幾乎沒有什麼光澤的；飽含著一種枯澀的落寞。〔註207〕」偶而不經意接觸到那大而無光、呆滯漠然的眼神，年少的季季總是急忙閃過，不敢面對那雙眼神流露的沈重與哀傷。

季季初三那年，雞胸者的父親病逝，在頭七之後，又在車站見到雞胸的人，「他的長而深黑的頭髮，一根根零亂地豎立著；充滿了一種無可奈何因而十分任性的肅殺之氣。他的臉似乎又比以前蒼白了一些，那雙大眼睛裏血絲密佈，更加的無有光澤了。〔註208〕」琦君為季季《夜歌》寫的序文中，特別讚許這段文字中對雞胸者深黑頭髮的形容，認為她以小說描寫之筆，為散文著色，讓人物更加鮮明生動，尤其「語言運用之巧妙，不亞於張愛玲。〔註209〕」季季的遣辭用字、文字技巧，皆為傳達其錐心感受和深切領悟，唯見摯情，而無刻意雕琢之痕跡。

父親過世後，雞胸的人便須獨立照顧小店，並繼續替人擦鞋，得空時兼著打掃車站，彎腰挑起一家子沈重的經濟重擔，撫養弟妹、供他們讀書受教育。當季季升上高中後，豐富的小說閱讀經驗，開闊她的視野，也將視線投注在更多不同的生命角落。她漸漸領悟到，對於雞胸的人無須太過哀憐，「生活的每一日，對他來說都是相同的；甚至生命本身底意義，於他似乎也早已定了型。我漸漸明白，他對他底命運，並不若我想像的那麼充滿強烈的怨嘆。他只是堅韌地生活著，把他生命裏的崢嶸高山、澎湃大河，全都無所畏懼的默然承擔下來。〔註210〕」鄭明娳認為，這段文字的長句：「他只是堅韌地生活著，把他生命裏的崢嶸高山、澎湃大河，全都無所畏懼的默然承擔下來。」，承接著文章第一段「背上揹負著一座山……該是怎樣哭號的大河啊？」的象徵，季季對先前雞胸者的感情是憐憫，之後的感情是敬意，這兩段文字前後呼應，「不但連接無縫，感情轉變又自然。〔註211〕」這些文字中，飽含著蒼涼有力的美感，也道出她對悲壯、堅毅生命的肯定與謳歌。

十多年後，季季再見雞胸的人，四十多歲的臉上，沒有鬍子也沒有縐紋，

〔註207〕季季，〈一個雞胸的人〉，《夜歌》，頁93。
〔註208〕同上，頁94。
〔註209〕琦君，〈猶有最高枝──序季季散文集「夜歌」〉，收入季季著，《夜歌》，頁7。
〔註210〕季季，〈一個雞胸的人〉，《夜歌》，頁95。
〔註211〕鄭明娳，〈評季季的「夜歌」〉，《中華文藝》，頁209。

頭髮依舊烏黑油亮；昔日呆滯無光的眼神，也隨漫長歲月消失，「只有那背後的一座山和胸前的一座山是永遠不變的；成為他生命裏的一種沉重而卻莊嚴的標誌了。〔註212〕」其弟妹在他樂天知命、勇敢盡責的培育下，都接受很好的教育，也都有不錯的工作。季季從雞胸的人身上，看見一種莊嚴、善良且高貴的生命姿態，並為他寫下用心體會、情感豐富的篇章，讓雞胸的人扮演世間最溫厚、堅強的角色。

苗栗山城老車站的今昔對比、烏眉坑的母親故居、淡水河口的落日餘暉、台灣北海岸夜行、野柳純樸的小漁港風光、宜蘭南方澳的漁市風情、遠眺龜山島、中橫沿線的鬼斧神工、台南府城的古蹟、高雄旗津的渡輪和漁市拍賣、空中鳥瞰台灣、澎湖的跨海長橋，以及濱海小鎮的簡樸、荒蕪。七○年代的台籍女性散文作家們，以敏銳的體驗、觀察和細膩文字，描繪出她們所踩踏過的台灣地景和人文風貌，經由地方書寫形式，重現承載台灣人七○年代生活的地理空間。

「生活有許多方式，因而生活裏也就迴唱著許多高低不同、音韻各異的歌。有些人把他生活的歌叫得宏亮高昂、活潑明朗；有些人則低低淺唱、吟詠不止；另有些人是曲高和寡、抑鬱終生；更有些人是無聲的唱，打落牙齒和血吞……〔註213〕」街頭市井的平凡小人物、單調尋常的工作、普通無奇的生活事件，無時無刻不在人們的生活周遭流動、發生；對一般人而言，索然無味且不具任何意義。但心思慧點的台籍女性散文家們，往往能從各種不同角度，去觀察人生百態和生命價值；發揮對現實人物與其生活的透視力、感受力，擷取為人所忽視的素材和描寫對象，運用不同深度的表現方式，譜奏出一段段——來自七○年代中下階層，甚至幽暗底層——以積極生活態度，面對環境、誠懇工作的閃亮生命樂章。

第四節　小結

丘秀芷、謝霜天、季季、劉靜娟、白慈飄、心岱等幾位台籍女作家，從自己涉身其中的角度，利用在族群文化經驗所累積的俗民知識，在七○年代的鄉土散文中，記錄族群文化的傳統習俗和信仰；並透過女性細膩觀點詮釋，

〔註212〕季季，〈一個雞胸的人〉，《夜歌》，頁96。
〔註213〕季季，〈夜歌後記〉，收入《夜歌》，頁191。

重現真實生活情境中的台灣俗民文化。當現代化逐一吞噬台灣民間特有的習俗文化，她們在文本中，留住被淡忘的語言文化和風俗事象，共構了七〇年代台灣閩客族群的基本文化架構。就人文地理學觀點視之，作家在創作過程中，最清楚地方感受，而文學也創造了地方感，關於地方習俗和語言的詳細敘述，便塑造了相當明確的認同感。

有關台灣閩客習俗儀體的描寫，是台灣鄉土文學創作的重要主題，在七〇年代黃春明、王禎和的鄉土小說中，都加入部分台灣民間文化元素；但觀諸較為人所注意的台灣男性鄉土散文，阿盛於 1979 年在報刊上發表的〈春花朵朵開──幾個過年的故事〉，首度提及台灣人過年的習俗和景況，關於其他台灣民間生活文化的描寫，多出現在八〇年代以後的作品。在整個七〇年代鄉土散文的書寫中，台灣閩客文化主要「存活」於台籍女作家的作品中；尤其，謝霜天關於客家生活、習俗和信仰的描寫，在台灣戰後到八〇年代間的散文作品中，都極為少見，難得地為客家族群在這段台灣散文史上，留下台灣客家文化的獨特風貌。

完全以母語書寫或以母語思考，對戰後接受「國語教育」、甚至被禁說「方言」（母語）的多數台灣作家而言，自屬難事；九〇年代母語運動之前的文化出版環境，也不利母語文學創作。因此，這六位戰後第一代台籍女性散文作家，作品中的母語思維亦不多見，也未被刻意凸顯。但身為台灣閩南或客家兒女，族群文化背景所自然形成的母語環境，讓她們行文中，仍不時擷取可襯托人物、主題與地域時空的閩客用語或俗諺，使得書寫更貼近背景素材、人物形象和文化脈絡。畢竟七〇年代之前，台灣閩客母語，仍是中南部鄉鎮、客家農庄，乃至一般民間社會的主要家庭語言和普遍的生活用語。

台籍女作家於七〇年代鄉土散文作品中，在不影響行文流暢的前題下，插入漢字母語，既保存母語原味和意趣，又能兼顧閱讀上的理解，如實反映五〇至七〇年代時期，台灣母語鮮活存在於一般大眾口語言談的語言實況，展現「語言寫實」的鄉土散文特色。而七〇年代的台籍女作家，以漢字音義書寫台灣閩客語言，成為戰後現代散文「母語入文」之先例，早於台籍男性散文作家，更有別於同世代外省籍女作家的古典美文形式；其中，謝霜天和丘秀芷在作品中，生動地加入日常客家用語，讓一向處於文化弱勢的客家語言，得以在客家女兒的鄉土散文中，展現獨特的語言內涵。當文化界爭議著是否全面母語書寫，方能代表真正台灣文學之際，回顧先行者在台灣文學史上留下的痕跡，情

感和思維上的文化認同才是關鍵；而以漢字母語展現台灣母語文化特色的書寫方式，也在八〇年代以後，成為台灣鄉土派散文的重要語言特色。

　　從台灣頭的北海岸、淡水，到東北部的宜蘭、行經中橫抵達梨山，再到中部的苗栗車站和烏眉坑，乘著西部幹線列車南下欣賞田野風光，來到台南府城、高雄旗津、搭飛機鳥瞰台灣、走上澎湖跨海長橋，或行走在台灣海岸線上、尋訪海鄉小鎮。七〇年代的台籍女作家們，跨越對家屋的依戀，以及對家鄉的懷想，走向台灣南北各地，親身體察這塊土地其他角落的真實脈動與生活景致，感受海風吹拂、高山壯麗、漁村的捕魚生活、田野的綠意與閒適，在描寫景物之外，更多是人文的體會與行旅過程的心靈感受。

　　在台灣文學史上，鄉土文學作家筆下的人物，多半為農村、漁村、市鎮、工廠中作業的農民、漁民和工人，帶著濃厚的寫實主義色彩。而七〇年代的台籍女性散文，所關注者，除上述人物，尚包含由農村到城市生活、工作或在城市成長的人物，以及安於工作崗位、敬業認真的平凡大眾。如季季〈另一種歷程〉中關於送報僮、水果販、公寓清潔員的人物速寫；謝霜天描寫〈我不如老圃〉的老農、水果販的〈大鬍子〉、吹水煙的〈老木匠〉，以及〈不怕髒的手〉和〈小小燭光〉的清潔員等；白慈飄〈在海之濱，在山之巔〉從事按摩工作的盲者、〈電壺〉中無奈的吧女；劉靜娟筆下「快樂司機」的積極開朗；心岱〈阿巴桑〉那位慈祥溫和的老太太、〈礦工之死〉裡黝黑的礦工身影；季季則以〈一個雞胸的人〉、〈一天裏的兩件事〉等篇章中，凸顯堅強樂觀和踏實生活的生命態度。這群戰後第一代台籍女作家們，得自年少時期窮蹇的生活經驗，深切體會下階層生活的困阨與艱辛，而能以女性特有的細膩眼光與思維，在平凡生活中，發掘台灣社會中下階層，為生存而努力的動人生命故事，也寫出七〇年代台灣基層大眾的共相與殊相。

　　綜括而言，戰後第一代台籍女作家的鄉土散文，非僅止寫景、抒情，更加入對風土民情和人文歷史的觀察與回顧，深化女性鄉土散文書寫的深度與廣度；而其所記敘的每一道台灣風土輪廓，更收攝了七〇年代前後，台灣民間社會與基層生活的縮影和寫照。

第六章 回歸生命初始處——
母職・育兒・母性認同

　　自我們每個人降乎於世那刻起，便被逐出母體內最溫暖舒適的居處，失去安置我們脆弱而未知的存在。是以，依據 Iris Maion Young 之論述，女人的子宮之家，方為人類鄉愁之真正家園〔註1〕。西方女性主義學者西蘇也認為，女性體內蘊藏可以產生另一個個體，也產生自己（另一個女性）的能量，既是母體也是撫育者，是給予者的角色；是母親也是孩子，她是她自己也是自己的姐妹也是女兒〔註2〕。「女人從未真正脫離『母親』的身份，在她內心總有一點善良母親的乳汁。〔註3〕」七〇年代的台籍女性散文家們，歷經個體生命成長、孕育新生、經驗母職和種種生活焠練後，從中建構自我的母性認同，依憑著女人獨有的「母親」身份，回歸人類生命的原鄉；她們更履行了西蘇的主張——透過「書寫」將自我認知和女人經驗充分表達出來。書寫延伸了女人的聲音，而那湧自心理最深層次的聲音，正是「母親」和作為「母親」的「身體」。

〔註1〕 詳見 Iris Maion Young 著，何定照譯，《像女孩那樣丟球：論女性身體經驗》，頁 222～224。

〔註2〕 轉引自 Toril Moi 著，王奕婷譯，《性別／文本政治：女性主義文學理論二版》（台北：巨流圖書，2005 年），頁 136。

〔註3〕 依蓮娜・西蘇著，黃曉紅譯，〈美杜莎的笑聲〉，收入顧燕翎、鄭至慧主編，《女性主義經典：十八世紀歐洲啟蒙，二十世本土反思》（台北：女書文化，1999 年），頁 91。

「母親身分對於一個女性藝術創作者的好處在於：母親身分使她接觸到立即且無可避免的生命經驗：死亡、美好、成長與墮落。〔註4〕」母職經歷之於文學創作的道理亦同，有益女作家形塑出異於男性的獨特創作歷程。而劉靜娟、白慈飄和心岱等人，更將身爲母親的經驗，視作散文創作的重要靈感來源；她們以實際的散文創作成果：《歲月像顆球》、《慈心集》和《萱草集》，宣告母職、育兒可以和文學創作相結合，而非必然的衝突與矛盾，也爲孩子們在母親的散文作品中，留下可貴、可愛的稚嫩身影。本章乃運用「母職研究理論」，分析女性作家如何透過母職、育兒等經驗，建構出母性認同，並轉化爲文學創作的重要源頭與動力。

第一節　書寫母職

學者 Alison M. Jaggar 認爲，女性的母職經驗應該包括生物性的生產與社會性的養育經驗，「生產」就是指受孕、懷孕到生產的過程，而「養育」則是指養兒與育兒的過程〔註5〕。「母職」可謂社會文化建構下的產物，是社會文化賦予女性在家庭中所扮演的角色和行爲。正如 Boris 及 Chodorow 對女性生活情境的觀察，無論是傳統或現代社會的女性，皆須兼顧家庭照顧與勞動的雙重角色〔註6〕；而「家庭照顧」更在女性進入婚姻生活，實踐母職的生命歷程中，佔據相當大比重。

「母職」向來是大多數女人的共同與集體生活經驗，尤其在那尚未完全跨入現代化社會的七○年代。從「爲人女」、「爲人妻」到「爲人母」，可說是女人角色扮演的重要分水嶺。如果結婚是女人學習改變角色的開始，成爲母親便是女人角色翻轉的關鍵。雖然，「成爲母親」是大多數女人的共同經歷，但女性實踐母職的過程，也因時代、社會地位與成長經驗等差異，而採取各種不同的策略。作爲本論研究對象的六位台籍女性作家，或專職家庭主婦、或職業婦女、或專職文學創作，她們多立於肯定母職的前題下，調整生活步調與創作形式，尋求維繫母職、女性主體與文學創作自由和空間的平衡點。

〔註 4〕游素玲，〈書寫／母職——以艾莉絲・沃克爲例〉，收入於氏編，《母職研究再思維——跨領域的視野》（台北：麥田出版社，2008 年），頁 6。
〔註 5〕潘淑滿，〈台灣母職圖像〉，《女學學誌》，第 20 期，頁 42。
〔註 6〕同上，頁 53。

一、喪失主體性的老母──上一代母職

　　當女人成為人母後，會喚起兒時與自己母親之間的關係。「一個母親和她嬰兒之間的交互關係，無論在形式和內容上都是出自她的幼年經驗。她的母職經驗與期待，往往建立在她自己的童年歷史，以及她和原生家庭現在與過去的關係，包括內在與外在的關係。〔註7〕」戰後第一代台籍女作家，在七○年代散文作品中，書寫對自己母親「母職」經驗的觀察，也透過對自己母親母職角色之認同或省思，將母親的母職經驗，融入自己的育兒過程，與下一代共同分享承自上一代的母愛。

　　丘秀芷的母親出身台中閩南望族，十九歲嫁給丘秀芷的父親，上有兩位裹小腳不能勞動的婆婆、兩位大伯、兩位妯娌，下有兩位小叔、六個未出嫁的小姑。因為丘秀芷母親會女紅，嫁妝裡又有裁縫機，整個大家子衣物的裁製縫補工作，由全落在她身上。而廚房工作則是丘秀芷母親和兩位妯娌輪流，輪到燒飯那個月，必須自己去撿拾或砍鋸柴枝，到了孩子一個個出世，更是忙得無可開支，「母親常說：『那時，就像打陀螺，大早忙到夜深，轉個不停。……』〔註8〕」一大家子，食之者眾，丘秀芷父親決定帶著妻子和四個兒女，離開台中祖居到新竹、桃園謀生。爾後，丘秀芷和弟弟也陸續來到世上，一家八口張口要吃飯，在日本對台殖民時期，父親又不願為日本人做事，生活更加艱苦；丘秀芷母親只得開闢野地，種菜、種蕃薯。而丘秀芷記憶中，對母親「洗衣服」這項家務印象最深刻，「回憶最早最古老的是四歲時住中壢，母親每天清晨要到溪邊洗衣服，母親總背著弟弟，手拿著木造洗衣盆，一滿盆的衣服，木盆又大又重，母親不能牽我，只是一邊一邊回頭叫我：『矮米斯，快點啊！』〔註9〕」丘秀芷讀高中時，母親已將近花甲之年，是同學母親中年紀最老的，卻仍獨力清洗全家八九口人的衣物、被單；每天從家裡走到溪邊，用肥皂、茶籤洗衣或用木棒搗衣，總要用去一整個早上，「母親那時洗衣服，全靠『技巧』，又怕木棒槌衣服搗得太過頭，把衣服搗破了；又怕洗不乾淨！〔註10〕」；習以為常的丘秀芷看來，從未想過有什麼不對，直到同學責怪她：

〔註7〕Nancy J. Chodorow 著，張君玫譯，《母職的再生產──心理分析與性別社會學》，頁113。

〔註8〕丘秀芷，〈兩老〉，《悲歡歲月》，頁224。

〔註9〕同上，頁52。

〔註10〕同上，頁57。

「你這麼大，衣服還讓你媽媽洗？〔註11〕」她才意識到該自己洗衣服，但她仍舊到離家北上求學、工作後，才開始洗自己的衣服；但每次返家，母親看到丘秀芷洗到發黃的衣服，總要再幫她重洗一番，讓丘秀芷笑說，嫁了人還要媽媽幫忙洗衣。

丘秀芷兄弟姊妹各自成家後，她的母親七十多歲了，依舊為兒孫忙碌，操持所有家事。即使兄弟姊妹想輪流奉養兩老，丘秀芷母親仍堅持：「把所有的兒女一個個扶持到『安定』的地步，庅兒的孩子小，親祖母不照顧誰照顧？〔註12〕」就剩小兒子的孩子還小，讓她牽掛不安，而甘願當么兒的「老奴才」，自認「還能做嘛！就要幫忙做。要我蹺腳做太祖媽，太閒，骨頭會鬆掉。〔註13〕」每天從天未亮忙到夜晚——「經常早晨四五點鐘就起床做早飯做菜，準備便當（弟弟和弟媳的），早飯後，洗好碗筷又拖著『牛陣』——三個小孫兒上菜市場，然後忙到晚飯弄好，弟媳回來，母親才能歇下來喘口氣。〔註14〕」要做家事，還要帶三個與她相差七十多歲的小孫兒，從不喊累，也不哼病痛。但就在七十七歲的母親節前夕，丘秀芷母親病倒住院，才讓丘秀芷感受到母親將近一甲子的操勞，「不只親自撫育了八個兒女，還為下下一代一把屎一把尿的忙碌。連我生育老大，也是母親從頭忙到尾，等弟弟成家，又去忙弟弟的孩子，直到今年母親節前躺下來為止。〔註15〕」她三分之二的人生，超過半世紀的光陰，都接付諸母職與家事勞動中，從服侍上一代，教養下一代，延續到子女的下一代，「母職」似乎成為她終生唯一的使命。

謝霜天的母親，則是典型刻苦耐勞的客家婦女，早年家境貧寒，為了栽培弟妹而耽誤大好青春，直到三十七歲才嫁給謝霜天的父親作繼室，當時年紀和大媳婦差不多，一嫁過來就當祖母；但上有婆婆下有精幹的媳婦，又連生三女而無半子，讓謝霜天的母親深感自卑與愧疚，只好盡心盡力的勞動工作，並將自己擁有的一片山闢為蕃薯田，種蕃薯來養豬；在家事與農事分工上，就由大媳婦負責下田、挖竹筍和種菜；養豬的工作則落在謝霜天的母親

〔註11〕丘秀芷，〈兩老〉，《悲歡歲月》，頁55。

〔註12〕丘秀芷，〈噢，母親！〉，原載於「中央副刊」，1976年11月2日，收入《驀然回首》，頁102。

〔註13〕同上。

〔註14〕丘秀芷，〈劬勞一甲子〉，原載於「中央副刊」，1979年1月6日，收入《悲歡歲月》，頁205。

〔註15〕同上，頁210。

身上：

> 張羅豬食、餵豬、洗豬欄、上山採豬菜，和許多瑣碎的雜務……每
> 早，雞啼初唱，母親已點亮了小油燈，藉著昏弱的燈光，梳理她那
> 稀薄，都不失整潔的髮髻；然後到廚房裏，把昨夜剁細的豬菜和洗
> 淨的地瓜，一起倒進大鍋中，她蹲在灶門前，不停地放進木柴，熊
> 熊的火焰和嗆人的濃煙，使她眯著眼，連聲乾咳。沒多久，鍋蓋邊
> 冒起了白霧般的蒸氣，地瓜的香味散佈在涼潤的朝氣裏。〔註16〕

天完全亮後，她便挑起豬食，到豬欄進行餵豬工作。接著又上山割豬菜、挖
地瓜；當晚上謝霜天的父親，陪孩子們夜讀時，母親又是伴著昏黃的燈準備
豬食，「急切而單調的刀砧聲裏，母親的背脊是日甚一日的駝了，頭髮是日甚
一日的白了、落了。〔註17〕」結束一天家事與農忙，大人小孩在院子乘涼，
謝霜天的母親則在院子一端，專心而閒適的撥動念珠，沈靜在難得獨處的時
光；而那低沈的撥珠聲，總讓兒時的謝霜天，感到無比溫暖和安詳。

在謝霜天的回憶中，母親平日忙著洗衣、種菜、挖地瓜和養豬，待空閒
時，便會拿出碎布籃──「是用細竹片編成的，很精巧。因為使用的日子久
了，竹皮變成古老的茶褐色，發出一層亮亮的潤澤來。籃子裏邊裝著零星的
碎布、大塊的布頭、剪刀、盤扣、銅鈕和一束束搓好的細麻線，提手上掛著
針包和黑絨布做的眼鏡袋。〔註18〕」挪出一張矮竹椅，靠在光線好又通風的
門邊，以長滿厚繭、粗糙得裂紋處處的雙手，縫製一家大小的衣裳，從丈夫
的對襟、孩子們的夾襟，到自己的大襟裳、黑長褲，出色的針黹，將每一針
角都縫得勻密平整，讓衣面上幾乎找不出針線痕跡──「母親右手的食指壞
了，指甲小而殘缺，時常作痛，一定要裹上好幾層布才能夠拿針線，而且她
的視力也差了……她自己日常穿的大衿裳，我們幾個小孩衣服的改大或改
小，都是在她不很靈便的手中和昏花的視力下，一件件弄得乾淨俐落。〔註19〕」
這時候，幾個孩子們就會湊過來，撒撒嬌、要東西吃，或要求聽她說故事，
或坐在門檻上向她傾訴心中的快樂與埋怨，親子共享一天中最美好的相處時
光──此刻的母親，顯得格外細膩、溫婉與柔和。

〔註16〕謝霜天，〈母親與山〉，原載於「新生副刊」，1972年8月5日，收入《綠樹》，
　　　　頁102。
〔註17〕同上，頁105。
〔註18〕謝霜天，〈母親的碎布籃〉，《綠樹》，頁93。
〔註19〕同上，頁94。

但在教養孩子方面，謝霜天並不認同母親固著於「重男輕女」觀念，而總是看到她們的缺點，「由於自卑心太重，她總以為自己所生的女兒是見不得人的。在我小時，親朋來訪，坐在客廳談話，我們若在門口好奇地張望，她必定加以斥責，叫我們回房裏去。從此遂養成了我們畏懼客人的習慣。〔註20〕」母親不當的管教方式，讓謝霜天和姊姊們心生逃避，幼小心靈籠罩著恐懼的陰影；但成為兩個孩子的母親後，謝霜天開始省思母親失當的教養態度和消極的人生觀，逐漸理解她身兼為媳、為婆、為妻、為母等多重且複雜的身份，加上繁瑣農務和家事，所承受的內外在壓力與工作重擔，讓她對眼前現實的一切，充滿愿懟和悲觀思維。當謝霜天重新看待母親劬勞的母職，感受到母親是以忙不停歇的勞動，為孩子創造愉快而無虞匱乏的童年和少年歲月，如大海中一條平穩負重的船，將他們一個個引渡到幸福的未來。

心岱的母親在她八歲左右，因婆媳失和而離家出走；直到祖母去世，父親才將母親接回家團聚。母親一回到心岱身邊，便以無微不至的呵護，努力彌補過去四年未盡的母職。心岱回想童年的家庭生活，母親的臉色，常成為家中氣氛歡樂或陰沈的關鍵，孩子們的快樂泉源，卻也是心岱痛苦的根源。母親對原本排行家中老么的心岱百般疼愛，即使後來小弟出世，也未冷落曾失去母愛四年的么女，以求挽回母女間疏離的情感。當心岱自己體驗母職後，領會母親對她的好，但母親暴躁的脾氣和固執的成見，卻深深影響心岱的性格發展——「我的個性一直抑鬱寡歡，孤獨不合羣，看法和思想也有偏差，最要不得的乃是，我也不講理，脾氣壞。〔註21〕」年少時，心岱和姐姐們不敢違抗母親的不合理要求，但潛藏在心岱內心的抗拒，卻隨年齡增長，日益加深。

「子女眾多的家庭，母親的負荷就像一隻繩線已經鬆散了的麻袋，兜不攏來，說不定母親的愛就從那較大的縫隙中流失掉。〔註22〕」心岱上有六個姐姐，因母親的偏愛，養成心岱驕縱、跋扈的習性，常害姐姐們挨母親責打：「年少時，看多了姊姊挨打，籐條、掃把、竹鞭、布莊的量尺，那些平日偶爾也拿來耍的竟被奪去當刑具，她惶惶地退縮一旁，不知手腳該擺在那兒。

〔註20〕謝霜天，〈憶雙親〉，原載於「新生副刊」，1979 年 2 月 9 日，收入《熒熒燈火中》，頁 25。

〔註21〕心岱，〈母親〉，《春天來時》，頁 160。

〔註22〕心岱，〈無不愛的父母〉，《春天來時》，頁 197。

稍有不對也要吃上一棍，那種戰兢、那種無所是從、那種恐懼，便是一幅地
獄圖，她年少時就遭受的煉獄。」〔註23〕母親卻很少打心岱這個如尾指般「又
細又小」的么女，頂多在煩躁時，狠狠揪一下每天爲心岱梳理好的長髮。然
而，心岱面對母親的偏執，隨之而來，積壓於胸的竟是無端的憤怒和不平。
最令心岱難以忍受的是，母親總憑著自己的喜好去對待與教養子女，如家裡
七個姐妹中，母親獨獨對二姐嚴厲以待，「大大小小的家事如洗衣、洗碗、掃
地、看店，通通都支使她去做，做不好就挨罵挨打，比起母親樣樣順遂我，
眞叫我幾近羞辱的難堪……〔註24〕」十四、五歲國中剛畢業的心岱，深感母
親的偏心令她失去自尊，也無法再忍受母親易怒的情緒，憤而離家出走。

　　從而，心岱與母親疏遠到連見面都無話可說，但母親對鍾愛的小女兒，依
舊關愛備至、日夜惦念，卻可能永遠無法知悉，自己竟是么女心目中「不理想」
的母親。但自己有了孩子後，心岱逐漸在母親的母職角色中，看到自己，深切
體認到「一個母親往往是一切影響的人物中最具影響力〔註25〕」，自己痛恨母
親偏差的教養態度，起伏不定的情緒波動，卻在自己身上，看到承襲自母親的
暴烈個性與其母職經驗的翻版；乃開始在自己的母職實踐上反省修正，並重新
思索、修補她與母親間——迷離、愧疚卻又抗拒——的情感連繫與糾葛。

　　爲女兒「做月子」，是台灣傳統社會母親，對於初爲人母的女兒，最直接
的母愛表現。心岱的母親也爲了準備替女兒做月子，而特地從鹿港上來台北，
「外婆帶了很多補品，還有珍珠粉、黃蓮……那是給你吃的，聽說能去胎火，
使嬰兒皮膚細嫩，我眞感謝她的週到。〔註26〕」懷孕期間的不舒適和接連的
感冒，也讓心岱體會要成爲母親並非易事，想到自己母親需經歷數次孕程，
才能生下七個女兒，所受的苦楚煎熬，必定是自己所承受的好幾倍。心岱在
自己母親身上得到對母職意義的理解，「若要爲『母親』兩字下定義，其實就
是『犧牲』和『奉獻』的代名詞。〔註27〕」這是她成爲人母後，從「思念母
親的心懷〔註28〕」中體會到，昔日母親對子女不求報償，將最好都留給子女
的強烈母愛。只是，這份太過強烈的愛，曾讓她抗拒；因此，她期待自己能

〔註23〕心岱，〈童眞〉，《致伊書簡》，頁 134。
〔註24〕心岱，〈無不愛的父母〉，《春天來時》，頁 197。
〔註25〕心岱，〈母親〉，《春天來時》，頁 159。
〔註26〕心岱，〈外婆〉，《萱草集》，頁 13。
〔註27〕心岱，〈禮讚〉，《春天來時》，頁 202。
〔註28〕同上，頁 203。

與孩子建立相互瞭解的關係，得到孩子的敬愛。

「做爲一個母親，她的擔子要到什麼時候才能卸下？〔註29〕」劉靜娟七個兄弟姐妹中，除么弟外，其餘六人皆已爲人父母，但她的母親，依舊放不下對每個子女的憂心和掛慮，對於唯一尚未結婚成家的小兒子，更是牽腸掛肚──知道么兒退伍後準備赴法留學，雖掛心他隻身到歐洲吃苦，仍無奈的爲她籌措出國費用；待小兒子去國多年，三、四年才回國一趟，聽到小鎮鄰居從法國回來的聲音，思念兒子的心絃隨即被撥動：「我聽到隔壁阿玲的聲音，她從法國回來了！聽到她的聲音，我的心跳得好厲害，趕緊隔著籬笆喚她。叫了幾聲，沒回應，我又急忙繞個大彎，到她家去。〔註30〕」劉靜娟傾聽著母親被撥動的心絃，看見母親內心深處眞正的悸動──那遠自法國回來的聲音，讓她想起同在歐洲，旅居比利時的小兒子──爲了急切想見到法國回來的鄰居，劉靜娟的母親徹夜難眠，彷彿見到同樣旅居歐洲的鄰居，便如同見到自己久違的兒子，滿心思思切切。

當劉靜娟聆聽著母親對子女的操煩，凝視著母親臉上爬滿歲月刻痕的紋路，不禁深思母親平凡生命的軌跡──「她的世界是多麼小，她爲一些『渺小』瑣細的事揮霍她的情感。爲不必煩的事而心煩，爲不必愁的事而多愁……對兒女，她更常常爲一些我們怪她根本不必操心的事操心。一個感情細緻的母親所要操心於兒女的何止千百端？〔註31〕」母親一生，在劉靜娟看來，除去爲子女操心與擔憂，似乎只剩一片空白；然而，成爲母親後，劉靜娟終於在自己的母職經驗中體會到，對一個平凡母親而言，能讓七個兒女都平安長大成人，便是最大的滿足與成就──「這世界上到處是死神的陷阱。養育孩子的過程中，不僅時有疾病在旁窺視，一輛車一條小溝，甚至一根小小的針，都可以使一個孩子成爲一個『歷史的孩子』。〔註32〕」平凡的母親，不期望自己的孩子成就偉大事業，只要孩子們快快樂樂過著安定、平凡的日子，就是她爲母職付出大半輩子的豐盈收穫。

在做母親眼中，即使孩子們羽翼豐實，一一飛離父母羽翼庇護，仍是需要被照護和關愛的小孩。白慈飄回憶中學離家住校的日子裡，每週返家後，

〔註29〕劉靜娟，〈卸不下的擔子〉，《心底有根絃》，頁132。
〔註30〕劉靜娟，〈眼眸深處〉，《眼眸深處》，頁47。
〔註31〕劉靜娟，〈卸不下的擔子〉，《心底有根絃》，頁134。
〔註32〕同上。

到了星期六下午，母親便開始忙著為她準備肉鬆、魚肝油、毛巾、牙刷等食物和用品，收拾行李；而在公路交通中斷無法返家，受困於宿舍的假日中午，白慈飄的母親冒著風雨，花費四、五個小時的車程，輾轉來到學校宿舍探望女兒——「……看到母親站在門口，一手拎著一個袋子，一手握著水淋淋的雨傘，她的頭髮蓬鬆散亂，兩隻眼睛深陷，藍色的裙子佈滿泥土的痕跡，雙腿和皮鞋更是到處濺著泥水。〔註33〕」接著，母親撐著傘帶她去吃火鍋、喝熱牛奶，帶她去添購生活用品和兩顆蘋果；白慈飄送母親到車站等車時，冷風襲來，母親沒有想過自己路程巔簸的辛苦，只關心女兒的冷暖：「『天冷了，』媽媽伸出藏在黑呢外套口袋裏的手，摸摸我的毛衣袖子。『幸好今天給妳帶了毛衣來，臺中的風真怕人喲！』〔註34〕」母親凍得發黑的嘴唇翕動著，吐露出的溫暖話語，撫慰了白慈飄離家在外的哀愁。

　　不論是年少離家住校的白慈飄，或成年後在外地工作的大兒子，都讓白慈飄的母親無法放心，憂慮他們日常生活無人照料，擔心外面壞人多，擔心兒子火爆脾氣容易與人口角，而更多的是對離家子女的殷切思念。如〈媽媽的預感〉中，白慈飄的母親接到大兒子的信後，每天都高興的「以為」兒子最近會回家；在「預感」大兒子當天會返家的某日，大清早就將家裡打掃得乾乾淨淨，而且「上午十點多鐘，媽提著兩大籃子的菜回來，有雞、鮮魚、蝦仁、紅蘿蔔、柿子……都是大弟愛吃的，媽媽一一收進冰箱裏，把冰箱塞得滿滿的。〔註35〕」還拿出自釀的李子酒，這些都是準備在晚餐為「預感」中會回家的兒子加菜的；簡單午餐後，母親連平常的午睡習慣都取消，坐在客廳打毛衣，嘴裡惦記的還是兒子：「前天我買了兩塊冬天衣料，明天帶棟樑去量身子，催裁縫店趕做，好讓他去時可帶走，在外做事，總需要多幾件衣服換穿，而且他有女朋友了，也不能在女朋友面前顯寒酸。〔註36〕」她心裡猜想，兒子應該和上次返家時間差不多，正好是晚餐時間；因此，「三點多鐘媽媽就去燒飯，廚房裏鍋鏟聲交疊，好不熱鬧，香味瀰漫整個房子，特別是那用高粱酒燉的麻油雞味，誘得我想流口水。〔註37〕」但過了七點，等不到「想像」中會回來的大兒子，白慈飄的母親還是留下一些飯菜，落寞的默默

〔註33〕白慈飄，〈離愁〉，《乘著樂聲的翅膀》，頁5。
〔註34〕同上，頁6。
〔註35〕白慈飄，〈媽媽的預感〉，《乘著樂聲的翅膀》，頁19。
〔註36〕同上，頁19。
〔註37〕同上，頁20。

扒飯；晚飯後，她還是談論著對大兒子在外工作的牽掛；那一晚到午夜十二點多前，白慈飄的母親一直坐在客廳打毛線，守候著「預感」中會回來的孩子；即使前一晚的期待落空，隔日她又充滿信心的認為，兒子「今天會回來」。

　　自從季季有了孩子後，每年寒暑假都會帶孩子回雲林娘家，讓初為祖父母的父母親，享受含飴弄孫之樂。當她的母親坐在縫紉機前，為外孫做新衣時，季季也會在一旁逗孩子玩，一邊和母親閒話家常。

> 母親並沒有學過洋裁，她會做衣服完全是洋裁指南一類的書裏看來的。母親一共生了九個孩子，其中兩個由於當時醫藥無法挽救的病而夭折了。另外的七個孩子，我居長，依次為五個妹妹，一個弟弟。……在民國五十年以前，鄉下地方的百貨店幾乎買不到成衣穿，所以幾個孩子的衣服都是由母親一手縫製的。我記得母親做衣服時總愛唱歌，而且把洋裁指南擺在旁邊比來比去，有時甚至得抱著做了一半的衣服去向學過洋裁的鄰居討教。每一件衣服都是在母親的耐心和快樂的歌聲中完成的。〔註38〕

季季的母親用耐心和歌聲為孩子裁製新衣的愛，也從下一代延續到下下代。在季季懷頭胎分娩前的一個月，母親就寄給她親手新做嬰兒服和尿布；季季生下的第二個孩子是女兒，前七個月穿老大留下的衣服，抱她回娘家後，母親第一次見到小外孫女，也決定找出季季兒時的舊衣裳，改製成幾件小衣服所以從。望著被母親改做成兩件小和尚衣的舊衣裳，想起這件舊衣第一代童年發生的所在——雲林二崙鄉永定村落的純樸農業社會——那個世代的母親，除了得承受懷胎的苦楚，還要像男人一樣「汗留滿面才得餬口」；「母親們永遠是忙碌勞累的。從田裏回來還得燒飯、洗衣、縫衣、餵養雞鴨、打掃內外。孩子們從小就被訓練成獨立的個體，必須自己找樂子打發時間。〔註39〕」這是農業社會裡傳統觀念的母職生活，而她們的孩子們，對母愛的需求，也顯得單純而現實，知道母親必須投入農忙與家務，所以從不會要求「陪伴」式的形式主義母愛——農業時代的母愛，就包含在衣食三餐的照料與生活起居的安頓中。

二、省思調適的媽媽——作家的母職

　　如同戰後第一代台籍女作家的母親們，成為母親、專注於母職和農事勞

〔註38〕季季，〈舊衣的聯想〉，《夜歌》，頁64。
〔註39〕同上，頁78～79。

動，以子女爲全副心力投注的對象，是台灣農業社會婦女唯一的人生道路；在潘淑滿的台灣母職圖像研究中顯示，無論任何世代、教育程度或職業的台灣女性，在母職實踐過程中，都以「滿足孩子的需求」爲中心〔註40〕；她並引述 Elvin-Nowak 等人的發現，「女性習慣將自己視爲是滿足孩子日常生活需要的不可替代對象〔註41〕」。七○年代台籍女性散文中，關於「母親的母職」書寫，也顯現出上一世代的母職實踐，是以滿足孩子「基本物質」需求爲關鍵，且因過度以孩子爲中心，完全失去自己的主體性。

　　台籍女作家本身在六、七○年代的母職經驗中，同樣將孩子的需求視爲生活重心，除滿足孩子基本生理需求外，也重視親子間互動、分享的「精神陪伴」需求，經過對上一代母職實踐方式的深刻省思後，她們相信母職實踐過程的親子互動關係，將影響孩子未來的成長經驗。但身爲現代女性與文學創作者，她們無法專心擔任全職母親的角色，也不可能如她們母親那般，將家務、生育和教養的母職視作女性生命的全部。

　　她們在母職實踐中，嘗試因應子女不同發展階段，調整其生活方式和母職角色的投入程度。孩子在嬰幼兒時期，需要照顧者密集式投入，常讓女作家們陷入蠟燭兩頭燒、沒有自我空間的困境；等到孩子上學後，便可重新整理自己的生活步調，重拾自己的興趣和人生目標，季季曾說：「現在我的兩個孩子漸漸大了，我已擺脫掉了一個嬰兒期母親的生活。我自己覺得生命正好進入一個轉型期，思想越來越成熟，往後我會有更多安靜的時間去思考。〔註42〕」當她們在散文中，回顧自己的母職體驗，仍難掩心中的矛盾情緒，雖肯定孩子豐富了自己的生命經驗與生活色彩，卻也不諱言，曾讓她們忙得焦頭爛額的母職，打亂原本閒適自在的生活秩序。

　　根據母職研究者 Windebank 的觀點，女性進入婚姻家庭生活後，當子女照顧與工作兩者產生衝突時，女性往往會選擇放棄工作生涯的追求〔註43〕。戰後第一代台籍女性散文作家中，丘秀芷原任教職，在第二個孩子出世後，因找不到保姆照護兩個稚子，便辭掉工作專任母職角色；白慈飄婚前專事寫作，婚後生子，母職成爲生活主要重心，唯有空暇時方能提筆寫作；心岱與

〔註40〕潘淑滿，〈台灣母職圖像〉，《女學學誌》，第 20 期（2005 年 12 月），頁 62。
〔註41〕同上。
〔註42〕季季，〈夜歌後記〉，收入《夜歌》，頁 207。
〔註43〕潘淑滿，〈台灣母職圖像〉，《女學學誌》，第 20 期（2005 年 12 月），頁 55。

季季在成為母親後，則未放棄專業作家身份，面對母職和專心創作的兩難情境，她們仍堅持追求自我價值和文學創作理想；謝霜天和劉靜娟，則僱用保母、請託親人代為照顧子女，方能繼續留在教職和編輯職場上，無須中斷個人生涯發展的追求。

「寫詩全憑靈感，寫論文卻需要實實在在的題材。成家立室之後，面對的問題是金錢、家務、懷孕、生育。說的粗淺些，流水賬一本。柴米油鹽醬醋茶，還有奶瓶和尿布。……」一篇刊登於家庭版的文章，將婚姻生活比喻為論文，讓劉靜娟心領神會，以長篇散文〈生活〉，瀏覽自己兩年多來所寫下的婚姻「論文」。

女人從步上紅毯那端起，便開始為人妻、任母職的生命歷程。劉靜娟在結婚當天，懷著滿心「詩情」，未來一週的蜜月旅行中，嚮往著兩人在星光下聽夜、朝陽晨露中甦醒；從未思考旅行回來後的家庭生活——「回來的第二天，為了洗兩人一週換下來的衣服，洗斷了她兩隻指甲，累壞了她一雙膀子，她才癱在床上悽楚地悟到自己已經是個太太也是個媳婦和嫂嫂了。不過，為了他我願做個平凡的女人，為他洗衣為他燒飯。她想。〔註44〕」婆婆待她很好，因為生性樂觀、開朗的劉靜娟，將快樂的種子帶進家門，讓嚴肅的公公在餐桌上有說有笑。但進入這個公婆姑叔九口共處的婆家，她仍感受到「媳婦」和「女兒」身份的差異，「她小心翼翼地照著婆婆的『傳統』在菜裏放進多少鹽多少水。她像婆婆那樣地先掃走廊再掃客廳。……〔註45〕」劉靜娟清楚，自己在面對從女兒蛻變為妻子、媳婦的角色轉化中，應該學習調適心境和生活態度。

但愛好自由的她，面對「該做飯的時刻，不能上館子；婆婆買什麼，她就吃什麼。〔註46〕」的單調與枯燥，少了婚前兩人在「小樓」的生活情趣，內心仍渴望擁有一個小夫妻自己的愛窩，掌握家庭主婦的「主導權」，取回家庭生活的自主性，為此她寧願親自買菜、下廚：「也要到有魚腥味爛菜葉的市場去和小販子們大聲小叫的。也要一手翻食譜一手執鍋鏟地為丈夫燒好好吃的菜。〔註47〕」她想像著在屬於小家庭的甜蜜天地裡，自己只要扮演好妻子、乃至母親的角色，充分享受餵飽家人肚子的幸福滋味。

〔註44〕劉靜娟，〈生活〉，《心底有根絃》，頁184。
〔註45〕同上。
〔註46〕同上，頁185。
〔註47〕同上。

　　內心想擁有夫妻獨立生活空間的期望尙未實現，劉靜娟已先體驗到懷孕期間種種生理上的極度不適，心理上也因而質疑「婆婆媽媽」、婦道人家式的家務和母職——「結婚就是這些嗎？就是公婆小姑小叔丈夫，煮飯做菜和病小孩？〔註48〕」，必須和一大家子共享婚姻與家庭生活的她，自嘲地爲「太太」和「小姐」之別下定義：「看到天氣好，想到是個郊遊的好日子，那是小姐；想到衣服不必老是濕濕地晾在竹竿上，那是太太。〔註49〕」婚後家庭生活的苦悶和孕期「病子」的難受，雖讓劉靜娟適應不良，但她仍以俏皮、風趣的言詞，自我玩味也逗弄工作忙碌緊張的丈夫，增添夫妻相處的情趣；如對著屬牛的他，直呼：「我的牛」，或做出審察模樣說：「讓我瞧瞧牛的臉是不是眞的很憂愁。」〔註50〕；更以巧妙的比喻，形容丈夫婚前斯文、婚後愛惡作劇的落差：「朋友時代，他幾乎就像他手裏那些試管燒杯那樣，轉過來轉過去總是一個模樣。……結婚後，她卻驚奇地發現他既不像試管也不像燒杯。〔註51〕」夫妻間逗趣的對話和相處方式，也淡化了劉靜娟即將面對母職、家務雙重壓力的惶恐與不安。

　　初次懷孕的體驗，讓劉靜娟感到驚喜卻又困惑：「好奇妙！我的肚子裡有一個在生長的生命！生命眞是不可思議。〔註52〕」正如 Iris Maion Young 從女體經驗出發，書寫女性懷孕時身體微妙的變化：「在我剛開始懷孕時，我經驗到的乃是身體上的變化；我變得和以前不同了。……然後我覺得肚子裡有一些觸動，有一些聲響。這是我的感受，發生在我體內，它像是個氣泡，但又不是氣泡；它不同於我，存於另一處，屬於另一人、另一個雖然也屬於我的身體。〔註53〕」女人在懷孕所獨有的身體狀況中，經驗著是自己與不是自己的身體，而發生於身體內的運動，也屬於另一個生命——只有處於母職初始階段的準媽媽，才能見證自己體內另一個新生命的脈動。

　　孕期中，劉靜娟除謹記「胎神」的禁忌，也相信「胎教之說」。「那幾個月，我經常把電晶體收音機放在枕邊；只要醒著，便讓指針從這個週率到那個週率地尋找著貝多芬或修伯特。看書寫字閒聊時，空氣裡也飄揚著古典樂的旋律。

〔註48〕劉靜娟，〈生活〉，《心底有根絃》，頁186。
〔註49〕同上。
〔註50〕同上，頁187。
〔註51〕同上。
〔註52〕劉靜娟，〈第一個孩子〉，《歲月像一顆球》，頁5。
〔註53〕同上，頁5。

〔註54〕」爲了生出一個愛好自然的孩子，他們帶著肚裡的胎兒去露營、去烏來聽山澗唱歌、去爬仙跡岩、聽蟬鳴，也聽純眞的小孩笑聲；孩子出生前一個月，劉靜娟又希望未來的孩子能喜歡文學，而趁最後胎教時間看書、寫作。

夫妻兩人儲備好滿滿的愛，等待第一個孩子的降臨，「我們去逛街，買娃娃衣、毯子、奶瓶、痱子粉。我們從長沙街的木器店逛到南昌街的，選娃娃床。我們去訂製棉被、紗帳……〔註55〕」結婚週年日，劉靜娟的第一個兒子誕生了，但痛苦掙扎的生產過程，丈夫卻未能陪伴在側——

> 產科醫院裏，她無奈地數著結婚週年日的每一分每一秒在靜靜靜地消逝。本該是個可愛的日子的，卻是個寂寞的一天。她覺得最不甘心的是別人做爸爸，總是焦急、緊張、期待以及好多的煙蒂和踱不完的步。可是她卻是在他上班時間裏被婆婆送到醫院裏的。而在她掙扎得最痛苦的時候，他都被婆婆叫回家去拿住院需用的衣物。兩趟計程車來回，他卻有了個兒子！〔註56〕

生產後第二天，護士將嬰兒遞給劉靜娟，她卻無法相信手上醜醜的嬰兒，是竟是和自己生命連繫了九個月的兒子，她仔細端詳這不甚好看的新生兒：「皮膚紅通通的，像喝了幾罈子酒；所謂眼睛，只是一條線，緊閉的眼皮浮腫；鼻子不小，嘴巴也大；面頰，鬆垮垮地垂著；而耳朵，貼在頰邊，像兩片薄薄的葉子。最教人難以忍受的是他的頭好長、額頭好窄。〔註57〕」抱在懷裡的新生命，如同一個小陌生人；因爲劉靜娟始終覺得，別人的新生兒醜，自己的孩子不該是醜的。

婚姻生活在兒子新生命闖入後，又變得不一樣；母職佔據劉靜娟所有時間和心思，夫妻間也沒時間吵架、鬥嘴，她也體會到「母職」、「育兒」，是「婚姻生活」這篇論文中最難寫的章節。

回想孩子剛從醫院回到家那陣子，日夜都不肯睡，「抱他也不能止住他的哭鬧，他還不甘寂寞地要人家跟他說話！歌也唱了，亂七八糟地想出來哄他的話也說盡了，甚至還可以借題發揮地對著他罵罵他老子；可是他竟還睜著一對小眼睛等下文。〔註58〕」六週的產假，並不如劉靜娟所預期的可以好好

〔註54〕劉靜娟，〈第一個孩子〉，《歲月像一顆球》，頁7。
〔註55〕同上。
〔註56〕劉靜娟，〈生活〉，《心底有根絃》，頁193。
〔註57〕劉靜娟，〈第一個孩子〉，《歲月像一顆球》，頁9。
〔註58〕劉靜娟，〈生活〉，《心底有根絃》，頁194。

吃睡、坐月子，而是每天過著又累又煩的日子，幾次受不了嬰孩啼哭，忍不住哽咽，又擔心被人嘲笑，只能等待丈夫下班回來再向他抱怨。兩夫妻在夜裡也無法睡得安穩，「半夜裡，做父母的兩個年輕人都得十萬火急地一個爲他換尿布一個沖奶；如果光一雙手要換尿布再沖奶；那他又有力又有勁的哭聲保險要使全家人都起來了。〔註59〕」當劉靜娟懷念可以一覺到天亮的幸福時，丈夫妙趣的模仿播音員口吻：「來一點輕鬆的美羅里 melody 吧！唉！姑且在黃連樹下彈琴。」丈夫苦中作樂的幽默，爲劉靜娟一整天疲累的母職憂勞，暫獲抒解。入睡後，聽著丈夫連環夢話，自己也在睡夢中聞到娃娃大便的「異香」而驚醒，解開尿布確定是場夢境，卻也領悟了另一番「哲理」──「結婚的意義包括小孩的大便！」。

　　度過孩子新生兒階段的煎熬，劉靜娟開始在婚姻生活中，找到不同人生階段的快樂──雖失去婚前的浪漫與閒情，卻在結婚生子後得到安全感和育兒樂趣。她逐漸在母職體驗、母親角色和兒子身上，得到新的生命充實感，傾聽孩子加入後生活的可愛樂章──「娃娃六個月大以前，她每天最重要的是去煮那半打奶瓶。奶瓶輕輕的碰擊聲，就是生活的樂章。婆婆聽到那聲音，常玩笑地說，『人家還以爲是在製罐工廠裏呢！』〔註60〕」但劉靜娟仍自覺無法在乏味、平凡的母職生活中安定下來，會刻意在丈夫面前訴說對乏味生命的厭倦：「做媳婦，做太太，做媽媽。全是一串拘束一串責任。……唉，眞活得沒有意思。〔註61〕」隨著兒子由毫無自主行爲能力的嬰兒，發展爲一歲以後會說話、會走路的幼兒，劉靜娟歡愉地「欣賞」著兒子一路以來的成長歷程──學會拍手、學會點頭、會說簡單語詞、愛看書；看著第一個孩子坐在大米篩裡抓週，她心中產生對「時間」變化的奇妙感受：「當我期待著他快快長大時，我覺得時間好慢；現在，看他坐在一個大米籮裡，我卻想到：時間過得好快啊。〔註62〕」劉靜娟越來越融入母職角色，生活也圍繞著孩子爲中心，「她感覺得到自己越來越『媽媽的』了。孩子不舒服，她跟著悶悶不樂，孩子笑，她跟著笑。自己的日記不記，只記兒子的；自己的照片也不管，專貼兒子的。〔註63〕」婚前甜蜜單純、空靈如詩的兩人世界已成往事，在婚後

〔註59〕劉靜娟，〈生活〉，《心底有根絃》，頁196～197。
〔註60〕同上，頁199。
〔註61〕同上，頁200。
〔註62〕劉靜娟，〈第一個孩子〉，《歲月像一顆球》，頁5。
〔註63〕劉靜娟，〈生活〉，《心底有根絃》，頁201。

生活枯燥乏味的論文中，因爲母職、育兒這章的插入，變得實在、新鮮而有意義，讓劉靜娟充分體會「生命的意義只是在延續」；孩子的童眞兒語，彷彿一股無形力量，讓她有氣力翻越生活的山和嶺，實實在在面對婚姻生活的苦與樂，不再耽溺於婚前的隨性與自由。

在大兒子一歲七個月，老二也即將到來之際，劉靜娟終於圓了搬出婆家，自組小家庭的夢想。自己專屬的廚房，是她文字創作外，另一個「創作園地」，也甘心地把「家」視作女人的事業。從此，她買菜、煮飯成爲「生活情趣」，只要五天或一週上一次市場，或等聽到樓下菜販車到來時「買菜哦」的叫賣聲，再買一兩樣青菜。兩個孩子都上幼稚園後，劉靜娟對母職角色的實踐策略，已能游刃有餘的隨適調整，如善用親子看電視的廣告時間，於每段廣告空檔，高效率的處理家務和母職，「我給孩子泡牛奶，摺紙青蛙，給他們削鉛筆，陪他們唱歌。〔註64〕」到孩子們都上了小學，由於自己從事下午才上班的編輯工作，劉靜娟可以在孩子上學後，做完家務瑣事，偷閒地彈琴、看書，在一些零碎時間裡自得其樂，「上半天課的日子，他們按電鈴的時候，我也許正在炒菜，也許已閒閒地坐在沙發上看書或甚至坐在琴凳上彈琴。……。燒過菜期待家人回來吃飯的時間在我看來是『前不巴村後不巴店』的，最適於敲敲琴鍵。」「我不曉得兒子在樓梯上聽到了鋼琴的聲音是否會有『落實感』？他們好食物甚於音樂，大概更喜歡聽到可以連想到『一道好菜』的排油煙機聲吧？」〔註65〕無論孩子一進門看到媽媽在做什麼，對從學校返家的小孩而言，只要「媽媽在家」就好；在孩子們升上中高年級，讀整天課後，劉靜娟在孩子放學前已經出門上班，只能藉由「留言簿」，寫下愛的叮嚀，讓他們回到靜悄悄的屋子裡，依舊能感受到母親的「存在」。

從新婚期間對大家庭生活、婚後角色轉變的難以適應，到初任母職的誠惶誠恐與疲憊不堪，劉靜娟期盼著孩子趕快長大；而後看著孩子上幼稚園、唸小學，兒子們的成長歷程，爲小家庭生活增添豐富色彩，她也開始享有自己的時間與空間，在踏實的母職生活中，感受作爲兩個孩子母親的快樂。

六、七○年代以後，台灣朝向工商業社會轉型，女性投入職場的比例日益提升，公婆或娘家能否提供照護小孩的家庭支持，成爲職業婦女得以持續在工作上發展的重要關鍵。丘秀芷在第一個孩子將近一歲時，因幫忙看顧的

〔註64〕劉靜娟，〈廣告時間〉，《心底有根絃》，頁109。
〔註65〕劉靜娟，〈愛的叮嚀〉，《歲月像一顆球》，頁148。

鄰居突然辭職，只好向自己娘家的母親「求援」，「我只有十萬火急的把又『遊』到二哥家的媽媽挖過來。媽這次住了三四個月，那段日子，我過得最穩，老大沒再大病小災什的，我每天中午回家，有熱飯熱菜可吃，吃過飯可安心小睡會兒，不怕睡過了頭，晚上可以專心批改學生作作業。〔註66〕」四個月後，母親因追逐到處跑的小外孫扭傷腳筋，丘秀芷將母親送到弟弟家養傷，只好另請傭人；接著弟媳也生下孩子，丘秀芷的母親便留在那裡幫忙做月子、帶小孩。丘秀芷在生下第二胎半年後，因自己身體狀況變差，也找不到適當的幫傭，決定辭掉教職，自己擔起母職責任，專心扮演家庭主婦的角色。

丘秀芷辭掉教師工作北上和丈夫團聚，但獨力承擔母職，成天照顧兩個還相當年幼的孩子，幾乎沒有時間參加外界的任何活動；而丈夫符兆祥在從事公職以外，仍不斷拓展新的副業，早出晚歸，除早起晚睡前，習慣性的幫忙掃地、擦桌椅，無暇為丘秀芷分擔家務或親職工作。忙、亂的生活步調，丘秀芷必須尋找喘息機會，因而常向丈夫「請長假」，到弟弟家住上個把個月，和母親、弟媳「分工合作」，共同分攤家務和母職照護工作：「多半是我帶小孩，幾個一起統一管理，由於我素來兇惡，孩子們都怕我。買菜、炒菜之類工作也歸我，其他的事則由媽媽弄。弟媳晚上下班回來，獨攬洗衣服的工作。〔註67〕」三人分擔家務，丘秀芷就無須洗衣、洗菜、掃地擦桌椅，避免了接觸灰塵、手碰冷水所引起的鼻子過敏之苦。

婚前看著母親花大把時間洗全家大小的衣服，丘秀芷視為理所當然；自己擔任專職家庭主婦後，每天洗一家四口的衣服，同樣花去整個早上時間，母親看了心疼地說：「看你啊，什麼錢都花了，為什麼就捨不得買個新的全自動洗衣機？一個破洗衣機用十年了，只能脫水不能洗衣服，還捨不得換。〔註68〕」六、七〇年代以後，洗衣機逐漸成為減輕母職工作量的「大眾化」電器用品；到七〇年代中晚期，更有主婦們可以滴水不沾的全自動衣洗機問世。但丘秀芷認為，老洗衣機因馬達轉不動，失去洗衣功能，而需要天天用手搓洗兩三長竹竿的衣服，雖然又累又花時間，卻有足夠的家事量勞動，讓她得以「身心平衡」。「洗衣服」這項工作，更有丘秀芷未曾向母親言明的深層意義──「我才洗幾年衣服，才洗幾個人的衣服？別太嬌貴了！何況我的洗衣

〔註66〕丘秀芷，〈羽翼下〉，《綠野寂寥》，頁72。
〔註67〕丘秀芷，〈噢，母親！〉，《驀然回首》，頁98。
〔註68〕丘秀芷，〈浣衣〉，《悲歡歲月》，頁51。

機還能脫水呢！想想母親，總共洗多少年的衣服？擰出多少水來？〔註69〕」
對母親昔日為子女洗衣的勞苦，丘秀芷無從言謝，乃藉由每天親手洗滌四口
人衣服的過程，體驗母親當年天天提著大桶衣物，遠赴河畔以清流濯衣的費
勁和辛勞。

　　「那次暑假，我做了媽媽，初次嘗到為人母的艱辛和一股傾注無遺的愛，
當然，那位做爸爸的，也不輕鬆。每天早上，六點不到，喆兒便醒了，兩個
人睡眼惺松的滾下床，一個抱著奶瓶去洗和燙，一個忙著哄拍餵奶。〔註70〕」
在窄小的木樓裡，小夫妻共享育養新生兒的甜蜜和辛勞，而懷中嬰孩的黑瞳，
卻映著謝霜天初為人母的憔悴面容，「喆兒張著清澈的眸子注視著這新鮮的世
界，黑眼珠裏映著藍天，映著碧樹，也映著我憔悴的面容。〔註71〕」讓她體
驗到育兒任重，沈重的母職負擔，讓為人母者捨棄愛美天性，變得蓬頭垢面、
黃臉枯瘦。

　　兒時看著母親趁農閒的時間，裁製新衣、縫補舊裳，那是謝霜天記憶中，
對母親印象最深刻、最溫暖的「母職」形象。極少接觸針線，也沒學過裁縫
的她，腦海中不時浮現母親做針黹的影像；因此，她買了一架電動縫紉機，
特地找來幾件待補的舊衣褲，「當軋軋的車聲響起時，兩個孩子立刻從他們遊
戲的地方跑過來，圍在桌畔，睜圓了眼，楞楞地看著補衣工作的進行。大概
他們沒想到向來靜謐得近乎單調的家裏，居然會響起如此和諧有趣的聲
音……〔註72〕」兩兄弟眼神驚愕的盯注著，看媽媽將他們穿破的褲檔平整的
縫合；謝霜天也從他們略帶「敬仰」的目光中，感覺自己全身頓時煥發著「能
幹」母親的光彩。她繼續車縫著孩子破褲上的裂痕，兩個孩子也在縫紉機勻
稱的聲響中，開心地在她身旁的地板上玩耍，那嘎嘎作響的縫紉車聲，為自
己心滿意足的母職生活，譜出溫暖的家庭夜曲。

　　《萱草集》是心岱自婦產科得知有孕的〈喜訊〉起，寫給孩子「君兒」
的書信體散文集，喃喃細說著懷孕、生產到育兒的「母職」體驗歷程。

　　　我簡直不敢相信我即將要做母親了，我一直以為自己也還是小女孩
　　　呢！

〔註69〕丘秀芷，〈浣衣〉，《悲歡歲月》，頁58。
〔註70〕謝霜天，〈暑假憶往〉，收入《綠樹》，頁75～76。
〔註71〕同上，頁76。
〔註72〕謝霜天，〈溫款家庭的夜曲〉，《抹不去的蒼翠》，頁114。

　　……穿過街道，喧囂的車聲沒有滋擾到我如臨夢幻的心境……不由
　　己的上前去挑了幾隻最大的蘋果，一路上啃咬著，倒不是我真喜愛
　　那青澀的芳香，而是我想到現在的我再不是單單是我了，孩子，我
　　是多麼希望你也能與我一樣享受這鮮麗的嫣紅啊。〔註73〕

「我是一個女兒。想做母親的念頭，往往捉摸不定。……懷孕，也是一個概
念形成的過程，而誕生的存在，仍是一個必須用生命進行的旅程。〔註74〕」
從妊娠階段開始，心岱便進入「做母親」的真實感受，她和腹中胎兒透過臍
帶，連繫著一種他人無法體會的奇妙關係——「只有我能見證我體內的生
命……我與這個另一人的生命有種特許關係，好似我與自己夢境及思想的關
係——我可以告訴別人我的夢境與思想，但他們永遠無法以和我一樣的方式
來感受它們。〔註75〕」她將自己身體內裡，感受為另一個生命的生長空間，
感受一個新生命在體內孕育著。

　　「害喜」是多數懷孕女性在妊娠初期，皆會經歷的生理變化。心岱在前
兩三個月的害喜現象中，意識到如小草般的細小生命，正在她那猶如大地的
母體內扎根，且如影隨形、一直存在著——「夜裡突然饑腸轆轆，也不知到
底是怎麼了，就是想吃甜食……但這樣十萬火急也沒法平息翻騰的胃，下了
床來忍不住那陣想嘔的感覺，先就頭昏眼花，站不住，坐不安。〔註76〕」隨
著腹部一天天隆起，凸出的肚腹，讓心岱更確定「君兒」在她懷孕身體內的
存在；她開始喜歡逛百貨公司的嬰兒部，更期待看見「君兒」穿上小衣服的
可愛模樣：「回到家來，馬上把你那個大紙盒打開，裡面放的全是給你的東西，
從紗布內衣到小綿衣、尿布、尿褲、鞋子、襪子等等……想著為你穿上這些
衣服的可愛模樣，一種愛心就油然而生，我期待你快點出世啊……還有五個
月時間是多麼漫長。〔註77〕」在拿出小衣服，再一件件疊好的過程，心岱想
起自己那個世代孩子的衣服，都是母親們一針一線親手縫製的，而自己僅能
用鉤針和毛線，將暖暖情意織成小背心，讓「君兒」也能感受到母親對他滿
滿的愛。

〔註73〕心岱，〈喜訊〉，《萱草集》，頁1。
〔註74〕張君玫，〈中文譯者序言〉，收入 Nancy J. Chodorow 著，張君玫譯，《母職的
　　　　再生產——心理分析與性別社會學》，頁 iv。
〔註75〕Iris Maion Young 著，何定照譯，《像女孩那樣丟球：論女性身體經驗》，頁81。
〔註76〕心岱，〈是男是女〉，《萱草集》，頁5。
〔註77〕心岱，〈手中線〉，《萱草集》，頁9。

「孕婦與身體的關係可以是一種純真的自戀。當我早晚更衣時，我久久凝視鏡中，毫無躲藏或虛榮。我不是在鑑賞自己、自問在別人眼中是否夠好看，而是像個孩子般，從身體發現新事物來取樂。〔註78〕」但 Iris Maion Young 也認為，主流文化定義陰性美是苗條、曲線美好的，會讓孕婦覺得自己懷孕的身體又醜又怪〔註79〕。當心岱穿上新訂製的夏季孕婦裝，「誰都說我現在是最美麗的時候，這使我感到害羞；近來我能吃能睡，胖了許多，體態顯得擁腫不堪，也許他們指的並不是屬於外貌。世界上唯有母親的美是沒有瑕疵，沒有缺陷；孩子，媽慶幸有了你。〔註80〕」體態的改變，讓心岱對自己懷孕後的外貌沒有信心，因而對他人的讚美感到害羞；但她也肯定，懷孕讓自己由內在散發出最完美的母性之美。

過了預產期，心岱仍未感覺任何臨盆前的徵兆，讓她緊張而不安，心裡也對即將到臨的生產過程，感到畏懼，處在又期待又害怕的矛盾情緒中。「想到要生產的那刻，到底是什麼滋味？……覺得有些恐懼，我是個最怕痛插的人，到時候是否能支持得了？這些問題和疑竇開始滋擾我。然而，我卻又像整天在盼望那一刻的到來，一種又怕、又喜的矛盾情緒浮沉在心中……〔註81〕」分娩對他人而言，是嬰兒的誕生，只是開始；對產婦而言，卻也是熬過九個月孕期的結束。初為人母的第一次生育體驗，常讓女性感到既愛又怕。

彷若無盡期的等待後，七月初的豔陽剛升起，心岱終於出現規律陣痛的分娩前徵候，「十幾天來，我們不是一直在等等待著這個徵候嗎？把鬧鐘抱在手裏看，果真十分鐘一次的陣痛已經開始了……我們以最快的速度整裝上路，提起那隻老早老早就準備好住院的必須用品的箱子……孩子，你讓我們足足擔掛了半個月〔註82〕」到了醫院後，心岱雖已痛不可支、坐立難安，為了生產順利，仍須由丈夫攙扶著，在走廊上來回走動，「我把所有的氣力都用在雙腿上，最後，我終於乏力的伏在窗台上。躺到床上後，又被一陣甚於一陣的痛楚扭絞著，那種，椎心的痛楚使我不停地翻滾，或我不知道腹中的你是否也因為急於掙脫出來而與我同樣痛苦，也許你比我更難受，只是你不懂

〔註78〕Iris Maion Young 著，何定照譯，《像女孩那樣丟球：論女性身體經驗》，頁89。
〔註79〕同上，頁88。
〔註80〕心岱，〈期望〉，《萱草集》，頁11。
〔註81〕心岱，〈是怕是喜〉，《萱草集》，頁15。
〔註82〕心岱，〈七月豔陽天〉，《萱草集》，頁16。

而已。〔註83〕」心岱使用了少見的二十多字長句式，似有意藉此表現分娩時漫長的陣痛煎熬，並製造出時間凍結的凝滯感；此刻，只能痛苦的躺著，相對於持續感受疼痛的意識，時間是靜止的，只剩下推擠和陣痛。

「從病房到產房的甬道是陰暗漫長的，那是一個沒有盡止通往另一個世界上的生命的隧道……輪子飛快地滑過地板，夾雜著匆匆急速的腳步聲；彷彿從遙遠的虛無中源源而來似的。〔註84〕」通往產房，代表孩子將要出世，產程陣痛的苦楚也將解除，心岱已無任何畏懼，而是出奇平靜地忍受最大痛苦，迎接新生命降臨。

然而，進入產房後，因骨盆狹窄問題，胎兒無法順利擠出產道，心岱面臨另一番更劇烈的痛楚：「那切膚的被撕裂的痛楚正隨著分秒在劇增，我耗盡了全身所有力量，孩子，你都仍然沒有動靜呢，而我是那麼地疲憊不堪啊；在每隔數秒的停歇間，我想起這樣的痛苦算什麼？這是一個新生命的誕生……能夠忍受這痛苦的才是一個真正的女人。〔註85〕」最後在醫生用器具提吸，護士在心岱肚子上用力按壓，費盡一番氣力，才將孩子生下。但醫生拍打嬰兒的屁股時，只發出一聲微弱聲息便停住，接著任由醫生持續拍打，都聽不到嬰兒的哭聲。應力過那麼大的苦痛，心岱不甘心失去這個小小生命，心裡祈禱著、狂喊著，寧願用自己的生命換取孩子的重生。所幸，半小時的搶救，「哇，哇哇──」的號哭聲，將心岱從絕望的邊緣拉回，戰慄、抖動著，她方能感受到孩子已然實在真確的存在──

> 媽媽是個最脆弱的人，平時那樣地害怕肉體上的痛苦，動不動就流淚，但這一次，我也不知道究竟是怎麼忍耐過來的。你一出聲音，我所有的痛楚一下子全消失了，理該感到安慰和輕鬆，可是淚水竟不知不覺地泊流著，泊流著……然而，那絕不是平常的淚水，我覺得我像是在淌著血、血，一股熱血在眼眶中泉湧。〔註86〕

看著護士手中懷抱的新生兒，「他」曾經和她是同一個人，曾經存在於她的體內，是她身體的一部份；這個重新復活的小生命，讓心岱願意拋下所有世間庸碌的慾望，生之喜悅讓她感動哭泣，讓她真實體驗到靈魂的滿足。

〔註83〕心岱，〈痛苦的煎熬〉，《萱草集》，頁17。
〔註84〕同上。
〔註85〕心岱，〈誕生〉，《萱草集》，頁19。
〔註86〕心岱，〈復活〉，《萱草集》，頁21。

「夜半醒著，一直在想這奇妙的人生；昨天以前是一個夢，雖然這個夢到現在已告終結，但一種新的希望、安慰、欣悅交織的生命力，卻仍在延續，今天，今天我已真正做了媽媽了。〔註87〕」生育的過程，會讓女人感覺到，好像轉變成另一個全新的自我；心岱將懷孕期間，奇特的身體和心理感受，形容為一場夢境，在新生命誕生後終告結束；而心岱體內另一股新的生命力量，也在正式成為母親之後，於希望和喜悅中隱然形成。

然而，心岱在孕期中常擔心的狀況，在孩子生產過程和出生後，都一一發生：難產、氧氣箱、保溫箱，眼見孩子一出世便災難連連，只能心疼又難過的默禱，「我獨自躺在床上，輾轉反側，想著你睡在保溫箱的情形，眼淚又禁不住地淌下來，我在心裡不斷的呼喚著你，但願你能夠聽到我的祈禱。〔註88〕」當護士帶來隔天可以抱孩子出來餵奶的好消息，心岱夫妻才放下心頭的擔憂，徹夜興奮難眠。孩子從氧氣箱到保溫箱，終於回到心岱的懷抱，也終於到了母子真正相見的時刻，「我第一眼看見你時。發現你真像極了爸爸，你的長像如何，這是我懷孕中無法想像得到的。我感嘆造物者的神奇，他塑造人的形象，往往依據他的雙親來臨摹，使每一個人在這生生不息的世界裡永遠留下一種『存在』，這是多麼偉大啊。〔註89〕」孩子所象徵的，是自我的延伸，下一代的誕生，是父母生命的延續；心岱和丈夫都具備作家的浪漫性格，應已感受到莎士比亞十四行詩對新生命的定義——「你若有個兒子在人世，你就活兩次」、「當你已離開人間，你的兒子保留著你的情影」。

「眼看著那打著結的臍帶，是我們最後分離的接連體，隱隱的我的體內好像也有一條斷了的帶子在那兒游移游移，在尋找著它的另一端。上帝是全能的啊，他把另一端也組成了生命，使生命一直在延續而綿綿不絕。〔註90〕」嬰孩肚子上尚未脫落的「臍帶」，臍帶是母子生命曾經密切相連的「證物」，也是最後的連繫；那曾真實存在於心岱體內的生命，從胚胎開始生長開始，便一刻刻、一天天的準備和母體分離，最後出生而成為他自己。臍帶另一端所連結的胎盤，在分娩時已隨胎兒自母體內剝離，嬰孩那端打了結的臍帶，也將在不久後掉落；真正在心岱生命中游移的，是代代綿延不絕的母性，始

〔註87〕心岱，〈驕傲〉，《萱草集》，頁21。
〔註88〕心岱，〈波折〉，《萱草集》，頁26。
〔註89〕心岱，〈初見兒面〉，《萱草集》，頁27。
〔註90〕心岱，〈頭痛的事〉，《萱草集》，頁29。

終牽繫著曾經相連的另一個生命。

　　心岱在幫她做月子、帶嬰兒的母親回南部，開始忙碌、苦累的新生活，照護新生兒的母職，佔去她的所有時間。但孩子在深夜仍黏人不睡，一放下床就嚎啕大哭，「一天下來，媽和爸兩人都感到累極了，多麼盼切你快點安睡……好不容易把你哄睡了……可是往往我都睜著看眼睛到天明，不寧的心緒滋擾得我越陷越深……孩子，媽媽是個永遠不成熟的人，現實生活常常會致一個著重情感生活的人於絕望。〔註91〕」內心充滿無法言喻的矛盾和痛苦，在那一刻，心岱閃過「孩子是個累贅」的念頭──讓夫妻與神仙生活隔絕、阻礙夫妻的愛情，懷念成為母親、擔任母職前的甜蜜時光，「你現在雖然還小，但你都牽制著一家的生活。我怪你嗎？不，只是你尖銳的哭聲吵得我心煩透了，照理說，月子內的嬰兒應該每天睡上二十一小時的，你與別人不同，愛玩、愛抱、愛吵，弄得我有些心灰意冷。〔註92〕」養育新生兒的煎熬，也是劉靜娟初為人母時最大的考驗，心岱卻因此對自己實踐母職的能力，產生懷疑甚至失去信心，感覺到自己是個無能的母親。

　　因此，她試著將育兒工作交出去，但經歷褓姆、母親等人的照顧，孩子健康並未得到更完善的照料，心岱更須承受無盡的牽掛與思念。「到底，你是媽媽的骨肉，我該哺育你長大，這是媽的義務啊。……我想那淒迷的心境只是個過渡期，時間可以使我適應新生活。女人那種原始的母性已在我體內萌芽，產前與產後是兩種迥然不同的情感，我應該把虛幻化為踏實。〔註93〕」在原始母性的驅動下，心岱決定調整自己心態，重新面對母職的挑戰，不再讓自己陷溺於痛苦深淵的掙扎。

　　渡過最為難的新生兒階段，心岱仍無法坦然適應母職，即使無須開伙，孩子醒著時陪他玩，趁孩子睡覺空檔洗尿布、整理家務，過起來簡單的單純家庭主婦生活，卻與她的理想生活背道而馳，常令她鬱鬱不安，於獨處時落淚，甚而想逃離母職加諸於她的「枷鎖」──「成天做家事、帶小孩，難免心情煩悶，尤其聽到孩子吵鬧的哭聲，心裏更是燒著一把火，恨不得離開遠遠的，什麼也不要看見，什麼也不願聽見。〔註94〕」可是趁假日將孩子給丈

〔註91〕心岱，〈痛苦與矛盾〉，《萱草集》，頁35。
〔註92〕心岱，〈心灰意冷〉，《萱草集》，頁37。
〔註93〕心岱，〈限時信〉，《萱草集》，頁51。
〔註94〕心岱，〈家與枷〉，《春天來時》，頁154。

夫，離開孩子、離開家，獨自出去逛街、看電影，想要一下鬆弛心情，卻又
在沿途掛念孩子：「假想著孩子摔了，從椅子、從樓梯、或者更糟些；他會不
會吵得他爸爸連吃飯都吃不成？他餓了、渴了沒有？午覺時間到了，不知睡
著沒有？〔註95〕」過去心岱常認為，做了母親就會被子女絆住，失去自由；
而今體驗到離開家、離開孩子，那種難以言喻的牽掛和思念，她寧可享受時
間交付子女的「不自由」──這是做為母親的「權利和驕傲」。離家後擾人的
牽掛，沒有讓她得到放鬆，或自「枷鎖」解脫，而是讓她正面解讀與詮釋「家
庭主婦」的母職角色──不再抱怨家事的瑣碎、不再厭惡孩子的哭聲，期待
看到孩子可愛的臉龐，迫不及待用雙手燒出一頓熱騰騰的飯菜，走出對母職
角色的排拒，重新適應母職生活。

　　雖然心岱時而反省自己是個失職的母親，沒有為丈夫、小孩起床做早餐
的習慣，讓丈夫以餅乾、麵包充飢，孩子也承襲心岱不吃早餐習慣，天天空
腹上學。但她已能漸漸在家務和母職中，尋得樂此不疲的趣味。每逢星期六
騎單車下山到市場買菜，帶著錢包、菜籃和一顆閒適的心，讓她感到有如趕
集般興奮和愉快：「通常我都是一路逛一路挑。不要擔心買什麼呢，從那攤子
上擺得擠擠滿滿，五顏六色的菜蔬中，突然就會有一隻鮮紅的蕃茄，一條金
黃的蘿蔔，或一方雪白的嫩豆腐，觸發妳的靈感，你買下它們，又急急去找
其他的配料。〔註96〕」在心岱看來，買菜是門藝術，一門烹飪出滿桌精彩菜
餚的前置藝術，「你心裏那些可口芬芳的藍圖是愈來愈明朗，井條有緻的給你
帶來一種展露、創造的慾望，當你幻想著一家人圍坐大快朵頤時，你便獲得
了極大的快樂和滿足。〔註97〕」逛市場買菜，對心岱而言，已不僅僅是消遣
和樂趣，儼然成為文字創作慾望的延伸，也似乎和劉靜娟一樣，將廚房視為
另一個創作園地。

　　心岱曾經為了擔任母職，犧牲掉自己的興趣和創作時間，而心有不甘，
但隨著她對家務和母職實踐的熟悉度增加，以及孩子上學唸書後，多出屬於
自己的時間和自由空間，她也更加懂得善用時間、安排生活。

　　　　對家庭主婦，要刻意劃出一段完全屬于自己的時間，幾乎是永遠無
　　　　法實現的夢……從前我也是常常感嘆沒有空閒沒有餘暇給我靜息會

〔註95〕心岱，〈家與枷〉，《春天來時》，頁154。
〔註96〕心岱，〈買菜的藝術〉，《春天來時》，頁172。
〔註97〕同上。

兒，這幾年來，生活的種種體驗豐富了，不再做那無謂的呻吟和抱怨了，我覺得生活不是銅不是鐵，它是木頭，永遠可以打出一點縫隙。再繁忙的主婦，也能每天為自己抽出十幾分鐘，甚至幾十分鐘來……慢慢累積起來，成果就相當可觀。仔細算一算，它們幾乎是佔著你生命的幾分之幾呢？〔註98〕

她也認為，要擺脫家庭主婦生活的枯瑣、乏味，「巧婦」應將發展興趣視為重要的生活目標，因此她進入繪畫班習畫，為她平淡的家居、母職生活，平添幾許色彩和情趣──「每星期六，我把孩子哄睡後，立即抓起畫具趕公車，到了畫室，靜坐下來，不管心頭籠罩了什麼憂愁、煩悶，一概逃得無影無蹤，毫無遲疑，毫無牽掛的，我接近了畫筆、顏料、畫布，我的心靈澄清得像一片晶瑩的池水〔註99〕」繪畫興趣之餘，她也會利用飯後空暇時間，整理庭園花木，在睡前閱讀、寫作等，培養家事以外的興趣，也在生活中繼續發揮自己的特長。

　　心岱的母職實踐經驗，從〈痛苦與矛盾〉、〈夢想與掙扎〉、〈家與枷〉的疲憊、煎熬、抗拒、掙扎，生活全為孩子所侵佔，幾乎失去自己的主體性；到蛻變成為擅長時間管理、培養繪畫興趣，自己為自己而生活的〈巧婦〉，她已摸索出母職與女性生活自主權的平衡點。

　　一直以來，女性難以從「母職」的文化約束中解放出來，而要降低母職實踐過程對女性主體性的剝奪，便需要健全的社會制度配合，如彈性的托育和兒童照顧支持方案，讓女性的母職選擇擁有更多的自主空間；否則職業婦女只能將孩子安置在不健全、欠缺管理機制的托兒機構，而造成更大照護安全上的隱憂。心岱在〈誰無子女〉一文中，便論及七○年代台北市私人育嬰中心和托嬰家庭的形成，以及其中所潛藏的問題和疑慮：「在臺北市，除了有立招牌的育嬰中心外，更有無數規模較小的托嬰家庭。女主人起先是受鄰居上下班的小夫妻之托，照顧他的嬰兒……於是她有新的計劃，不再把她的時間浪費在一個孩子身上，她逐漸的要把這事趨於於專業化了。〔註100〕」職業婦女為了兼顧工作，紛紛將孩子送去這類的托嬰家庭，但托嬰職業化後，開始出現唯利是圖的商業心態，「殊不知有一些被所有母親們所信任的『救星』，

〔註98〕心岱，〈巧婦〉，《春天來時》，頁219。
〔註99〕心岱，〈圖畫人生〉，《春天來時》，頁135。
〔註100〕心岱，〈誰無子女〉，《春天來時》，頁206。

她精力有限，就是三頭六臂也忙不過來七八個，甚至十來個嬰孩的事，她只好請個傭人，或找小女孩、中年婦人來幫忙，餵餵牛奶，換換尿片，還得兼做家事，清潔、煮飯等……〔註101〕」根據心岱文中轉述，當時便曾發生育嬰中心為減少嬰兒哭鬧，而在牛奶裡摻入鎮靜劑；她的友人將女嬰交給托嬰家庭，照護者因嬰兒太愛哭鬧，而將她俯睡卻造成孩子窒息死亡。在政府尚未正視幼兒照護應由社會集體承擔的七〇年代，缺乏足夠的公立托育機構，嬰幼兒難以在安全、妥善的托育照護中成長，職業婦女也無法專注於職場生涯的發展。

三、母職與創作

在傳統文化中，「母職和女性的文學創作一向被視為是格格不入的，亦即在二元思想體系下所呈現的母職與創作、母親與創作者身分、孩子和書籍總是相互對立的。〔註102〕」亦即創作與母職扞格，母親身分與創作者身分無法並存，母職生活完全以孩子為中心，不容許其他事項分散母親注意力——如閱讀書籍。傳統父權觀念認為，女人終究要成為母親，無法也無須創作，發揮「母性」是唯一被認可的創作形式，女人所有的創意和動力，都被要求投注在母職和孩子身上。

如果女性堅持創作，則必須在創作和母職間做抉擇，「『渴望成為藝術家的代價』高是昂的——她必須選擇拋下孩子抑或放棄寫作。〔註103〕」但在女性主義論者看來，身為母親的角色也許不僅能與藝術相容，也更像是通向藝術的導體〔註104〕；母職對女性文藝創作者所形成的限制，並非來自孩子，而是來自社會文化體系對女性母職的定位。因此，當七〇年代的台籍女性散文作家，走出傳統觀念的母職定位，在自己不斷調整的母職實踐策略中，找到創作與母職生活的平衡點，孩子不會成為母親創作生涯的絆腳石，反而成為母親創作中的重要描寫對象；母職也不會阻礙她們文藝創作的發展，身為母親的經驗，雖曾在初始階段，讓她們無暇提筆而中輟寫作，但在適應母職之後，反而成為源源不絕的寫作靈感——公開成為母親的身體經驗，書寫母職

〔註101〕心岱，〈誰無子女〉，《春天來時》，頁207。
〔註102〕游素玲，〈書寫／母職——以艾莉絲‧沃克為例〉，《母職研究再思維——跨領域的視野》，頁4。
〔註103〕同上。
〔註104〕同上，頁6。

生活的苦與樂，形成七〇年代台籍女性散文的重要特色。

　　劉靜娟在〈生活〉中，坦言剛踏入婚姻之始和懷孕「害喜」，都曾讓她停止寫作。剛結婚，是為了適應和婚前截然不同的家庭生活，心裡苦惱而寫不出東西；懷孕害喜期間的停筆，則困於身體不適，無法寫作。但讓她喪失寫作靈感的的現實婚姻生活和勞累的母職初體驗，卻成就她這章長篇幅的〈生活〉散文，凸顯了劉靜娟在「生活」中寫「散文」，在「散文」中寫「生活」的創作風格。

　　「做了母親之後，我的生活差不多已成了一種模式：照顧孩子、處理家務、閱讀、寫作。在性質上，它們雖然各具苦樂，在型態上，卻只是日復一日、年復一年的一種刻板的延續。〔註105〕」季季面對母職生活的模式固定、一成不變，她自許為「頑石」，但不逃避現實，也絕不向同樣刻板如「頑石」的生活低頭，她讓自己敏感的心，保持如湖泊流動、波盪，沈澱生命經驗、過濾生活風景，留存在玻璃墊下、桌子的抽屜裡，作為日後創作的素材和靈感來源，也可讓她在深夜寫作疲累時，用心透視每一幅生活風景背後的另一片生命風景，有朝一日，再寫入她那些未完成的文學樓閣。

　　「我是個喜歡勞心工作的人，一看起書、寫起稿，常不知歇止，總要弄得腦力、眼力透支過多，頭昏眼花心悸才終止，那時就受罪了。每天有夠量的家務事讓我『勞力』，至少可以身心兩平衡。〔註106〕」母職和家務勞動，未排擠丘秀芷閱讀、寫作的創作時間，反讓她在動腦、花眼力之餘，勞動筋骨、平衡身心。

　　僱請幫傭，是謝霜天解決母職、工作與創作三難處境的主要方式。在孩子三個多月時請來的張媽，是第一個代替謝霜天母職的褓姆，「張媽做事稱得上乾淨，孩子給她帶，很少哭鬧，也不曾搞得滿身尿味。那時，孩子會舉腳來玩了，她常常逗他，發出笑聲。屋子裏經常飄著模糊的、輕柔的聲音，使這個家愈覺得祥和而快樂了。」有了幫手分擔家務和母職，謝霜天便可專心教職，也能抽空看書、寫作。但臨時離家出走的張媽，在半個月後就離開返家。「喆兒剛滿一歲，正是搖擺學步，咿唔學語的階段，是最逗人喜愛，也是最麻煩的時候……〔註107〕」謝霜天在孩子滿週歲正值學步期的暑假，僱請另

〔註105〕季季，〈風景〉，《夜歌》，頁148。
〔註106〕丘秀芷，〈浣衣〉，《悲歡歲月》，頁51。
〔註107〕謝霜天，〈暑假憶往〉，收入《綠樹》，頁76。

一位歐巴桑幫忙看照幼兒，讓她得以在窗下塗鴉、看書，聽庭前畫眉啼叫，振筆寫作。在經濟能力許可下，以聘僱居家褓姆的方式，處理工作期間的托育問題，為謝霜天爭取較多寫作時間，創作產量豐富的散文集，以及小說代表作「梅村三部曲」。

心岱夫妻在孩子滿月前，已經歷了新手父母的痛苦、煎熬與矛盾，現實生活也在孩子父親無暇寫作下出現困頓，只好決定將孩子送去褓姆家——

> 自從臨盆自今，你爸爸已好久不能寫了，而生活費依然必須靠他一
> 隻手來維持……如果有時間讓我安靜的坐下來，寫點東西，這樣或
> 多或少的可以助他一臂之力；我的心是急切的，打從有了你之後，
> 我變成讀的多寫的少，自感荒廢太長久了，一肚子雄心要奮發、只
> 是現在要照顧你都嫌來不不及，那能閒下個時辰？〔註108〕

心岱這段話，寫出自己面臨育兒和空出時間創作的兩難，縱有雄心壯志要抒發，新生兒的日夜照護工作，讓她毫無喘息機會，更難靜下心來寫作。當她重新面對母職後，仍無法在陪孩子、洗尿布和整理家務之餘，繼續寫作的野心，「往往我迫切地想靜靜地讀本書，或者坐下來默默地把內心洶湧的思潮構成一個小說的題材，或者隨便握隻筆在紙上糊亂地塗塗也好……然而目前的生活把我的夢想剝奪了，因而使我鬱鬱不安。」她依舊為文學夢想被母職所剝奪，而感到哀愁與苦惱。也在扮演單純家庭主婦、相夫教子的母職角色，和持續追求自我理想實現，不墜入庸碌生活的矛盾中徘徊、難安。

第二節　育兒手記

劉靜娟說：「孩子的確是奧妙無窮的寶藏。或者我們可以說：孩子是一本奧妙無窮的書。做為兩個男孩的母親，我時時享受閱讀這本書的樂趣。〔註109〕」而她身為母親，一個喜愛閱讀「孩子」這本書的母親，同時也是散文作家——他用作家之筆，記述了兩個孩子童真、童趣和童言童語，以及他們成長歲月中的點點滴滴；從《心底有根絃》的〈第一個孩子〉、〈小兒小弟〉、〈家有「童話」〉到《歲月就像一顆球》，劉靜娟以既是觀察也是參與者的角度，將生活中的親子經驗，寫出一篇篇耐人尋味的媽媽經。

〔註108〕心岱，〈決定〉，《萱草集》，頁38。
〔註109〕劉靜娟，〈序〉，《歲月像一顆球》，頁2。

〈第一個孩子〉是劉靜娟當新手媽媽，為孩子記錄下的第一篇文章。「他的童稚，他的呢喃，他的笑，他的一切主宰著我們。他的祖父母，他的父母和他的姑姑叔叔，都是繞著他轉的星球。〔註110〕」家中的第一個孩子，所有人的注意力都集中在這個小傢伙的成長變化上，劉靜娟更是細微的描寫出小嬰兒可愛的模樣：「他睡覺時常把小手擱在額角上，看起來多像一個深思的哲學家。他抿著嘴揮舞著手時又多像在指揮樂隊啊。〔註111〕」一家人關注他的一舉一動：愛看燈、端詳自己的手指、只要親親就乖乖吃藥——劉靜娟形容，娃娃是「深奧」的人類，她也從孩子新生那刻起，便興致昂揚地探索孩子身上無窮的奧妙寶藏。

第二個兒子也報到後，劉靜娟體會更多〈母親必須〉具備的能力——孩子「便秘」時，需要母親的安慰，握住小手傳遞給他面對困難的信心和勇氣；兩兄弟起戰火、僵持不下時，做母親的要有隨機應變的機智；帶孩子出去玩時，要適情境給予機會教育；要孩子乖巧，母親自己要脾氣好，孩子的一舉一動，做母親的都可以心平氣和用藝術眼光欣賞；盡量使用「好不好」、「是不是」、「對不對」徵求孩子同意的用語；孩子哭鬧時要唱歌、說故事給他們聽；做為母親必須多才多藝，要會畫圖、做玩具；要耐煩的陪孩子完成寫信、寄信的完整過程——身為母親，——就得由孩子來支配你，孩子才是生活中的主角，母親只是陪襯的配角。

〈小兄小弟〉是劉靜娟為孩子留下的第一篇「童言童語」：

> 弟弟我考你。母雞會做什麼？
>
> 會生蛋。
>
> 公雞會做什麼？
>
> 會叫人起來吧。
>
> 貓會做什麼？狗會做什麼？
>
> 貓會捉老鼠。狗會看家。
>
> ……
>
> 弟弟會做什麼？
>
> 弟弟不會生蛋、咯咯一陣笑後，又說：哥哥不會生蛋。阿姨不會生蛋。爸爸不會生蛋。媽媽也不會生蛋。〔註112〕

〔註110〕劉靜娟，〈第一個孩子〉，《歲月像一顆球》，頁12。

〔註111〕同上。

〔註112〕劉靜娟，〈小兄小弟〉，《心底有根絃》，頁59～60。

當時老大四歲、老二兩歲，兩個小兄弟喜歡說說笑笑鬥嘴，時而出現有趣的天真對話。但也經常起口角爭端。每次兩人吵架，弟弟總是拍桌子跺腳，嘰哩咕嚕的罵著沒人聽懂的話，哥哥則怒目相向，像武俠片飛來跳去。兩兄弟搶東西時，也互不相讓，小的輸了，就找媽媽尋求「政治庇護」。面對兩個孩子整天爭吵、打鬧，劉靜娟寫下她的心得格言：「做為兩個男孩子的母親，我是海。有時慈祥溫和，是『寧靜海』。有時窮凶極惡，波濤洶湧。〔註113〕」劉靜娟在孩子每天的熱戰中，通常是以「三春暉」的溫和語調和他們溝通、說好話，但耐不住性子時，難免提高八度音，發出「獅子吼」：「人的耐性是有限的，我怎能一天到晚對你們說好話！〔註114〕」老大竟發揮好問性格質問：「耐性是什麼意思？」劉靜娟文中，相當欣賞大兒子的好問、愛畫畫和敏銳的觀察力，但也常被他的快嘴快舌反駁得無力招架。老二則是「大智若愚」型，「胖胖的臉，常常聽話聽得入神的眼睛，一副迷糊相；可是腦筋卻轉得快。〔註115〕」弟弟的個子不像哥哥又高又壯，劉靜娟形容他像一顆小豆子，走路都是用跳的。

　　兩個性格不盡相同的孩子，同樣活潑、敏捷、思慮快，語言表達能力強，劉靜娟陪伴著他們成長，他們也為家居生活增添許多趣味和話題。她在孩子的語言、動作、吵鬧中，沈思身為「母親」的定義，沈思孩子與母親的關係。

　　沉思著，幼兒是母親的脾氣的試金石。沉思著妳也曾經只有兩歲只
　　有四歲
　　沉思著：生命是什麼？是延續。
　　沉思著：孩子是什麼？是世界的主宰。
　　而母親是什麼？
　　母親是孩子們的「背景」。〔註116〕

在孩子童年階段，劉靜娟一直以他們為生活的中心，家庭生活繞著這兩個小兄弟打轉，孩子是生活的主角，也是劉靜娟散文作品的主角，母親只是配角；孩子是父母世界的主宰，也是媽媽筆下「小小天地」的主導者，母親只是孩子世界裡的背景。

〔註113〕劉靜娟，〈小兄小弟〉，《心底有根絃》，頁64。
〔註114〕同上，頁65。
〔註115〕同上，頁67。
〔註116〕同上，頁71。

　　美國工人哲學家「霍佛」曾說：「每一個五歲的孩子都是天才」，〈家有「童話」〉即劉靜娟為家中老二五歲前，記錄下的「天才修辭學家」語錄。她詳細記載著——一歲兩個月時，伸出雙手說：「抱。」又指著書裡的照片說：「豹。」〔註117〕；兩歲五個月時，他說：「我要吃沒有衣服（剝了膜）的花生」、剝橘子時說：「你『酸』了我的眼睛了。」、看到垃圾車說：「垃圾車好肥。比哥哥肥。」〔註118〕到了幼稚園中班的年紀，用說話「修辭」更是挑剔——當媽媽讚嘆：「畫眉鳥的歌聲多亮哦！」他竟回以：「亮！像電燈那麼亮啊？響亮！」〔註119〕他也是小小「造詞專家」，三歲時常疑惑的問：「英國的國是不是介壽國中的國？」「很累的累是不是打獵的獵？」也喜歡在哥哥寫造句作業時搶著說：歌，「割草！」、這，「甘蔗」面，「拉麵」〔註120〕，直到每天睡覺前都還要玩「造詞遊戲」。劉靜娟家中的五歲的「天才」，除了是語詞專家，也和哥哥一樣是「問題專家」，如：他問媽媽，恐龍有很多種，人為什麼只有一種？媽媽敷衍他：「人也有好幾種嘛。有美的有醜的，有好的有壞的……」「我說的是『形狀』！」〔註121〕讓做媽媽的無從回答。他還喜歡依照自己的思考邏輯推理，如：「母親節是媽媽的節，『公親節』是爸爸的節。」、「爸爸爸爸的孩子，因為他是爺爺的『孩子』。」、「你比較少畫，我比較多畫」「我比較『長』畫，你比較『短』畫。」〔註122〕。

　　劉靜娟為〈家有「童話」〉下的結論是——「孩子本身就是一篇童話」。從孩子呀呀學語到伶牙俐齒，劉靜娟在孩子的語言發展過程中，發現每個五歲前的孩子都是天才，他們的「童言童語」有著成人世界所無法企及的創造力，擁有最純真童心的小孩，才是真正童話的最佳創作者。

　　《歲月就像一個球》是劉靜娟專為孩子們留下的成長歲月足跡，融入孩子們有趣的童年，也重溫已遠逝的童年；更在母職教養過程中，向兩個兒子學習用「孩子的眼睛」看世界、用「純稚的觸鬚」探索生活〔註123〕。張瑞芬認為，《歲月就像一個球》以親子經驗作為全書的主軸，既是媽媽經，也是幼

〔註117〕劉靜娟，〈家有「童話」〉，《心底有根絃》，頁120。
〔註118〕同上。
〔註119〕同上。
〔註120〕同上，頁120～121。
〔註121〕同上，頁124。
〔註122〕同上，頁129～130。
〔註123〕劉靜娟，〈序〉，《歲月像一顆球》，頁2。

童語言學〔註124〕；除此，劉靜娟也在文字間分享了她的親職概念，以及教養態度和教育觀。

〈孩子上學了〉、〈五歲唐吉訶德〉分別記敘兩個兒子，開始上學的第一個教育階段。〈孩子上學了〉中，大兒子第一次上學的表現是——惶惶然地看大家唱歌跳舞，自己卻像個木頭坐著，不時將視線移向窗外，尋找媽媽的身影，要等到劉靜娟投以微笑，才會安心的轉回頭。回到家詢問後，劉靜娟瞭解孩子沒有融入大家的活動，是他沒上過小班又剛上中班，很多老師教的遊戲或動作他都不會，她便慎重的向他解釋、提振他的信心：「不是你不如他們。不過，因為你沒學過，你必須用心聽老師的話，那你很快就可以趕上他們了。〔註125〕」第二天上學，他已經願意張開嘴張開手跟著舞動了，回家後，也跟媽媽說，以後不必陪他去上學了。但孩子上了學後，才讓劉靜娟體會到「教育真是多麼艱難的一椿事。」孩子上學後，做母親並未因此變得輕鬆，而是發現一些新的問題，看到孩子需要改進的部份，如漫不經心、缺乏耐心、刷牙洗臉要三催四請；當她希望孩子做事要專心時，又不免提醒自己，他還只是個五歲孩子。

〈五歲唐吉訶德〉提到小兒子初上幼稚園的經歷，三歲多就想像「我們學校」、「我們老師」、「我們學校有一百五萬八千個杯子。〔註126〕」假想許多上學後的情境；到了四歲上幼稚園中班，第一天卻不願單獨進教室，不要媽媽陪著坐在旁邊，因為上學對他而言，最不適應的是媽媽不在身邊；接下來兩天，都是哭一下才肯自己坐在教室裡。經過十天，劉靜娟仍需常常到校陪他，如果媽媽沒去看他，就以「不上學」要脅。這老么在劉靜娟眼裡，除了黏媽媽，脾氣也不好，對於自己的壞脾氣也有說詞：「壞脾氣是不好的，我先把它用掉。〔註127〕」趁他不發脾氣時跟他講道理，卻又似乎通情達理：「你上學，我怎能天天陪你去？」「就是嘛，難道你上班，我也要陪你去嗎？」〔註128〕小兒子漸漸適應幼稚園生活後，交遊廣闊，回到家就和家人分享他交了哪些朋友；上了大班，交遊更廣，還喜歡滔滔不絕地和同學聊電話。幼稚園生活對他而言，唯一的遺憾是因為不夠乖，所以沒當過班長。

〔註124〕張瑞芬，〈娃娃與歲月的幸福語錄——論劉靜娟散文〉，收入於氏著，《五十年來臺灣女性散文·評論篇》，頁157。

〔註125〕劉靜娟，〈孩子上學了〉，《歲月像一顆球》，頁38。

〔註126〕劉靜娟，〈五歲唐·吉訶德〉，《歲月像一顆球》，頁53。

〔註127〕同上，頁55。

〔註128〕劉靜娟，〈五歲唐·吉訶德〉，《歲月像一顆球》，頁56。

　　等到小兒子成為國小新鮮人後，《眼眸深處》中的〈童年第一章〉，便是專為他寫的童年記事──「小小個子的他穿上制服戴上帽子，真是『逗』。尤其喜歡把帽子壓得低低的；看人時，必須仰起頭，眨眨一雙大眼睛。媽媽說那頂帽子是『壓頭帽』，不是鴨舌帽。〔註129〕」每天上學，他喜歡把手擱在樓梯欄杆上，沿路滑下去，劉靜娟稱他是「擦樓梯欄杆的人」；他最喜歡在床上、沙發上跳，劉靜娟叫他「腳底裝彈簧的人」。上課時，他喜歡東張西望，上小學第一週，天天都有新鮮事回家報告：「坐我後面那男生好胖，他的肚臍好深好深呢。我們班上有個女生的嘴唇好奇怪，又厚又大。〔註130〕」兩個月學會注音符號後，他就宣佈要寫故事──在一張紙上寫了「小狗和小馬」五個字做封面，故事正文全部用注音符號，還不會使用標點符號。在他小腦袋瓜裡，也充滿了好奇和特異想法，如：穿上夏季制服時，他告訴媽媽：「我們學校有些小朋友的制服和我的不一樣。」「女生的。我穿的是短褲，她們穿裙子。」〔註131〕；當他在連連看的作業上，畫出是不規則的曲線時，自己解釋說：「看出來沒有？這一道線裏有一條絲瓜，那一條線裏有一個蘋果。〔註132〕」；如果是「把對的圈起來」，則會將線條畫成五個腳趾的腳丫，或有尖嘴的鳥頭，然後說：「看，這隻鳥在啄旁邊這個字。」劉靜娟的小兒子，就這麼異想天開、令人啼笑皆非的過完新鮮人生活。

　　劉靜娟在自己孩子身上，以及和他們相處的過程中，「挖掘」到充滿童趣的孩子世界：「他們很幽默，他們有很多奇思怪想；他們有詩人的語言，他們有發明家的創意；他們有時還會發表一套讓你醍醐灌頂的哲學論調。〔註133〕」〈孩子的邏輯〉，便寫下了兩個孩子的奇思怪想和妙語如珠。

　　在〈孩子的邏輯〉裡劉靜娟提到，有一陣子，家中那兩個七歲和五歲的男孩子，常愛說「結婚」兩個字──看到路上摟著的情侶，就說：「哈！他們要結婚！」；電視上有親嘴鏡頭，也相視而笑說：「他們要結婚。」；唱到「偉大國父，我們敬您，我們愛您。」老二竟然說：「唱這首歌的女生必須和國父結婚。」〔註134〕因為在兩個孩子的邏輯裡，愛的意義就是結婚。當他們看到

〔註129〕劉靜娟，〈童年第一章〉，《眼眸深處》，頁93。
〔註130〕同上。
〔註131〕同上，頁97。
〔註132〕同上，頁99。
〔註133〕劉靜娟，〈序〉，《歲月像一顆球》，頁2。
〔註134〕劉靜娟，〈孩子的邏輯〉，《歲月像一顆球》，頁63。

電視卡通「大力水手」奧麗薇答應卜派的求婚，老大評論道：「奧麗薇好傻，不結婚還不是一樣也會生孩子。」「因為她是女的嘛，女孩子長大了自然會生小孩嘛。」老二還接著補充，「就是嘛。女孩子念完幼稚園念完小學念完中學唸完大學，就會生孩子嘛。」〔註135〕孩子的思維就是這樣單純而簡單，卻又是成人所難以想像。

〈一家之主與一家之王〉則是孩子眼中的「父職」——小學三年級的大兒子寫了一篇作文「我的爸爸」，他筆下的爸爸：每天都在「散步」，從家裡走到公司；他和弟弟喜歡吃爸爸燒的菜，因為有點怪，所以很「新鮮」；爸爸很用功，真是「活到大，學到大」，因為爸爸還沒老。劉靜娟和丈夫看過兒子的文章後，開始討論父親的角色，也反省兩人都不是不很有耐心的父母。但丈夫也的確在父職扮演上，是個和孩子打成一片、與孩子沒有隔閡的父親；平常孩子的親職教養責任，也是由夫妻共同分工：督促孩子起床上學、寫功課、練琴是媽媽的事；教孩子游泳、爬山、拍照、陪孩子下棋是做父親的事。傳統父親形象是一家之主，劉靜娟的孩子和父親之間卻是「沒大沒小」的父子關係，在兒子眼裡，父親只是「一家之主」，他們孩子才是更偉大的「一家之王」。

〈愛的叮嚀〉中，劉靜娟分享了自己在家庭「留言簿」上給孩子的留言和叮囑，為親子溝通的過程留下痕跡：「我喜歡做快樂的媽媽，我喜歡我的兩個兒子是快樂的兒子。我希望每天晚上有時間一家四口在一起『羅曼蒂克』：吃吃東西，聊聊天，聽聽音樂，或者是練習吹笛子，或是彈鋼琴，而不是拚命說『快寫！』『快寫！』你們喜歡做快樂的孩子嗎？請回答。〔註136〕」、「媽媽只聽說過中學生大學生夜裏起來『開夜車』，卻從不曾聽說過小學生也有半夜偷爬起床做功課的；而你們兩個『難兄難弟』卻那麼做了！……弟弟今天挨打了沒有？打了幾下？（答：□下）〔註137〕」、「兒子們，上午媽媽洗廚房時，捏到一個軟綿綿的東西，嚇得隨手一丟，再踩它一腳，卻發現是一隻小壁虎。真是好抱歉啊，又不是故意『殺生』的。〔註138〕」其中有做母親對孩子嘮叨、催促，也有生活瑣事的心靈分享，儘管孩子的表現，多少令她失望

〔註135〕劉靜娟，〈孩子的邏輯〉，《歲月像一顆球》，頁 64。
〔註136〕劉靜娟，〈愛的叮嚀〉，《歲月像一顆球》，頁 151。
〔註137〕同上，頁 152。
〔註138〕同上，頁 154。

或焦急，這些留言簿中的親密交流和心靈溝通，都是她自己母職生活和孩子
們成長的重要記錄。

劉靜娟在陪伴孩子成長的日子裡，完全融入孩子們的「童話」世界，也
欣賞並協助他們實現創意和奇想。她們母子三人，把家變身成為「餐廳」、「電
影院」、「出版社」；劉靜娟也將母子集體發想的生活創意，寫成了〈小烏龜西
餐廳〉、〈金剛戲院〉、和〈出版熱〉，和「童心未泯」的讀者，重溫童年扮家
家酒的樂趣。

〈小烏龜西餐廳〉裡，為滿足孩子們「上西餐館」吃西餐的興致，劉靜
娟主動提議「開西餐廳」，孩子們立刻開心為西餐廳取名，最後採用小亨利迷
弟弟的「亨利西餐廳」；老大很快就用彩色筆寫了一張廣告海報：「亨利西餐
廳　今天開幕　服務不周　請多指教」，媽媽「老闆」也製作了一張「菜單」，提
供 A、B 餐，但註明一天只提供一種餐；劉靜娟拿出櫥櫃裡放了兩年的新餐具，
供應豬排，孩子們平常吃的食物，使用刀叉、大小盤子後，便吃得津津有味，
意猶未盡的期待媽媽下次再「開西餐廳」。幾天後，「西餐廳」第二次開店，
兩兄弟卻將餐廳名字改為「小烏龜西餐廳」，因為小巴西龜是他們心愛的寵
物；這次大兒子在海報上多畫了一隻烏龜，將「服務不周　請多指教」寫在龜
背上，還加上一句「情調高雅　星期六、日鋼琴演奏」。看到兒子盡情發揮想
像力，劉靜娟也在菜單的新菜名上，加入孩子們最愛的「太空人」、「超人」
和「恐龍」──「毛豆肉丁博物館」、「太空人營養餐」、「恐龍怪餐」和「超
人快餐」；用完餐，劉靜娟還客串琴師，彈奏一小節的「動物園的開飯」，卻
遭老大抗議，因為那天不是星期六、日，不該演奏鋼琴。最後，劉靜娟端上
不小心凝固的木瓜牛奶，孩子竟當作「木瓜冰淇淋」、「木瓜派」，吃得津津有
味又過癮。

媽媽為孩子們開西餐廳，兩個兒子也為母親「發明」了〈金剛戲院〉。劉靜
娟一下班回到家，兒子們就迫不及待的「邀請」媽媽「晚上去看戲」。說完，他
們展示了一張海報：「金剛戲院」四個大字，旁邊還畫一隻大金剛，另一張海報
寫著：「今日開幕，免費大優待」，他們將兩張海報貼在改造成「戲院」的臥室
門上。吃完飯，小兒子給了媽媽一張「戲票」，小白紙上寫著「年月日」和開演
時間，做哥哥的則站在房門口「剪票」。「一排六張椅子靠牆擺著。每張椅背上
用膠帶貼著一張白紙，我找到那寫著『2』的坐下來。〔註139〕」走入完全仿照

〔註139〕劉靜娟，〈金剛戲院〉，《歲月像一顆球》，頁 120。

真實戲院格局佈置的「金剛戲院」，劉靜娟發出會心一笑，兩個孩子也很得意笑著。首先，哥哥宣布戲院要隆重開幕「剪綵」，「一條紅塑膠繩，一把小剪刀，一人拉一端，還『敦請』我這唯一的觀眾剪綵，然後入座。〔註 140〕」等台上（雙層床上舖）兩兄弟一陣手忙腳亂後，劉靜娟才發現，他們要表演的是「變魔術」；魔術表演完後，兩兄弟還準備一些「雜耍」：「有被單、有帽子、有長木棍，還有不停的笑聲。弟弟不表演的時候，就像猴子似地從雙層床的木欄干爬上爬下，這是他日常的『特技表演』。〔註 141〕」所有表演結束後，老大叫住正要走出戲院的媽媽，盛重的用一床慢慢垂下的被單「假裝」閉幕。

〈出版熱〉一文，記錄了孩子們成立「出版社」、「出版」書籍的熱情。也許受母親編輯工作的「薰陶」，兩兄弟一直沈浸在「畫書」、「寫書」的「出書熱」中。孩子們把自己的作品當作秘密，卻為了「出版」，而積極的請教媽媽「書是怎麼印的？」、「每次出幾本？」，劉靜娟也詳盡地為孩子們說明印刷、出版流程：「出版社不必有印刷廠，重要的是選擇一些好書的稿子，然後設計好樣子、選好紙張，才交印刷廠去印刷、裝訂。書完成後才交給出版社去發行、銷售。〔註 142〕」瞭解出版流程後，他們決定在寒假裡，自己做書、自己裝訂、自己出版。他們為了「模擬」印刷效果，希望媽媽為他們買打字機，得不到打字機，只好用複寫紙，裝訂就用釘書機。直到開學，兩兄弟仍熱衷於「出書」。劉靜娟終於在整理孩子們的抽屜時，看到了幾本「書」，老二有三本：「豪華大型漫畫週刊」──書名「超人鐵霸大戰卡普星人」、「彩色豪華漫畫」──書名「超鐵霸王大戰太陽怪蟲」、「科學幻想故事」──書名是「超人鐵霸大戰水母怪獸」，封底還註明出版日期、地址和電話，「出版社」用的是他自己的名字；老大的書是：兩本「鋼甲超人」、一本「超人鐳光王子」、一「套」非科幻故事的「糊塗上校」，他的「出版社」也是用自己的名字。劉靜娟這才知道，寒假以來，他們家已經開了兩家「出版社」。

「兒子們引導我們回到『童年世界』裏：要不是有這一對寶貝，我們是不可能特地去兒童樂園探鬼屋，去動物園看河馬，去天文臺看星星，和去河裏抓螃蟹的。〔註 143〕」因為有了這兩兄弟，做父母的才能回味童年歡樂；有

〔註 140〕劉靜娟，〈金剛戲院〉，《歲月像一顆球》，頁 120。
〔註 141〕同上，頁 122。
〔註 142〕劉靜娟，〈出版熱〉，《歲月像一顆球》，頁 106。
〔註 143〕劉靜娟，〈金剛戲院〉，《歲月像一顆球》，頁 121。

孩子們的豐富想像力，平凡的家才能幻化成西餐廳、戲院和出版社——劉靜娟體會了母職的難為與費力，卻也和孩子們共享了創意無限、趣味無窮的快樂童年。

從第一個孩子出世，寫到大兒子即將告別童年的十一歲又四個月，《歲月像一顆球》集中，最後一篇同名散文，流露著淡淡愁緒，是母親面對孩子羽翼漸豐、即將學飛的惶恐、惆悵與感慨。「每個做母親的從孩子出生那天開始就朝著『讓孩子學飛』的目標而努力，而等他會飛時便忍不住又悲又喜了。〔註144〕」看著國小六年級的大兒子帶著新籃球，和兩三個高中生練習投籃，心中不禁湧起「童年很短暫」的感慨。想起住在民生社區的八年歲月中，孩子一天天長大，從溜滑梯、打躲避球、打乒乓球，到眼前的籃球——「歲月好像是球那樣滾遠了的。『小皮球時期』滾過去了，『躲避球時期』滾過去了，棒球和乒乓球時期還沒滾遠，而籃球竟也滾進歲月的球道上來了。〔註145〕」小皮球時期，做母親的常要跟在孩子們身邊；進入小學後，劉靜娟就開始「放」他們自己玩，因為成長的意義，就是總有一天，要完全放開孩子的手，任他獨立去面對世事，而孩子也從脫離母體開始，便慢慢爭取獨立——「其實每個孩子從娃娃時期就在爭取獨立了。從自己抱奶瓶，到自己吃飯；從讓人抱著而自己爬而自己走；從聽故事而自己看書自己創作……。〔註146〕」她回憶老大第一次爭取「獨立」機會是小學二年級，為了參加三天兩夜的夏令營。而真正讓他嘗試獨立，則是讓他自己走路去畫室學畫畫；而後，他第一次和弟弟坐計程車去景美爺爺家；升上六年級後，他終於實現自己搭公車上下學的夢想。但在放手讓孩子嘗試獨立後，做母親的卻又永遠掛心，擔心他們成長過程中可能遭遇的許多危險陷阱；最後，劉靜娟還是體認到，無論是放手或緊抓著，當孩子一天天長大，他們會一天天不需要媽媽，一天天遠離父母的視線。

第三節　母性認同

「做母親」是女兒變成母親，並重新擁有母親的方式，於此過程中，女人認同了自己的母親，也認同了自己的孩子，如同依偎在她懷中的嬰兒般，

〔註144〕劉靜娟，〈歲月像一顆球〉，《歲月像一顆球》，頁187。
〔註145〕同上，頁174。
〔註146〕同上，頁175。

重回母親子宮的懷抱對於「返回子宮」，這個得以與母親合而爲一，回到原初生命家園的渴望，「在女人身上，透過懷孕中母子之間的完全認同來達成〔註147〕」亦即女人透過一個在她子宮內成長的新生命，直接象徵性的回返母體原始懷抱。女人長大後，會持續專注於母女關係，並經由對她們母親的認同，發展足以照顧孩子的母職能力和責任感；「母職角色」在母女關係中建立、成長與茁壯。「女人對她的母親有一種關係的認同過程，包括母親乃是一個對兩性都具有獨特母職能力的人。〔註148〕」母性認同過程乃是一種學習的現象，認同和學習會持續進行，幫助女人成爲母親。但在此同時，「女人往往持續和她們內心的母親，甚或真實情境中的母親發生衝突。〔註149〕」六、七〇年代前後，開始成爲母親的台籍女作家們，便透過母職書寫和育兒經驗，不斷回返幼年與母親之間的關係，審視母女關係的矛盾與衝突，而逐漸以同理心去掌握身爲「母親」的難處；在反覆省思中，促進她們自己母職能力的發展，也重新定義對於「母性」概念的認知。

丘秀芷的〈羽翼下〉，便是在丈夫爲她慶祝母親節後，才省思自己三十多年來，就算結婚生子，仍一直得到母親無私的照顧和呵護，卻未曾從中領略「誰言寸草心，報得三春暉。」的深層含意。她回想起婚前，在台中教書時，因胃出血住院，當時住在台北的母親，立刻搭車南下，「媽到家，立刻爲我整理床舖、清理這清理那的。……直到我睡了一覺醒來，媽還在昏暗的燈光下『摸』，媽眼睛晴不水好，但是，我知道她不願開大燈擾我睡眠，也就讓她在五支光燈下慢慢摸索著。〔註150〕」丘秀芷母親的世代，台灣大多數女人都待在家戶領域——母職再生產領域——在社會和文化情境的形塑下，克盡母職，專心孕育下一代；因慣於將生活全付重心投注在母職和孩子身上，當孩子們長大成人，已具備離開母親羽翼的能力，爲母者在心理和行爲上，仍卸不下這些已成慣性的「母愛」表現。

因此，丘秀芷的母親，整個寒假都在細心照顧這個病體初癒的女兒，「媽每天都爲我準備五餐，清粥、小魚乾粥、排骨稀飯、豬肝稀飯、碎蝦米、雞汁……各式各樣的粥輪流變換……我的病明明好了，她仍然每天爲我洗滌衣服，不讓

〔註147〕Nancy J. Chodorow 著，張君玫譯，《母職的再生產——心理分析與性別社會學》，頁 258。

〔註148〕同上。

〔註149〕同上，頁 262。

〔註150〕丘秀芷，〈羽翼下〉，《綠野寂寥》，頁 69。

我動手。〔註151〕」即使到了丘秀芷婚後，母親對她的關愛也未曾改變；丘秀芷懷第一胎孩子時，雖然那已經是母親的第三十個孫子，她依舊忙碌的準備衣物、尿片、縫製新被單，當時的丘秀芷曾嫌棄母親買的「土花布」——「……買這些土花布做什麼？又難看又要自己縫？」「要棉布的，也該選花色清雅的才好看！」〔註152〕母女兩代不同的價值觀，讓丘秀芷出言當下，未能體貼母親的用心，讓神色黯然的母親，委屈的收起那兩塊親自到布行剪裁回來的棉布——「以後我每想起那一幕，心中便一陣刺痛，媽媽自己掏腰包，準備那麼多東西，顧慮那麼週全。一切，純棉質的，沒有金屬扣子，全是她兩手慢慢的裁、精密地縫。我，唉！那時是怎麼搞的？〔註153〕」直到自己育兒多年之後，丘秀芷方能以「為人母」的同理心，體會母親的苦心而深自懺悔。

　　在丘秀芷坐月子期間，她的母親為她處理所有的家務，但因視力欠佳，餵奶時奶瓶嘴沒對準新生兒的嘴，讓牛奶溢滿孩子的脖子、衣服，丘秀芷看了又忍不住責怪母親：「我要自己餵，偏說什麼產婦不能坐太久，坐太久會腰酸背痛，看您，弄成什麼樣子？〔註154〕」初為人母，照護新生兒的事，又有母親代勞，丘秀芷尚無從領會「母職」的勞苦，任性的將母親代行的母職視為理所當然，甚至責難；到了滿月後，母親要前去新竹照顧受傷的四姐，一再叮囑：「妳還沒有滿四十天，不要太操勞，不要碰涼水，不能吃冷的，不要發脾氣……〔註155〕」丘秀芷催促著母親去搭車，但母親離開後，她難過的哭了起來——此刻她才意識到，坐月子以來母親為她付出的勞心勞力，多麼可貴——對母愛長期慣性的依賴，讓她無後顧之憂，卻又不懂得體諒和珍惜。丘秀芷的母性認同之建構，便是在一次次懺悔與自我省思的過程中，持續不斷的進行著；在經歷兼顧教職和母職的窘境，到老二出世後辭掉工作專任母職，對於母親無時不刻的經濟支援和言語慰藉，她漸漸瞭解，母親對子女的無盡付出，從不求回報，但求這份母愛能被理解，一代代傳遞下去——因此，母親殷切地叮嚀丘秀芷的兩個孩子：「要聽媽媽的話啊！媽媽身體不好，常幫媽媽搥腳搥背！〔註156〕」就如她不要兒女花錢送生日禮物，物質的回饋遠不

〔註151〕丘秀芷，〈羽翼下〉，《綠野寂寥》，頁69。
〔註152〕同上，頁71。
〔註153〕同上。
〔註154〕同上。
〔註155〕同上，頁71。
〔註156〕同上，頁74。

如心意上的關懷和行動上的體貼。

當謝霜天結婚成家，體認到爲人妻、爲人母擔荷的重責後，一塊廢棄已久的洗衣板，「板上一圈圈弧形的凹溝，正像投石入水濺起的盪漾漣漪。喚！那漣漪，那粼粼的波紋，那清澈的河流，那河邊羅列的大小石頭，那雙手不停磋洗的婦人，啊！母親！〔註157〕」讓她重溫兒時依傍母親挑籃身影，一起到河畔洗衣、聽鄰人話家常的美好回憶——「在固定的石位坐下來，母親洗大件的衣服，我洗小件的；琮琮的流水被汲起一片喧嘩，朗朗的笑語在飛躍的水花中流轉。〔註158〕」謝霜天的母親一邊和伯母、嬸、嫂們交換理家心得，一邊提點謝霜天該在衣服的領、袖、腋下特別著力；等其他婦人離開，剩下母女倆時，母親會向她談起「做女人」的道理，就像在謝霜天幫忙廚下瑣事時，趁機灌輸一些「客家農婦」教育。

但當時年少的謝霜天，最厭惡聽到大人提及「將來嫁了人」，「嫁人」這兩個字聽來刺耳，那嚴重「褻瀆」了她純淨的童年之夢——「我就會驚心地想像自己由髫齡一變而爲姪女那種垂辮的少女，再變爲大嫂那種裝束的婦女，過了若干年後，又變爲母親那種模樣的老人，生之旅途上的諸種世相，彷彿在一刹那間全被我窺遍……〔註159〕」因爲在生活中，謝霜天看著四、五〇年代的客家農婦，從聞雞早起炊煮早餐、洗一家人衣服、上山挑水砍柴火、生火煮大鍋飯，到年節推磨做粄，鎮日爲衣食家事辛勞，連瑣碎的空檔都填滿大小雜務，且日復一日，週而復始——傳統的、重複的、女人完全失去自我的「農婦之道」，讓年幼的謝霜天，打從潛意識底抗拒，拒絕走上這條大人們爲客家少女早早鋪排好的道路。

而就在謝霜天飛出原被「命定」的「農婦之道」，自由選擇終身伴侶，建築自己的愛巢，做了兩個孩子的母親；少年時期的叛逆與銳氣，已被瑣碎生活和長久歲月所磨圓，回頭反芻兒時與母親到溪邊洗衣的情景，體會到婦女間彼此交流家務心得，兩代間母職經驗的傳承和「婦德的陶冶」，平淡中帶著深沈意義，更是一則則鮮活的母職實踐教本。

「女人對於母職有一種特定的情感需要，希望藉此回報她的母親（或報

〔註157〕謝霜天，〈思母益切〉，原載於「中央副刊」，1979 年 11 月 18 日，收入《霜天小品》，頁 152。

〔註158〕同上，頁 150。

〔註159〕謝霜天，〈磨〉，《無聲之聲》，頁 7。

復她）。透過她們的發展，女人在原初的、內化的母子關係之上，已經對母親
建立了更多層次的認同。〔註160〕」謝霜天成為兩個孩子的「母親」後，回顧
成長經驗中，在內心逐漸成形的母親圖像——「一個慈祥、樸素而耐勞的母
親」，這是她心目中，受普天下孩子所孺慕愛戴的理想母親形象；這幅內心的
母親圖像，對應到她記憶中，關於自己母親的溫暖回憶，浮現的是「母親銀
絲邊眼鏡，微駝著背，坐在門口或窗下亮光處縫補衣裳的身影。……每想起
她老人家，首先映現的總是這一幅影像，而且年行愈長，愈愛切切的追思那
段依偎她身邊的日子。〔註161〕」雖然在反思母親的母職中，不認同母親失當
的教養方式和人生觀，也抗拒被灌輸「農婦之道」；但謝霜天甘美的童年回憶
裡，交織著母親執針線的柔和身影，她在「慈祥」母親織成的針軌上，由女
孩、少女而為人母；「她的手很小，但掌上總長著黃色的繭，沾著一些洗不掉
的甘蔗汁……〔註162〕」母親長上的繭、洗不掉的汁液，是母親「耐勞」操作
農事家務的印記；「她的腿終年罩在黑長褲下，偶爾捲起褲管，在膝上搓麻線，
我才注意她的腳很白皙……〔註163〕」長年一襲大對襟、黑長褲，襯托母親「樸
素」的客家婦女特質；「可是小腿上卻凸現著蚵曲的青色脈管。記得母親曾藹
然凝注我們說：『這是生你們三姊妹留下的記痕，每生一胎，腳肚就多一團蚵
起來的血管！』〔註164〕」母親懷胎時留下的一團團糾結血脈，母女血脈相連
的親切，謝霜天在自己也為人母後，更能感受母女命脈相通的特殊情感。當
她踩踏著電動縫紉機，為孩子縫補衣褲時，內心揣摩著母親做針黹時，為家
人所投注的細膩關愛和無限耐心，雖比不上母親一針一線的巧手，但寄望藉
此讓自己「感覺」更像母親，以母職實踐「回報」母親的慈祥、樸素和耐勞。

　　在〈溫厚的手〉中，白慈飄寫出對外祖母那種「能觸摸得到、感覺得到、
看得到的愛」的依戀，外祖母的愛取代母親，成為她母性認同的第一個對象。
兒時質疑著母親對子女不願表現出來的愛是錯誤的，而從不發怒的外祖母，
在白慈飄印象中，是慈祥的面孔和一雙溫厚的手。「我的快樂更來自外祖母，

〔註160〕Nancy J. Chodorow 著，張君玫譯，《母職的再生產——心理分析與性別社會
　　　　學》，頁262。
〔註161〕謝霜天，〈溫暖家庭的夜曲〉，原載於「中央副刊」，1976年1月24日，收入
　　　　《抹不去的蒼翠》，頁114～115。
〔註162〕同上，頁116～117。
〔註163〕同上，頁117。
〔註164〕謝霜天，〈溫暖家庭的夜曲〉，原載於「中央副刊」，1976年1月24日，收入
　　　　《抹不去的蒼翠》，頁117。

外祖母是那樣慈祥，我相信世界上沒有一個人比她更慈祥了，她的臉上總是掛著和藹的笑，說話的語氣更是溫和。她很忙……但是她決不會因此而疏忽了我，或露出煩躁的樣子。〔註165〕」白慈飄家中有多個兄弟姊妹，母親要操持家務、農事，照顧眾多子女的飲食起居，難免有所疏忽或煩躁，也無暇顧及子女的感受，而白慈飄的性格又最不得母親寵愛；而外祖母卻正能滿足白慈飄在母親身上得不到的關愛。

「呵，媽媽，此刻我真脆弱得想到您的懷裏大哭一場，並且緊緊的握住您的手，讓您慈愛而溫暖的手灌輸給我力量與安慰。〔註166〕」白慈飄對母親的認同，是在離家出外工作數年，第一次在家陪伴母親二十多天之後形成的；回憶二十多天來，母親撐著消瘦、虛弱的身子，爲她找東西、縫補衣裳、炸年糕；兩年來母親承受著丈夫、兒子相繼過世的打擊，仍天天憂慮著子女的問題，白慈飄才發現，原來母親的苦樂都繫在子女身上。結束二十多天的陪伴，回到在外租屋的房間，竟感到無比的陌生，白慈飄內心深知，因爲這裡沒有母親溫暖的懷抱，沒有和母親殷殷關懷的幸福，她決定接受母親親情的召喚，搬回母親身邊，珍惜每個與母親相伴的時刻。

哺乳的經驗，滿足女人對原初母嬰依戀關係的需求，促使女人認同「成爲母親」的過程，也同理地認同嬰兒，成爲母性照顧的基礎所在——「在小東西等不及地伸出舌頭來往左往右地搜索著時，我卻忍不住緊緊地摟住他。不會錯的，他是『我的兒子』，他好需要我。我的心上有一道暖流緩緩地流過……〔註167〕」新生兒本能的尋乳反應，觸發劉靜娟體內的母性特質，直覺的告訴自己，這的確是曾與她命脈相連的生命體，是她與丈夫生命的延續。

隨著孩子成長，劉靜娟從孩子對母職的回饋、對母親的需求，強化了她的「母性認同」——「『媽咪！』那一聲呼喚常給我一種異於平時的感觸；我感覺到我的小鳥飛回巢來了。而他，一開門時，看到母親，眼中便充滿安慰……那笑聲那眼神常打動我心深處，教我深深地感到做母親是多可自豪的事！『母親』這兩個字又是多麼美麗。〔註168〕」而在兩個兒子都上學後，孩子們第一次懂得爲劉靜娟慶祝「母親節」，「趕緊推開枕頭，抽出老大給我的『驚奇』。

〔註165〕白慈飄，〈溫厚的手〉，《乘著樂聲的翅膀》，頁43。
〔註166〕白慈飄，〈懷歸〉，《乘著樂聲的翅膀》，頁9。
〔註167〕劉靜娟，〈第一個孩子〉，《歲月像一顆球》，頁9。
〔註168〕劉靜娟，〈孩子上學了〉，原載於「中央副刊」，1973年2月28日，收入《歲月像一顆球》，頁39。

是一張在學校裏做的卡片，四面畫了花、蝴蝶、星星，外加一個好大的心。寫著『媽媽我愛您！兒子翼敬上』〔註169〕」讀幼稚園大班的老二，則已經在前一天送她一朵紙做的康乃馨；母親節前夕的晚飯時間，老大先宣布，母親節他會早起、自己鋪床疊被、幫忙做家事，老二也請媽媽在母親節出去玩，家事由他們和爸爸做。母親節一大早，孩子們已為媽媽製造「正式」的節日氣氛，劉靜娟一邊刷牙，一邊聽兩個孩子「歌頌」母親：「我要愛我媽媽，我要愛我媽媽，每夜每日照顧我。」、「我愛我的媽媽，我愛我的媽媽。媽媽天天辛苦工作，為我，為我。今天是母親，我送一朵紅花。我願媽媽天天天健康快樂。」〔註170〕過完母親節，劉靜娟明白第二天起，又是以兩個孩子為中心的生活，天天都是為兩個兒子服務的「兒子節」；文中雖含蓄未直接表露內心對孩子們回饋行為的感動，但整篇〈屬於我的節日〉充滿身為母親的驕傲與成就，也認同了「為人母」的角色價值。

「一回到家就看見外婆正在為我整理床舖，還沒有坐下來，她就端出一碗熱騰騰的當歸鴨要我吃……回想起孩提和家人大大小小並肩圍坐飯桌，面前熱呼呼的湯把雙頰映得紅冬冬。那種溫暖和甜馨，祇有父母才能給予他的孩子……〔註171〕」心岱和母親的關係，從幼年時期便一直存在既疏離又依賴的矛盾情結，雖然母親不斷以她的熱與愛，想要撫慰心岱胸中的冷流，心岱仍然為遠離母親而出走；直到心岱成為人妻，乃至將要成為人母後，懷孕的母嬰一體感，讓她重溫與母親之間的原初親密，開始在生活中體察母親對她的細心呵護，感受母親為她默默付出的關愛與溫情——「我也知道母親的偉大，是因為她以痛苦作為生命的養料，去哺育孩子〔註172〕」並以此熟悉的原初之愛為起點，開始她在母性認同上的探索過程。

「無論如何特殊的母女關係，無論母親如何獨特創造了她的自我與性別，無論在何種特殊文化之下的母性與女性特質，女兒和母親雙方都會感受到母女關係的密緊與強烈，從而深切影響了自我的創造與經驗。〔註173〕」心岱在以

〔註169〕劉靜娟，〈屬於我的節日〉，原載於《國語日報》，1974年5月18日，收入《歲月像一顆球》，頁46。

〔註170〕劉靜娟，〈屬於我的節日〉，《歲月像一顆球》，頁49。

〔註171〕心岱，〈南歸〉，《萱草集》，頁3～4。

〔註172〕心岱，〈誕生〉，《萱草集》，頁19。

〔註173〕Nancy J. Chodorow，〈英文第二版序言〉，張君玫譯，《母職的再生產——心理分析與性別社會學》，頁xiv。

書信體散文，揭露自己深沈、幽暗內心世界的《致伊書簡》中，便藉由〈玉鐲記〉和〈童眞〉的告白，坦露自己和母親糾結、扭曲的特殊母女關係。

> 母親的家——她的故鄉，在早初就爲她背叛了的，當她于鏡中見著
> 被剪去的髮和母親臉上掛下來的淚，就已經徹底明白，她解脫了某
> 種牽絆、某種束縛；她不再屬于母親或任何什麼，連命運也不是。
> 她走出母親的家，她的故鄉，猶如一名初生兒，脫離母體，臍帶斷
> 了，那時她十五歲，月經來潮才一年整。〔註174〕

心岱剪掉母親爲她梳理十年的長髮，自家鄉出走，是爲了徹底剪斷母親對她極端偏執的愛和束縛；心岱所感受到母親的愛，總是過於專制、強烈且獨霸，甚至不容許別人愛她的女兒；她不明白爲何獨鍾於她，也許是爲了彌補曾經遺棄她的歉疚，以致兩人之間，存在著自私而神秘的關係。心岱對母親的憎恨未曾停止過，即使能平靜冷漠以對，卻也無話可說，那份恨意難以啓齒、無從表達——「女孩對母親的『拒絕』，乃是一種防衛，在對抗其原初的認同……她在分割其內在母親形象時，其實就是企圖在她和母親之間劃出清楚的界線。在這樣的過程中，她把她們合一狀態中所有的壞感覺都投射到母親身上。〔註175〕」甚至認爲，除了感激母親給她第一個初始的生命、初始的童眞，她找不出任何理由去愛她的母親。

在父親過世後，她曾經和母親居住在一起，「母親孤獨的身影，那個孕育她童眞的身影累積著她的感激，她不得已，她帶母親走進自己的生活，走進她和丈夫間。〔註176〕」但母親眼裡依舊只有女兒心岱，仍舊容不得別人愛她的女兒，無論是丈夫或兒子；心岱以爲，丈夫、兒子，這些讓她體驗血樣撼動的成長過程，在母親看來，似乎會玷污她所賜予女兒的童眞——那份她所給予女兒最原初的愛，但在心岱卻「感到自己的潔淨便是從血污的記憶裏彈跳出的，她爲擁有那貞潔的身、貞潔的心而快樂，而歡笑。〔註177〕」因此，她不得不讓母親離開；但接著丈夫也離開人世、棄她遠行，母親、丈夫相繼離去，她只剩兒子。

或許是失去至愛的極端痛楚，以及獨力撫養照顧兒子的力不從心，心岱

〔註174〕心岱，〈童眞〉，《致伊書簡》，頁136。
〔註175〕Nancy J. Chodorow 著，張君玫譯，《母職的再生產——心理分析與性別社會學》，頁159。
〔註176〕心岱，〈童眞〉，《致伊書簡》，頁136。
〔註177〕同上。

再次與母親重逢的刹那，讓她感到生命重生，如少女般復活。

> 昨日母親來了，在她枯老鱗峋的身上藏著一隻玉鐲，她把它貼在她
> 唯一還豐滿如少婦的乳房，用胸衣托著漂洋過海。……當我想著在
> 遠方的你，我感到幸福，你信上說：現在我希望你和你的母親不要
> 再分開了，你又重新做一次小孩，但這一次是一個成熟的小孩，甚
> 至是一個真正的主人。〔註178〕

當她迎接到來的母親，依偎著她，真切地感受母親一直以來對她的疼愛；當
她擁抱母親，也感受到從未有過的富有和幸福。看到母親解開衣襟、取出玉
鐲時，露出了她的胸懷，心岱揣摩著兒時吸吮母親奶汁的感覺，「我不禁又羞
赧又感激的低下臉，一雙淚水掛下來，我不知道再如何掩飾自己了。從前我
太不了解母親，厭倦她的關注……我摒棄她，拒絕她的愛，如今我才明白我
的蒼白、膚淺是如何在自私的夾縫中滋長。〔註179〕」她懺悔、歉疚的讓母親
戴上還殘留著母親體溫的玉鐲，讓「它」成為自己身體的一部分。「我感覺到
我年輕了，像回復到少女的年輕，屬于處子的那種純情和青春從我體內復活，
母親的歸來等於我再次的生命，伊，我多感激她，誰能被生兩次？〔註180〕」
「玉鐲」正是母女在心岱最低潮時重逢，讓她體驗重回到母體、安享母親體
溫，並重新再被誕生一次的紀念標記，也是她重新認同自己母親，也認同自
己做為母親孩子的記號。

第四節　小結

在實踐母職過程中，女性所採取的行動和策略，往往依循著她對於當初
撫養她的母親的認同。透過七〇年代台籍女作家散文作品中，對她們母親母
職的觀察可發現，上一代的母親專注於母職和農事勞動，以子女為全副心力
投注的對象，母職實踐上，以滿足孩子「基本物質」需求為關鍵，但因過度
以孩子為中心，而完全失去女性主體性。

戰後第一代台籍女作家本身在六、七〇年代的母職經驗中，同樣將孩子
的需求視為生活重心，但更重視親子間互動與分享，也藉由對上一代母職實

〔註178〕心岱，〈玉鐲記〉，《致伊書簡》，頁38。
〔註179〕同上，頁39。
〔註180〕同上，頁40。

踐方式的深刻省思，將得自上一代母親的母職經驗與心得，融入自己的育兒過程；而她們也基於肯定母職的前提下，隨著孩子成長歷程，調整生活步調和育兒方式，尋求維繫母職、女性主體與文學創作自由和空間的平衡點。我們從劉靜娟的《歲月像顆球》、白慈飄的《慈心集》和心岱《萱草集》，看見母職、育兒和散文書寫的結合，孩子成了母親文學創作中的主角，而非母親創作生涯的絆腳石。

丘秀芷直到自己育兒多年之後，方能以「為人母」的同理心，體會母親的昔日苦心，懊悔和自我省思的過程，持續建構她的母性認同；也漸漸體會，母親對子女的無盡付出，只求被子女所理解，並代代相傳；白慈飄將第一個母性認同對象，投射在充滿慈祥、溫和特質的外祖母身上；謝霜天自主的擺脫「農婦之道」後，為人妻、為人母後，回顧成長中內心所形成的母親圖像，寄望自己能更像母親，以母職實踐回報母親；兒子甫出世的尋乳本能，觸發劉靜娟體內的母性特質，而孩子們從教育中學得的母職回饋行動，則加強她對母親角色的自我認同；心岱在經歷初為人母的艱辛、遭逢丈夫驟逝的人生劇變後，再度回到母親懷抱，體驗回到母體再被生下來的原初感受，領悟到被母愛包覆的富有和幸福，認同了自己的母親，也認同得自母親的母性特質。

七〇年代的台籍女性散文家們，在成長經驗中省思母親的母職，也親身實踐懷孕、育兒和教養等母職角色，乃經由「書寫」，表現女人成為「母親」的特有身體經驗，也表達出同一世代和上一世代女性對母職的認知差異，逐步建構、完成她們的母性認同之旅。

第七章　結　論

地方經驗的文學意義，以及地方意義的文學經驗，都是活躍的文化
創造與破壞過程的一部分。它們並非起源或終於某個作家。它們並
非隱於文本。它們並非包含於作品的生產與傳與傳布之中。它們並
非源始於或結束於讀者身份的模式與特質。它們是上述一切，以及
更多事物的函數。〔註1〕

　　對照七〇年代前後，台灣男性鄉土散文作家，在台灣文學史上所成就的
「鄉土散文典範」，如：許達然書寫對台灣土地的深厚情感，和先民的歷史與
拓荒精神；吳晟專注於描述家鄉的農事、人物，追溯台灣早年農業社會的生
活樣貌；漢族歷史文化和台灣鄉野民俗文化，是阿盛散文創作的兩大素材來
源；陳冠學則以避世之姿，透過日記體紀錄田園生活。綜觀男性鄉土散文的
視野——對台灣的土地之愛與歷史糾葛、建構台灣農村圖像、感嘆農村社會
的變遷、重返田園生活等，充滿對台灣傳統農村、俗民文化和田園山林生活
的依戀——多屬社會面、文化面與生態面的俯視觀照，並揭示了回歸鄉土、
抗拒文明與都市化的意圖。

　　七〇年代的台籍女性鄉土散文，卻以女性細膩的心思，細密地書寫出尋
覓內心真正家園的生命旅程，藉由追憶每段銘記心底的人生經歷，感受著自
己體內與台灣這個「地方」，緊密相連的生命脈動，串起圍繞台灣這片土地的
情感與記憶，重塑曾交會相遇的眾生萬物，重構曾交織過的每一段親疏關係；
她們以最質樸、最純粹的生命感受，去書寫童年記憶裡的農村社會、家鄉人

〔註1〕 Mike Crang 著，王志弘等譯，《文化地理學》，頁61。

事、台灣風土習俗，紀錄那個世代台灣女人的生活體驗與情感流動。她們的散文，是與腳下這片土地眞摯互動所自然流露的汁液，輕柔吐露著台籍女性作家眼中的「鄉土」。

在強調「回歸」的七〇年代，台籍戰後第一代女性散文作家們，透過鄉土散文書寫，將鄉土「回歸」的意義，落實於對「地方」以及地方上人文活動之親身感受與認同外，更體現在個人和上代母親的台灣女性生命歷程中；她們書寫中的「地方」，從外在實質空間的家屋、家鄉、台北和台灣各鄉鎮角落，到關乎「認同感」的族群語言文化，乃至流動於她們生活空間和記憶深處的平凡生命影像，最後回歸女性體內的母職體驗和母性認同。七〇年代台籍女性散文的「鄉土意涵」，表現在她們體察細微的土地成長經驗，也蘊藏在這群台籍女作家所代表的台灣本土女性生命史中。

七〇年代的台籍女性鄉土散文，在古典抒情美文爲尙、三毛流浪文學當道的七〇年代女性散文場域中，默默開拓出本土女性鄉土散文的第一塊版圖。以下乃就七〇年代台籍女性鄉土散文的幾項書寫特色，與同時期遷台女作家的散文作品，乃至八、九〇年代台籍女性散文，做一歸納性比較，以呈顯七〇年代台籍女性鄉土散文，在台灣女性散文史上不應被忽略的重要意涵。

一、家屋書寫：家在台灣──家在中國

從家屋硬體建築、屋內擺設物件，到屋內的生活、記憶和情感歸屬，七〇年代台籍女性鄉土散文，在關於「家屋」意象和「家」的意義詮釋中，充分發揮女性細微而敏銳的觀察力，以及不斷「往內探求」的女性書寫特質。

戰後第一代台籍女作家，在出生成長的家屋中，獲得情感依附和根植於斯的感覺，並由此萌發最初的「地方」認同；但同時代的遷台女作家如張曉風、陳幸蕙等人，在七〇年代散文作品中，關於「家屋」意象的書寫，並非根著於她們現實生活的台灣居處空間，而是牽繫到童年記憶中，印象模糊的中國南京、柳州，或是父母口中的江南老家，當時她們心目眞正的家，是留存著父母和先祖歷代生活記憶的中國老家。在民族主義高舉的七〇年代，「回歸中國」的概念才是主流意識，「家在中國」比「家在台灣」更具能見度；然而，台籍女作家卻以「家在台灣」爲出發點，對應於遷台女作家「家在中國」的書寫意識，開始走出本土女性散文的鄉土認同之路。

　　而七○年代台籍女性鄉土散文，以「家屋書寫」作爲探索鄉土認同的起點，在九○年代台籍女作家周芬伶的散文作品中得到延展，周芬伶在散文中對家屋的追憶和渴求，承繼了上一代台籍女性鄉土散文對「家」概念的深入思索，並接續此一台籍女性鄉土散文傳統，於九○年代，與簡媜、廖玉蕙等人，融合鄉土、古典與現代多元風格，形成台灣女性散文新主流。

二、童年書寫：台灣童年──中國童年

　　我們在丘秀芷、季季等幾位台籍女作家的散文中，看見她們童年時期在台灣泥土地上打滾的身影。她們所經歷的純眞童年，已將愛好山林、自然的靈魂種籽播撒在創作的潛意識中，常在不知不覺間，悄悄滲出、躍入文本。無論是活潑多彩、融入大自然的綠色童年，或是孤獨寂寞的晦黯童年，都在成長歲月中，深深影響她們對生命價值的判斷，也感染了其散文創作上的風格和筆調。

　　七○年代的台籍鄉土散文作家，不分男女，都擁有和生長土地親密相連的童年記憶，然而，台籍男性散文作家的童年書寫，僅是眷戀農村生活、歌詠鄉土美好的點綴；台籍女作家則是以綿密微妙的情感、深刻細膩的描摩，寫出童年經驗與成年生命的緊密關係。再相較於同時期遷台女作家張曉風等人的童年書寫，戰後第一代台籍女性散文作家的童年，是在「台灣」這塊土地上打滾、嬉戲中渡過；而張曉風的童年敘事，卻是中國情懷的象徵，是建構祖國故土想像的依憑，象徵意義的「中國童年」與台籍女作家緊貼大地的「台灣童年」，形成明顯對照。

三、鄉愁書寫：在地鄉愁──中國鄉愁

　　張曉風、陳幸蕙是七○年代的主流女性散文作家，其散文作品流所露者，乃符合時代潮流的「中國鄉愁」。中國對遷台女作家而言，是精神的故鄉，以及身爲炎黃子孫的驕傲與優越。當陳幸蕙眺望台灣鄉土時，眼底所見，依舊是對中國古老大地和故園的無限遐思。而張曉風的鄉愁，也遠遠繫在上海、南京。她們兼具遷台第二代和中國文人的雙重身份，以中國作爲書寫的中心視野，在「中國鄉愁」的文字表述中，投射出美好的中國意象。

　　相對地，丘秀芷的老台北、謝霜天的苗栗芎蕉灣、劉靜娟的南投水里、季季的雲林永定村、心岱的彰化鹿港──七○年代台籍女作家「思鄉地圖」

中，每個地方意象，都能對應到真實的台灣地理空間。她們在散文中思念的家鄉，是年少時期真實踩踏、生活、感知的家鄉，她們的鄉愁書寫，有著紮實的地方感，也流露立足台灣，土生土長的深厚土地認同；台籍女作家筆下的思鄉情懷，是落實在台灣的「在地鄉愁」，她們的家鄉一直都在這片土地上，就整個家國角度而言，她們未曾遠離台灣這個家國「原鄉」。但台籍女性散文的「在地」鄉愁，在七○年代，以「中國」為依歸的主流女性散文場域中，僅是一彎微弱、很難被注意的細小支流。

四、台北印象：台灣台北──中國台北

七○年代的台籍女作家們，以都市空間書寫，勾勒出四○至七○年代間不斷變遷的台北城意象。台籍女作家的台北書寫，有別於眷戀鄉村、批判都市的七○年代男性鄉土散文；她們將「都市書寫」融入鄉土散文，傳達出視台北為第二故鄉的情懷，消解「鄉土」和「城市」之間的對立，示範了「都市」也可作為鄉土散文題材的書寫模式。

而在七○年代其他女性散文作品中，關於台北的地景書寫並不多見。如張曉風在七○年代散文作品中，雖提及台北市街道，卻是在中華路、永康街、漳州街、信義路上，咀嚼思念中國故土的鄉愁，這些街道名稱，僅是鄉愁滋味的標記；而永康街、連雲街、臨沂街、麗水街、青田街、銅山街、長沙街……台北市的街道路名，仍舊環抱著中國版圖──台北並非真實存在的「台灣台北」，而是托載著大中國疆域的「中國台北」。

五、台灣閩客習俗書寫

有關台灣閩客習俗儀禮的描寫，是台灣鄉土文學創作的重要主題，也是七○鄉土小說中常見的素材，可謂是凸顯「台灣在地性」的重要表徵；但台灣男性鄉土散文，關於台灣民間生活文化的描寫，多出現在八○年代以後的作品。觀諸整個七○年代鄉土散文書寫，台灣閩客文化主要呈現於台籍女作家的作品中；其中，謝霜天關於客家文化與民間信仰的描寫，在台灣戰後到七○年代間的散文作品中，更是難得一見的客家族群書寫。

而台灣閩客文化，是台灣閩客社群，長期生活在台灣這塊土地上，所形成、創造出來，並共同擁有的特的風俗習慣、思考方式、宗教信仰、行為模式和生活型態。對台籍女作家而言，這些風俗與文化傳統，皆為成長過程之

重要生活體驗；她們書寫時，也多以第一人稱，寫出置身其中的感受和體悟。但對於出生中國，或父母來自中國的女性眷村作家而言，她們傳承的是中國文化傳統，生長於猶如中國縮影的眷村竹籬笆內，難以體驗生根於台灣本土的民間文化；而七○年代台籍女性鄉土散文中，關於台灣閩客文化的書寫，正足以補充七○年代女性散文所闕如的「台灣在地性」。

九○年代的台籍女作家簡媜，延續並擴展七○年代女性鄉土散文脈絡，也以十分貼近生活經驗的角度，描寫台灣民間的風俗習慣。如書寫台灣民間婦女對灶神的敬意和祭拜灶神的傳統，也描寫搬家、入宅的民間禁忌；她也曾於〈嬰兒崇拜〉（收入散文集《紅嬰仔》）一篇中提及，台灣民間習俗為新生兒所舉行的「做膽」、「敬神」、「拜天公」、「報酒」、「做滿月」等儀式。顯見，台灣閩客文化的「在地性」書寫，在台籍女性散文的鄉土書寫中，猶如文化傳承般，由戰後第一世代丘秀芷、謝霜天、劉靜娟等人，接續到八、九○年代的台籍女作家，將逐漸消逝的台灣閩客傳統文化，一一留駐於本土女性散文的柔美文本中。

六、善用漢字母語

在六、七○年代，王禎和、黃春明等人的鄉土寫實小說，已常將台灣閩南語俗諺、詞彙和句式，運用於人物對話中。但七○年代的男性鄉土散文，除阿盛在七○年代晚期，開始加入台灣閩南口語，吳晟則維持以華文書寫農村農事。台籍女作家丘秀芷等人，在七○年代初期便將台灣母語融入散文寫作，明顯早於前後期的男性鄉土散文作家。

在台灣現代散文發展中，一向以華文為主要敘述語言，但在日治時期，賴和等台灣新文學提倡者，早已在散文作品中，運用大量漢字母語書寫；戰後第一代台籍女作家，便承繼著三○年代台灣新文學的漢字書寫母語形式，於七○年代的鄉土散文作品中，插入漢字母語，既保存母語原味和意趣，又兼顧閱讀上的理解；七○年代台籍女性鄉土散文的「母語入文」特色，在同世代以古典抒情美文的散文主流中，獨樹一幟，展現台灣本土女性散文獨有的語言風格。其中，丘秀芷和謝霜天的客語入文，讓一向處於文化弱勢的客家語言，得以在客家女兒的鄉土散文中，展現豐富的語言文化內涵。而以漢字母語，展現台灣母語文化特色的書寫方式，也在八○年代以後，成為台灣鄉土派散文之重要語言特色。

七、母職書寫

　　戰後第一代台籍女作家，在七〇年代的散文作品中，寫出對上一世代「母職」經驗的觀察，也記錄下自己由懷孕、生產到哺育、育兒的完整母職實踐歷程。母職經歷之於女性作家，讓她們形塑出異於男性的獨特創作歷程；戰後第一代台籍女作家的母職書寫和育兒散文，也成為七〇年代台灣散文史中，相當獨特的一頁。如劉靜娟、白慈飄和心岱等人，將身為母親的經驗，視作散文創作的重要靈感來源，《歲月像顆球》、《慈心集》和《萱草集》等作品，展現母職、育兒經驗和文學創作的甜美結合。她們也經由母職書寫和育兒經驗，不斷回返幼年與母親之間的關係，審視母女關係的矛盾與衝突，而逐漸以同理心去掌握身為「母親」的難處；在反覆省思中，促進了她們自己母職能力的發展，也重新定義對於「母性」概念的認知。

　　「母職經驗」是女性特有的生活經歷，更可成為女性書寫的重要題材，也應該是台灣女性散文史上的重要議題。然而，六、七〇年代主流女性散文書寫，刻意淡化「母性思考」，以發抒女性的主體意識〔註 2〕，作品中自然少見母職書寫。因此，在白慈飄《慈心集》、心岱《萱草集》出版前，台灣現代散文中，尚未出現詳盡紀錄幼兒成長的育兒散文〔註3〕。但九〇年代以後，開始出現不少女性作家的散文育兒書，如：簡媜的《紅嬰仔》、朱天心的《學飛的盟盟》、李黎的《晴天筆記》，以及龍應台的《孩子，你慢慢來》。九〇年代女作家育兒書寫的目的，是為了省思女性自我成長歷程，以及母職和社會文化的關係；對應七〇年代台籍女作家由「母性思考」出發，以子女為主體的母職書寫，在九〇年代的育兒散文中，兒女已退居配角地位，而非母親作家的書寫主體，反成為女作家思索女性意識的客體。

　　「地方感的保存或建構，是一種從記憶到希望，從過往到未來的旅途中的積極時刻。地方的重構可以揭露隱藏的記憶，替不同的未來提供前景。〔註4〕」七〇年代台籍女作家之鄉土散文書寫，將鄉土與個人女性生命經驗聯結；透過她們個人的成長歷程或憶舊抒懷，刻畫家鄉景致的變遷，記敘語言、文

〔註 2〕 張瑞芬，《臺灣當代女性散文史論》，頁 75。

〔註 3〕 根據張瑞芬的研究，七〇年代關於作家母親描寫兒女成長的作品尚有：張曉風的《詩詩、晴晴與我》、小民《多兒的世界》，上述詳見張瑞芬，《臺灣當代女性散文史論》，頁 75。筆者按，張瑞芬提及的兩本育兒散文集，其出版時間皆晚於《萱草集》和《慈心集》。

〔註 4〕 Mike Crang 著，王志弘等譯，《文化地理學》，頁 101。

化風俗的綿延牽繫，書寫台北的都市印象、台灣七〇年代的地方風情，省思兩代台灣婦女的母職實踐，尋找七〇年代台灣婦女的母性認同之路；七〇年代的台灣女性生命史與台灣社會文化之變遷，在散文中交織錯雜，彰顯出兩者相互銘刻的印記——七〇年代的台籍女性鄉土散文，讓我們看見這座島嶼歷經現代化過程的變遷與失落，也書寫出戰後第一代台籍女作家的共同生命成長史。

參考書目

一、個人散文集

1. 心岱，《萱草集》，台北：正文出版社，1974 年。
2. ———，《春天來時》，台北：水芙蓉出版社，1976 年。
3. ———，《致伊書簡》，台北：皇冠出版社，1978 年。
4. 丘秀芷，《小白鴿》，台北：明山書局，1970 年。
5. ———，《綠野寂寥》，台北：水芙蓉出版社，1975 年。
6. ———，《月光光》，台北：慧龍出版社，1977 年。
7. ———，《驀然回首》，台北：大地出版社，1978 年。
8. ———，《亮麗人生》，台北：中華日報出版社，1980 年。
9. ———，《悲歡歲月》，台北：大地出版社，1982 年。
10. 白慈飄，《乘著樂聲的翅膀》，台北：水芙蓉出版社，1975 年。
11. ———，《慈心集》，台北：青山出版社，1976 年。
12. 李季，《夜歌》，台北：爾雅出版社，1976 年。
13. ———，《攝氏 20～25 度》，台北：爾雅出版社，1987 年。
14. 劉靜娟，《心底有根絃》，台北：大地出版社，1975 年。
15. ———，《歲月就像一個球》，台北：爾雅出版社，1975 年。
16. ———，《眼眸深處》，台北：大地出版社，1980 年。
17. 謝霜天，《綠樹》，台北：智燕出版社，1973 年。
18. ———，《心畫》，台北：智燕出版社，1974 年。
19. ———，《抹不去的蒼翠》，台北：長歌出版社，1976 年。
20. ———，《無聲之聲》，台北：成文出版社，1980 年。

21. ———，《霜天小品》，台北：智燕出版社，1982 年。

22. ———，《熒熒燈火中》，台北：智燕出版社，1986 年。

23. 陳幸蕙，《群樹之歌》，台北：九歌出版社，1979 年。

24. 張曉風，《步下紅毯之後》，台北：九歌出版社，1979 年。

二、專書

1. 片岡巖著，陳金田譯，《臺灣風俗誌》，台北：眾文圖書公司，1980 年。

2. 古繼堂，《簡明台灣文學史》，台北：人間出版社，2007 年。

3. 何寄澎主編，《當代台灣文學評論大系：散文批評》，台北：正中書局，1993 年。

4. 李喬，《文化、台灣文化、新國家》，高雄：春暉出版社，2001 年。

5. 李銀河，《女性主義》，台北：五南圖書出版有限公司，2004 年。

6. 東吳大學中國文學系編，《時代與世代：臺灣現代散文學術研討會論文集》，台北：東吳大學中文系，2003 年。

7. 林淇瀁，《書寫與拼圖：臺灣文學傳播現象研究》，台北：麥田出版社，2001 年。

8. 封德屏編，《2007 台灣作家作品目錄》，卷 1～卷 3，台南：國立台灣文學館，2008 年。

9. 范銘如編，《挑撥新趨勢：第二屆中國女性書寫國際學術研討會論文集》，台北：台灣學生書局，2003 年。

10. 唐荷，《女性主義文學理論》，台北：揚智文化，2003 年。

11. 莫渝編，《認識謝霜天》，苗栗：栗縣立文化中心，1993 年。

12. 尉天聰主編，《鄉土文學討論集》，台北：遠景出版社，1978 年。

13. 陳伯軒，《文本多維：台灣當代散文的空間意識及其書寫型態》，台北：秀威資訊科技，2010 年。

14. 陳芳明，《典範與追求》，台北：聯合文學出版社，1998 年。

15. 陳芳明、張瑞芬主編，《五十年來臺灣女性散文‧選文篇（上）（下）》，台北：麥田出版社，2006 年。

16. 陳建忠、應鳳凰、邱貴芬、張誦聖、劉亮雅合著，《臺灣小說史論》，台北：麥田出版社，2007 年。

17. 陳蕙齡，《鄉土性‧本土化‧在地感：台灣新鄉土小說書寫風貌》，台北：萬卷樓圖書，2010 年。

18. 基隆市立文化中心主編，《鑼鼓喧天——話北管‧亂彈傳奇》，基隆：基隆市立文化中心，1996 年。

19. 許達然編,《台灣當代散文精選（1945～1988）》,台北:新地出版社,2000年。

20. 須文蔚編,《文學台灣》,台南:國立台灣文學館,2008年。

21. 游素玲編,《母職研究再思維——跨領域的視野》,台北:麥田出版社,2008年。

22. 張典婉,《台灣客家女性》,台北:玉山出版,2004年。

23. 張瑞芬,《臺灣當代女性散文史論》,台北:麥田出版社,2007年。

24. ———,《五十年來臺灣女性散文・評論篇》,台北:麥田出版社,2006年。

25. ———,《未竟的探訪:瞭望文學新版圖》,台北:麥田出版社,2002年。

26. 張錦忠、黃錦樹,《重寫臺灣文學史》,台北:麥田出版社,2007年。

27. 楊澤編,《七○年代理想繼續燃燒》,台北:時報文化公司,1994年。

28. 黃恆秋,《客家台灣文學論》,苗栗:苗栗縣立文化中心,1993年。

29. 曾永義,《我國的傳統戲曲）,臺北:漢光文化,1998年。

30. 鄭明娳,《現代散文》,台北:三民書局股份有限公司,1999年。

31. ———編,《當代台灣女性文學論》,台北:時報文化出版公司,1993年。

32. ———,《當代散文現象論》,台北:大安出版社,1992年。

33. ———,《當代散文構成論》,台北:大安出版社,1989年。

34. ———,《當代散文縱橫論》,台北:大安出版社,1988年。

35. ———,《當代散文類型論》,台北:大安出版社,1987年。

36. 顧燕翎主編,《女性主義理論與流派》,台北:女書文化,1996年。

37. 顧燕翎、鄭至慧主編,《女性主義經典:十八世紀歐洲啓蒙,二十世本土反思》,台北:女書文化,1999年。

38. Clare Cooper Marcus 著,徐詩思譯,《家屋,自我的一面鏡子》,台北:張老師文化,2006年。

39. Linda McDowell 著,徐苔玲、王志弘譯,《性別、認同與地方——女性主義地理學概說》,台北:群學出版公司,2006年。

40. Mike Crang 著,王志弘、余佳玲、方淑惠譯,《文化地理學》,台北:巨流圖書,2003年。

41. Nancy J. Chodorow 著,張君玫譯,《母職的再生產——心理分析與性別社會學》,台北:群學,2003年。

42. Iris Maion Young 著,何定照譯,《像女孩那樣丟球:論女性身體經驗》,台北:商週出版社,2007年。

43. Jeff Lewis 著,邱誌勇、許夢芸譯,《文化研究的基礎》,台北:韋伯文化,2005年。

44. Joy Magezis 著,《女性研究自學讀本》,台北:女書文化,2000 年。

45. Paul Cloke, Philip Crang, Mark Goodwin 著,王志宏等人譯,《人文地理概論》,台北:巨流圖書,2007 年。

46. Peter Brooker 著,王志宏、李根芳譯,《文化理論詞彙》,台北:巨流圖書,2004 年,第二版。

47. Simone de Beauvoir(西蒙・波娃)著,陶鐵生譯,《第二性》,台北:貓頭鷹出版社,2002 年。

48. Toril Moi 著,王奕婷譯《性別/文本政治:女性主義文學理論二版》台北:巨流圖書,2005 年。

49. Tim Cresswell 著,徐苔玲、王志弘譯:《地方:記憶、想像與認同》,台北:群學出版公司,2006 年。

三、學位論文

1. 王若萍,《一個反支配論述的形成——一九七○年代台灣鄉土文學的論述型構》,國立師範大學歷史學系碩士論文,1997 年。

2. 王鈺婷,《抒情之承繼,傳統之演繹——五○年代女性散文家美學風格及其策略運用》,國立成功大學台灣文學系博士論文,2009 年。

3. 李祖琛,《七○年代台灣鄉土文學運動析論》,國立政治大學新聞系碩士論文,1985 年。

4. 李麗敏,《季季及其作品研究》,國立政治大學國文教學碩士學位班碩士論文,2007 年。

5. 林巾力,《「鄉土」的尋索:台灣文學場域中的「鄉土論述研究」》,國立成功大學台灣文學系博士論文,2008 年。

6. 周永芳,《七十年代台灣鄉土文學研究》,私立中國文化大學中國文學系碩士論系文,1991 年。

7. 邱珮萱,《戰後臺灣散文中的原鄉書寫》,國立高雄師範大國文學系博士論文,2003 年。

8. 陳伯軒,《台灣當代散文的空間意識及其書寫型態》,國立政治大學中國文學系碩士論文,2008 年。

9. 陳美芳,《劉靜娟散文研究》,國立嘉義大學中國文學系碩士論文,2008 年。

10. 翁慧文,《文學與政治——七○年代台灣的「鄉土文學論戰」》,國立台灣大學社會學系碩士論文,1994 年。

11. 翁繪棻,《台灣當代女作家鄉土書寫研究》,國立臺北教育大學台灣文學研究所碩士論文,2006 年。

12. 許倪瑛,《吳晟及其散文研究》,國立雲林科技大學漢學資料整理研究所碩士論文,2005 年。

13. 許珮馨,《五○年代的遷台女作家散文研究》,國立臺灣師範大學國文系博士論文,2006 年。

14. 張佩珍,《台灣當代女性文學中的母女關係探討》,私立南華大學中國文學系碩士論文,2001 年。

15. 楊士賢,《劉靜娟散文在語文教學上的應用》,國立臺北教育大學語文與創作學系語文教學碩士班碩士論文,2009 年。

16. 楊曉琪,《七○年代鄉土文學論戰暨文學場域的變遷》,國立暨南國際大學中國文學系碩士論文,2001 年。

17. 蔡明原,《八○年代現代散文中的臺灣圖像》,國立臺北教育大學台灣文學研究所碩士論文,2006 年。

18. 藍培甄,《張曉風抒情散文研究(1966～2003)》,國立中山大學中國文學系碩士在職專班碩士論文,2005 年。

四、單篇論文

1. 牛震星,〈當代臺灣散文史的分期〉,《內湖高工學報》,第 20 期(2009 年 4 月),頁 1～6。

2. 王鈺婷,〈語言政策與女性主體之想像——解讀《中央日報・婦女與家庭週刊》中女性散文家之美學策略〉,《臺灣文學研究學報》,第 7 期(2008 年 10 月),頁 45～77。

3. 石曉楓,〈解嚴後台灣女作家散文中的性別書寫〉,師大國文系編,《解嚴以來台灣文學國際學術研討會論文集》,台北:萬卷樓圖書,2000 年,頁 45～77。

4. 呂正惠,〈鄉土文學與台灣現代文學〉,陳映真編,《鄉土文學論戰三十年:左翼傳統的復歸》,台北:人間出版社,2008 年 1 月,頁 97～117。

5. 余崇生,〈從鄉愁到現實——略論臺灣現代散文風格的變遷〉,《中國現代文學理論》,第 7 期(1997 年 9 月),頁 372～382。

6. 宋雅姿,〈台灣行腳俠女心——專訪丘秀芷女士〉,《文訊》,第 248 期(2006 年 6 月),頁 24～33。

7. ———,〈把文章寫在生活裡——專訪劉靜娟女士〉,《文訊》,第 234 期(2005 年 4 月),頁 118～127。

8. ———,〈謝霜天:為花木折腰〉,《文訊》,第 288 期(2009 年 10 月),頁 85～86。

9. ———,〈如一枝永綻的梅——專訪謝霜天〉,《文訊》,第 267 期(2008 年 1 月),頁 21～28。

10. 李曉虹，〈二十世紀鄉土散文的嬗變〉，《廣播電視大學學報（哲學社會科學版）》，第 134 期（2005 年 3 月），頁 1～4。

11. 俞彥娟，〈女性主義對母親角色研究的影響——以美國婦女史為例〉，《女學學誌》，第 20 期，2005 年 12 月，頁 1～40。

12. 孫瑞穗主講、陳文婷記錄，〈女性主義的空間再思：介紹女性主義地理學取徑及相關研究〉，《婦研縱橫》，第 74 期，2005 年 4 月，頁 56～63。

13. 陳介人，〈「阿沙力俠女」——丘秀芷〉，《出版界》，75、76 期合刊（2005 年 11 月），頁 108～111。

14. 陳芳明，〈「台灣新文學史」第十七章「女性詩人與散文家的現代轉折」〉，《聯合文學》，第 220 期（2003 年 2 月），頁 151～164。

15. 陳家慧記錄整理，〈「文學對談」我們的六〇年代——兼及年度文選與編輯生涯（季季 vs.隱地）〉，《明道文藝》，第 362 期（2006 年 5 月），頁 56～80。

16. 許珮馨，〈當娜拉走出家庭——五〇年代以降臺灣女性散文之流變〉，《大同大學通識教育中心年報》，第 3 期（2007 年 6 月），頁 59～77。

17. ———，〈台灣現代散文學位論文的研究現象分析〉，國立臺北大學中國語文學系編，《第四屆文學與資訊學術研討會會前論文集》，台北：國立臺北大學中國語文學系，2008 年，頁 257～278。

18. 許達然，〈六〇～七〇年代台灣社會和文學〉，東海大學中國文學系編，《苦悶與蛻變：六〇、七〇年代台灣文學與社會》，台北：文津出版社，2007 年，頁 1～90。

19. 焦桐，〈意識型態拼圖：兩報副刊在鄉土文學論戰中的權力操作〉，《國文天地》，第 151 期（1997 年 12 月），頁 48～58。

20. 張堂錡，〈跨越邊緣——現代散文的裂變與演化〉，《文訊》，第 167 期（1999 年 9 月），頁 42～50。

21. 張瑞芬，〈建構女性散文在當今台灣文學史的地位〉，國立成功大學台灣文學系主編，《台灣文學史書寫國際學術研討會論文集 第二集》，高雄：春暉出版社，2008 年，頁 523～587。

22. ———，〈現代主義與六〇年代的臺灣女性散文〉，《逢甲人文社會學報》，第 13 期（2006 年 12 月），頁 1～43。

23. ———，〈「回歸古典」，或「跨越鄉土」？——崛起於七〇年代的兩派臺灣女性散文〉，《臺灣文學研究學報》，第 2 期（2006 年 4 月），頁 131～176。

24. ———，〈臺灣女性散文家五論〉，《文學臺灣》，第 57 期（2006 年 1 月），頁 276～318。

25. ———，〈被邊緣化的台灣當代女性散文研究〉，《文訊》，第 205 期（2002 年 11 月），頁 55～57。

26. 廖淑儀整理，〈從文學中看見生活的繁花盛景〉，《明道文藝》，第 359 期（2006 年 2 月），頁 104〜115。

27. 蔡素琴，〈女性主義母職理論的發展與演變〉，《諮商與輔導》，第 284 期（2009 年 8 月），頁 24〜29。

28. 劉紹鈴，〈生活在「他」方——台灣女性（抒情）散文之空間內外〉，文訊雜誌社編，《2006 年青年文學會議論文集：台灣作家的地理書寫與文學體驗》，台南：國立台灣文學館籌備處，2007 年，頁 257〜291。

29. 潘玲玲，〈不悔的文學路——談謝霜文的文學志業〉，《聯合學報》，第 25 期（2004 年 12 月），頁 1〜9。

30. 潘淑滿，〈台灣母職圖像〉，《女學學誌》，第 20 期（2005 年 12 月），頁 41〜91。

31. 曉暉，〈鄉土散文〉，《中央日報》，1978 年 8 月 18 日，第 11 版。

32. 簡明義，〈「鄉土」做為一種文學史理解的視角——八、九〇年代台灣文學性質的商議〉，國立成功大學台灣文學系主編，《台灣文學史書寫國際學術研討會論文集 第二集》，高雄：春暉出版社，2008 年，頁 371〜406。

五、作品評論

（一）評心岱

1. 金堂，〈大地的兒女——為自然生態保育作見證的作家〉，《自立晚報》，1984 年 3 月 17 日，第 10 版。

（二）評丘秀芷：

1. 小民，〈人生何「亮麗」〉，《中央日報》，1980 年 8 月 9 日，第 11 版。

2. 米雷，〈「綠野寂寥」讀後〉，《中華日報》，1975 年 12 月 29 日，第 5 版。

3. ———，〈泥土味十足的「驀然回首」〉，《自立晚報》，1977 年 7 月 30 日，第 3 版。

4. 李潼，〈笑中帶淚，在凡常中見真情——讀丘秀芷《禾埕上的琴聲》散文集〉，《文訊》，2001 年 12 月，頁 19〜20。

5. 金劍，〈評「綠野寂寥」〉，《新文藝》，第 243 期（1976 年 6 月），頁 107〜109。

6. 孫旗，〈平淡樸實的散文集‧丘秀芷著「驀然回首」〉，《中央日報》，1978 年 8 月 23 日，第 11 版。

7. 荻宜，〈夜讀「月光光」〉，《中華日報》，1977 年 10 月 5 日，第 11 版。

8. ———，〈追求「亮麗人生」〉，《臺灣新生報》，1980 年 8 月 24 日，第 12 版。

9. 雪韻，〈文心抒自然——我讀「驀然回首」〉，《臺灣新生報》，1979 年 2 月 21 日，第 12 版。

10. 張秀亞，〈像樹葉生長般自然——序「驀然回首」〉，《中華日報》，1978 年 6 月 4 日，第 11 版。

11. 劉詠森，〈「驀然回首」讀後〉，《中華日報》，1978 年 9 月 24 日，第 9 版。

12. 劉靜娟，〈我讀「驀然回首」〉，《中華日報》，1978 年 6 月 29 日，第 9 版。

13. ———，〈喜愛鄉野的邱淑女〉，《作家群像》，台北：一週中國雜誌社，1968 年 10 月，頁 449～542。

（三）評季季

1. 花村策劃，〈解剖季季的神話——季季作品論的紀錄〉，《台灣文藝》，第 61 期（1978 年 12 月），頁 189～212。

2. 林瑞明，〈尋找一條可以逆流的河：季季集序〉，《臺灣作家全集：季季集》，台北：前衛出版社，1993 年，頁 9～13。

3. 范銘如，〈七○年代鄉土小說的「土」生土長〉，《跨領域的台灣文學研究學術研討會》，2005 年，頁 1～21。

4. 張瑞芬，〈傾聽夜歌——論季季散文〉，《明道文藝》，第 356 期（2005 年 11 月），頁 114～126。

5. 彭瑞金，〈生命中可以逆流的河——試論季季的生命觀〉，《台灣文藝》，第 61 期（1978 年 12 月），頁 223～234。

6. 葉石濤，〈季季論——台灣婦女生活中的「詩與真實」〉，《台灣鄉土作家論集》，1977 年，頁 291～300。

7. 歐宗智，〈兼具知性與感性的記述散文——談季季《寫給你的故事》〉，《全國新書資訊月刊》，第 87 期（2006 年 3 月），頁 33～35。

8. 鄭明娳，〈評季季「你底呼聲」〉，《文壇》，第 198 期（1976 年 12 月），頁 14～15。

9. ———，〈談季季散文的風格〉，《臺灣文藝》，第 61 期（1978 年 12 月），頁 247。

10. ———，〈評季季的「夜歌」〉，《中華文藝》，第 12 卷 5 期（1977 年 1 月），頁 205～216。

11. 應鳳凰，〈誰開季季生命的玩笑——評季季《行走的樹》〉，《鹽分地帶文學》，第 15 期（2008 年 4 月），頁 87～88。

（四）評謝霜天

1. 尹雪曼，〈作品分析與文藝批評〉，《新生報》，1979 年 11 月 1 日，副刊，第 2 版。

2. 丘秀芷，〈山園交響樂——梅村心曲〉，《中央日報》，1980 年 1 月 2 日，讀書週刊，第 11 版。

3. 吳聲淼，〈把愛還諸大地——談謝霜天作品中的「土地倫理」〉，《第四屆苗栗縣文學故鄉與他鄉研討會論文集》，苗栗：苗栗縣政府，2006 年，頁 15～35。

4. 夏一君，〈月落烏啼霜滿天・再探綠樹〉，《青年戰士報》，1974 年 12 月 20 日，第 9 版。

5. 夏鐵肩，〈「綠樹」初版序〉，《綠樹》，台北：智燕出版社，1973 年。

6. 陳美雪，〈謝霜天散文所表現的情思〉，《第三屆苗栗縣文學・靈山秀水・研討會論文集》，苗栗：苗栗縣文化局，2005 年，頁 74～84。

7. 陳鼎環，〈不爭脂粉淡妝臺——評謝霜天的「綠樹」〉，《中央日報》，1974 年 4 月 30 日，副刊，第 11 版。

8. 莫渝，〈農村風景畫〉，《重修苗栗縣志・卷二十八・文學志》，苗栗：苗栗縣政府 2005 年，頁 214～216。

9. 溫儒敏，〈「梅村心曲」的客家味及傳統人文精神〉，《兩岸文學互論》，第一集（1990 年 5 月 1 日）。

10. ───，〈清朗和平靜〉，《國文天地》，5 卷 9 期，總號 177 期（2000 年 2 月），頁 47～52。

11. 劉維瑛，〈凝止的瞭望——論謝霜天散文中的空間語境〉，《第三屆苗栗縣文學・靈山秀水・研討會論文集》，苗栗：苗栗縣文化局，2005 年，頁 31～43。

（五）評劉靜娟

1. 李元洛風，〈含翠篠娟娟靜——讀臺灣作家劉靜娟的散文〉，《文訊》，第 108 期 1994 年 10 月，頁 6～10。

2. 郭明福，〈「眼眸深處」讀後〉，《中央日報》，1984 年 2 月 5 日，第 6 版。

3. 莊裕安，〈作家的金池塘——讀劉靜娟《布衣生活》〉，《文訊》，第 225 期（2004 年 7 月），頁 24～25。

4. 鳳兮，〈「心底有根絃」序〉，《中華日報》，1975 年 7 月 28 日，第 5 版。